SYSU TOURISM REVIEW 2015

中大旅游评论 2015

孙九霞 张骁鸣 ◎ 主编

中山大学出版社
SUN YAT-SEN UNIVERSITY PRESS
· 广州 ·

版权所有　翻印必究

图书在版编目（CIP）数据

中大旅游评论（2015）/孙九霞，张骁鸣主编. —广州：中山大学出版社，2016.5
ISBN 978-7-306-05682-5

Ⅰ.①中… Ⅱ.①孙…②张… Ⅲ.①旅游—文集 Ⅳ.①F59-53

中国版本图书馆 CIP 数据核字（2016）第 089418 号

出版人：	徐　劲
策划编辑：	徐诗荣
责任编辑：	徐诗荣
封面设计：	林绵华
责任校对：	廖丽玲
责任技编：	何雅涛
出版发行：	中山大学出版社
电　　话：	编辑部 020-84111996，84113349，84111997，84110779
	发行部 020-84111998，84111981，84111160
地　　址：	广州市新港西路 135 号
邮　　编：	510275　传真：020-84036565
网　　址：	http://www.zsup.com.cn　E-mail：zdcbs@mail.sysu.edu.cn
印　刷　者：	广州家联印刷有限公司
规　　格：	787mm×1092mm　1/16　14 印张　244 千字
版次印次：	2016 年 5 月第 1 版　2016 年 5 月第 1 次印刷
定　　价：	38.00 元

如发现本书因印装质量影响阅读，请与出版社发行部联系调换

总　序

在学者、学术成果、学术制度之间，存在着一种有趣的关联。学者要发表自己的学术成果，总需要某种形式，而这种形式往往就属于学术制度的控制范围。当前，我们既以体例严格的专著、盲评盲审的期刊、学位论文、会议论文为主而构成了认定学术成果的基本形式，也以同行评议、期刊影响因子、论文引用率、机构指定目录为主而构成了认定学术成果的衍生形式。

这样的形式，这样的制度，保障了知识生产的规范性和可靠性，但是也产生了一个较大的问题：它掩盖了知识生产过程当中原本就无从回避的各种迂回曲折。任何的知识生产都不是一条通途大道，不是所有东西都能自然而然、顺理成章。这里有支持、有反对，有争辩、驳论、反驳，有初探、有再思，有观念、概念上的冲突，有方法矛盾、对材料的不同解读，有立场、伦理上的差异，甚至还有假说、猜测、直觉……然而，倘若没有这些东西，反倒让人感觉怀疑和不安。

那么，对"旅游"这样一个既是复杂现象又是新兴学科的领域而言，我们是否可以另辟蹊径，寻找一些新的学术成果发表形式，从而在现有的学术制度之外，为学者们的交流碰撞、为学术探寻过程的展现、为旅游学科的开放包容提供一种新的可能性？

在这样的追问中，我们得到了好几个方面的启发。第一个启发是，迄今为止对人类思想发展最有影响的那些著作，有一些正是用对话体和语录体这样的非常规形式写成的，例如中国春秋时期的儒家经典《论语》和《孟子》、古希腊哲学家柏拉图的对话集；第二个启发是，量子理论领域爱因斯坦和波尔的世纪之争，也以两次索尔维会议上的对话和争锋最为精彩；第三个启发是，国内地理界自王恩涌先生于20世纪90年代末发起"中关村人文地理小沙龙"开始，到2003年开始举办正式的"人文地理沙龙"，并从第四届开始连续整理出版实录性质的《地理学评论》，为国内人文地理学术成果的发表与交流开辟了新的形式。2013年出版的《旅游学纵横——学界五人对话录》引起了旅游学界的热议，《旅游学刊》发了2篇书评，也给了我们信心。

因此，中山大学旅游学院、旅游休闲与社会发展研究中心同仁所策划的这套《中大旅游评论》，也将充分借鉴古今中外这种别样的学术成果发表和交流的形式。丛书大致以年度为限，从"粤港澳青年学者旅游研究学术沙龙"的实录起步，积极扩大范围，争取逐渐收录到每一年中发生在中国旅游学术领域的精彩发言、对话、交锋，充分展现中国旅游学者迸发思维火花的瞬间，从而作为当前学术成果的基本形式与衍生形式的补充或超越，更多地记录下中国旅游学术研究推进过程中不应被遗忘的那些细节。

希望这样一种形式的"专著"，能给年轻的中国旅游研究者们启发。

保继刚
2016年2月18日于康乐园

前　言

《中大旅游评论（2015）》的内容主要来自2015年6月13—14日由中山大学旅游学院主办的"第二届粤港澳青年学者旅游研究学术沙龙"的会议发言与讨论。

沙龙以"旅游研究视野：议题、方法、哲学"为主题，分为6个不同的主题展开，包括旅游与社会、旅游与地理、学术与人生、旅游管理、视野与方法、旅游与哲学。成书以后，延续了保留学术交流的现场感与敏锐性、呈现旅游研究的多元性与对话性的特点，并且率先在国内旅游学术界提供了一次有关旅游中的哲学问题的专题性探讨。

全书由孙九霞、张骁鸣统筹。在成书过程中，中山大学旅游学院的研究生倪思斯、卓少冰、潘新洁、翁李胜、林绮雯、黄凯洁、寇力容、黄龄雯承担了对原始录音的整理工作，周文婷、王命盛完成了第一轮校对，然后由所有发言人对自己的发言部分做了第二轮校对与润色。中山大学出版社的徐诗荣编辑为本书的最终出版付出了大量心血。特此一并致谢！

孙九霞　张骁鸣
2016年2月

目录
CONTENTS

沙龙开场白　孙九霞 /1

第一节　旅游与社会
开场白　翁时秀 /4
红色旅游：政治社会化的重要手段　左　冰 /5
浅谈旅游开发中的社会公平问题　张　机 /13
西双版纳近郊傣楼景观的社会建构研究　陈丽坤 /22
社会价值观视角的旅游地社会发展评价研究：以黔东南苗族侗族自治
　州四个村寨为例　肖佑兴 /30

第二节　视野与方法 I
开场白　曾国军 /40
质性旅游研究的现状与问题：基于2000—2013年《旅游学刊》载文
　分析　张朝枝 /41
萨义德的地理思想与旅游研究　翁时秀 /54

第三节　旅游与地理
开场白　左　冰 /70
跨地方饮食品牌重塑的顾客感知：哈根达斯在广州　曾国军 /71
食品与被想象的地方：被想象的葡萄牙在澳门　季明洁 /77

第四节　学术与人生

开场白　张骁鸣 /86

扬长与避短：青年学者的成长路径　刘赵平 /87

游历之外的学术人生：西藏探险旅游（1900—1949）及相关文本
　　研究　林清清 /100

第五节　视野与方法 II

开场白　陈钢华 /112

数据精细化导向下的旅游研究命题　赵莹 /113

旅游与酒店业组织的新技术采用行为：社会物质性理论
　　解释　王丹 /124

我们的现代性：旅游发展语境下摩梭人文化身份的建构　魏雷 /133

第六节　旅游管理

开场白　刘逸 /142

旅游市场与行为研究：聚焦中国　陈钢华 /143

基于网络志方法的幼龄儿童度假行为研究　李咪咪 /151

旅游景区限流分配的原则与方法　余晓娟 /160

第七节　旅游与哲学

开场白　赖坤 /170

做旅游哲学研究？　张骁鸣 /173

旅游与哲学：翻译与分享　叶圣涛 /178

什么是旅游：定义、理论阶段和原则　李咪咪 /181

流动范式与旅游　马凌 /184

旅游研究的知识论视角的反思　李军 /189

旅游中的哲学研究议题　赖坤 /194

开放讨论 /196

特邀评论　保继刚 /204

沙龙结束语　孙九霞 /212

沙龙开场白

孙九霞

（中山大学旅游学院）

  尊敬的各位老师、各位朋友，尤其是去年我们这个沙龙的参与者，我们非常高兴在这里跟大家见面。这是"第二届粤港澳青年学者旅游研究学术沙龙"。这个沙龙其实是我们以对话性为主的一个学术型活动，聚集了在粤港澳区域的一些学者。对于去年的活动，我相信大家都有很深刻的一个印象。这个沙龙的宗旨其实就是希望能够在旅游研究中，通过大家的一些碰撞和讨论，探寻一些旅游研究的规范，或者旅游研究中的一些新的理论、新的方法，在粤港澳地区起到一个引领的作用。这也是一个平等化的对话平台。刚才我希望保老师来讲两句，他说他不讲，他来听，我希望他不光是来听，他也要来发言的，也是要来跟大家对话的。那我们别的就不多说，接下来就进入第一节的发言阶段，我把麦克风交给翁时秀老师。

第一节

旅游与社会

- 开场白
- 红色旅游：政治社会化的重要手段
- 浅谈旅游开发中的社会公平问题
- 西双版纳近郊傣楼景观的社会建构研究
- 社会价值观视角的旅游地社会发展评价研究：以黔东南州四个村寨为例

翁时秀

（中山大学地理科学与规划学院）

  那我们就直接开始第一节。第一节的议题是"旅游与社会"，这是旅游研究的一个经典话题，所以我在这里就不再多说。我们总共有4位专家发言，第一位是左冰老师，她给大家讲述的是旅游跟政治社会化之间的一个关系；第二位是张机老师，他要研究的是旅游开发中的社会公平与维度模型建构；第三位是陈丽坤老师，她研究的是民族旅游社区景观的社会建构；第四位是肖佑兴老师，他做的是旅游地社会价值观的感知研究。那么按照议程，我们是这样安排的，每一位老师讲后我们就讨论10分钟；每位老师讲述的时间总共是25分钟，我在剩余5分钟和1分钟的时候会对讲述者有一个提醒。然后，我们把讨论时间严格控制在10分钟之内。接下来就有请左冰老师。

红色旅游：政治社会化的重要手段

左 冰

（中山大学旅游学院）

各位老师、同学，上午好！谢谢粤港澳沙龙的组织者给我提供了这么一个机会！

今天我想与大家分享的是最近这几年我对红色旅游的一个关注。就旅游形式而言，全世界有的，我们中国都有，但是红色旅游这种形式是我们中国独有的，其他国家没有。所以，最近这些年我就把眼光聚焦在红色旅游方面。这是我两年前的一个研究成果，现在已经发表出来了。我主要讲一下我这篇文章写作的一个情况。

实际上，我们长时间以来对旅游的认识停留在它的经济功能上。20世纪六七十年代之后，学者们又开始挖掘它的社会功能。旅游的政治功能长期隐而未发，并没有为大家所认识。虽然也有学者指出，旅游中有许多意识形态的蕴含。但旅游的政治意义，其实很少在旅游研究中出现。不仅是旅游研究者，包括政治学者们，都没有意识到旅游蕴含着丰富的政治意义。但是，我们的政府或者说国家政策制定者们，尽管没有进行过理论的研究，但是他们在实践上的行动是非常迅速的。在许多国家，旅游都作为一种政治手段，或者说是一种意识形态工具，服务于国家或政党。这种现象并不是我们中国所特有的。这里标红的部分（PPT 内容略），就是对应的这类国家。对于旅游政治功能的发掘或者利用，在前社会主义阵营的国家中特别普遍。苏联、东欧各国以及古巴等，都在利用这些共产主义遗产开发旅游，国外学者称之为共产主义遗产旅游（communist heritage tourism）。在中国，官方将共产主义遗产旅游命名为红色旅游（red tourism）。

"红色旅游"这个名词最早出现在 2004 年 12 月。在中共中央办公厅和国务院办公厅联合下发的《2004—2010 年全国红色旅游发展规划纲要》中，正式地提出了红色旅游这个术语。这份纲要文件将红色旅游界定为一项政治工程，其目的是要维护中国共产党作为中国唯一执政党的执政合法性。这是我们官方文件里明确提出来的。自 2004 年中国官方发布了红色旅游规划纲要之后，各个地方的红色旅游蓬勃兴起。许多游客，主要是一些国企员工或者是政府机关官员，会到访红色旅游地，包括井冈山、延安还有百色等重要的革命景点，进行一些参观和游览的活动。

尽管国家/政府希望通过开展红色旅游来教育或者影响民众，让他们对中国共产党在情感方面或者意识形态方面产生认同，但是旅游作为个体追求休闲放松的一种形式，它更多的是个人层面上的体验，往往与当前社会中普遍存在的消费主义、个人主义、享乐主义结合在一起。这就出现了不一致之处（gap），就是政府或者是官方想利用红色旅游来教育国民，培养他们的政党认同，但是民众或者是旅游个体其实想在旅游过程中按照自己的意志来进行活动，比如追求放松、休闲或者仅仅是追求开心。我的研究就是聚焦于这个不一致之处而展开。我想知道的是：我们国家开展了这么多年的红色旅游，那么红色旅游到底发挥了什么作用？它到底有没有满足官方的期望或者达到其目的？

红色旅游的目的是政治教育。用一个术语或者是概念来指称这种政治教育，就是政治社会化。社会化其实是伴随着人的一生的过程。个体从初生婴儿到成长为人，是一个从生理人转变为社会人的过程，即社会化的过程。人的社会化是多方面的，包括休闲，也是需要社会化的。个体小时候的休闲经历或者小时候的生活环境，会决定成年以后的休闲方式。政治社会化也同样如此。个体首先是一个生理的人，然后成为一个社会的人。在这个过程中，个体会不断地接触到各种各样的政治意识形态，最后形成他个人的政治观点或者政治态度，这个过程我们就称为政治社会化的过程。政治社会化的过程和人的社会化过程是一样的，也贯穿了人的一生。许多学者都会认为，政治社会化是不会停滞的。比如孩童在高中时期没有接触社会时，会形成一种政治态度，但在工作以后，其政治态度可能会发生变化。个体在青年时期的政治态度到了中年或者老年的时期，也会随着个体记忆和生活经历的丰富发生变化。所以，社会化是一个永不停歇的过程，它会一直维系，一直到个体死亡。一般来说，家庭，大众媒体例如电视、网络，还有学校教育系统，以及俱乐部和伙伴群体，等等，都被认为是政治社会化主要的媒介。这些媒介，在政治社会化过程中的作用就是传播政治文化，让主流的政治观念、政治文化、意识形态深入人心。

很多学者已经注意到旅游也可能会影响到人们的政治态度和政治意识形态，因为旅游并不是完完全全由市场所驱动的。例如遗产旅游的选择、构建、重现，都是有意识、有目地进行的。游客所接受的信息，游客的眼睛所观看的东西，所享受的讲解，所接受的服务，都是被有意识地精心挑选过的。在这个过程中，很多的政治观点、政治态度，就会潜移默化地进入游客的心里。这种潜移默化不仅会影响到人们在旅游中的感情，还会影响游客的认知。对于红色旅游而言，游客不仅可能产生对抗日英雄、革命前辈的崇敬之情，还会加深对历史事件的认知，比如对抗日战争的某个战役的具体了解。这种旅游情境与游客的知识、政治价值观例如集体主义的价值观相结合，就会影响到游客的旅游体验。刚才谈到，政府控制着红色旅游或者说政治教育的整个过程，想有意识地灌输某种意识形态，但是游客个体可能只想要一次比较好玩的旅行。所以，利用旅游进行政治社会化的效果，其实是不清晰的。

我的研究聚焦于井冈山的红色旅游。到2014年为止，我在井冈山已经连续开展了3年的调查。今年（2015年）的夏天准备再去，继续跟踪调查。井冈山是个非常经典的红色旅游目的地。它是毛泽东秋收起义之后建立的第一个革命根据地，中国共产党在这里领导了第一次土地革命战争。许多亚非拉国家的领导人在建国初期来访时基本上都去过井冈山，"文革"的时候井冈山甚至达到每天聚集十万人的规模。在官方的宣传促销手册里，井冈山被誉为"中国革命的摇篮"和"中华人民共和国的奠基石"，可见其政治地位与重要性。

此次研究采用了混合研究方法，重点运用了内容分析法。除了访谈、参与式观察和非参与式的观察外，我收集了从2012年7月5日到2014年3月18日井冈山革命博物馆的游客留言簿，全部拍照并进行整理。我们剔除了无效部分，提取了914份有效留言簿，对留言簿进行关键词频的提取。在这个过程中，我和另一名研究者分别对这914份留言簿进行分析。我们首先在没有相互商量的情况下，分别提取相应的关键词。我提取了56个，对方提取了61个。对比发现，其中有55个关键词是相同的，可信度很高。经过讨论，我们最后提取出了57个关键词，并把关键词进行了分类。共分为三个主题：第一个主题是集体主义导向下的国家和政治意识，第二个主题是个人主义导向下的旅游体验，第三个是没办法分类的其他项。集体主义导向下的国家和政治意识主体分为四个节点：政治意识形态、政党认同、政治信念以及国家认同。个人主义导向下的旅游体验包括个人的游憩体验、知识获得、祈福（blessing）行为以及负面的评价。

我们首先来讲政治意识。在红色旅游中，共产主义、社会主义是最核心的意识形态。但在留言簿中，共产主义、社会主义出现的频率非常低，仅出现了1次，三民主义也出现了1次。其余意识形态话语，如"井冈山精神永垂不朽"等出现了300多次，"星星之火，可以燎原"也出现了多次。有很多游客还会提到延安精神，如大公无私、团结奉献，等等。这一主题出现的频率占比达到了34%。关于政党认同，早期学者们将其界定为一种归属感（affiliation），认为政党认同更多的是一种情感认同。留言簿的这样一些关键词，如"吃水不忘挖井人"等呈现的就是情感方面的亲和。这部分关键词在整个留言簿里的比例占到9.72%。还有一些游客对政党认同和政治意识形态并不关注，他们关注的是整个国家，比如他们会写"中国梦"、"祖国统一"、"收复台湾"、"把小日本打败"等类似的词语。这些都归纳为国家认同。这个部分的关键词占到了4.9%。其余关键词反映的是如责任、团结、和平等普世价值观。它们同样呈现出集体主义的观念，因此也被纳入意识形态主题。

第二个主题是个体主义导向的旅游体验。这个部分占到了41%左右。大家可以看到（PPT内容略），有游客说"风光好"、"很好玩"诸如此类的话语，还有游客反映增长了知识、了解了历史，等等。当然也有一些负面的评价，如有些游客认为井冈山物价高，等等。

因为时间的关系，我就讲快一些。我们可以看到，红色旅游已经被中国政府挖掘出来作为政治社会化的工具，而且从总体来看，它也有助于建立集体主义的政治意识形态。红色旅游和曾经的自上而下的说教和政治宣传工具的不同之处在于，它是以一种非常生动而且贴近生活的形式来传播政治文化。在红色旅游的过程中，旅游者会实现对自己的自我规训。他不知道所观赏的对象是已被选择过的，他以为是自己头脑中的信念。在旅游的过程中，旅游者通过自我凝视和接受信息，就会像福柯所说的实现自我反思或者自我规训。

但是，对于旅游的政治功能的挖掘，在现实中会受到许许多多因素的影响。根据对井冈山留言簿的分析，我认为，红色旅游对于游客政党认同的影响并不是特别明显。首先，旅游作为政治社会化的手段依赖于游客的自我反思和自我认知，但是旅游者在接收信息的过程中，更易于接收那些与自己的生活和未来发展密切相关的信息和信念。所以大家可以看到，井冈山精神相比共产主义和社会主义精神来说，更加贴近每个人的生活现实，更容易被接受。这就是为什么"井冈山精神"这个词条出现频率这么高的原因。其次,红色旅游让人们更好地理解了中国共产党领导革命斗争的历史和执政的历史合法性。最后,旅游者在旅游过程中对于信息的选择也具有主观能动性。红色旅游的政治社会化功能也可能会被旅游者追求个人愉悦、放松等目的所削减。

所以,未来红色旅游的发展将面临许多挑战。第一个挑战就是政党价值观和意识形态,如社会主义、共产主义,与当代人们在旅游活动中追求娱乐、放松的基本倾向是有所冲突的。第二个挑战就是中央政府与地方政府在红色旅游发展的目的性方面既存在一致又有所冲突。中央政府的目的是进行政治教育,但是提供旅游产品的地方政府以及旅游企业想迎合旅游者的需求以获得更多的经济利益,这就会对红色旅游的政治社会化效果产生一个冲击。第三个挑战就是,在中国的现代化过程中,个人主义越来越深入地渗透到民众的行为观念之中,可能消减以集体主义为中心的共产主义核心意识形态。如何将共产主义、集体主义与中国传统的价值观结合起来,是中国发展红色旅游面临的一个重大的挑战。

主题讨论

翁时秀: 好,接下来是提问环节。大家有什么想跟左冰老师交流的都可以发问。

曾国军: 我对你研究过程中数据整理的过程感兴趣。你说有两个研究者,当然这是很科学的做法,就是两个研究者做量化的分析,你说你提取了56个关键词,另外一个提取了61个关键词,那你和他分别是怎么做的?你能否举个例子,你那56个是怎么得出来的,他的又是怎么得出来的,你们又是怎么识别共同的?我觉得得到55个共同的,你们两个非常厉害,你们两个是高度一致的,我觉得做得这么好是要有技巧的。

左 冰: 内容分析法一般有两种。第一种类似于扎根理论,即抛开任何理论,按照自己的主观理解,直接从材料中抽取,这种方式叫应急式编码原则(emergency coding rule)。第二种方法是,研究中已经有了概念框架,再根据理论来对材料进行有针对性的抽取。我们在这里采用的是第一种方式。井冈山的留言簿很简单，有些人只写几句话，比如有些只写"中国共产党万岁"，又比如写一句"毛爷爷保佑我"，然后签名写上时间，几乎所有的留言簿都是这样的一两句话。这样，我们提取关键词就非常容易，使我们提取的词汇具有高度的同质性。这是由井冈山游客留言簿本身的特点决定的。

曾国军：你们有没有做 coding method 就是编码手册？

左　冰：编码手册是采用第二种方式才需要的。它要求事先有一定的理论积淀，然后基于理论框架编制手册，之后进行编码。我们采用的这种方式直接根据材料提取，所以不需要。提取结束之后的主题分类以及节点选择环节，则是根据我们的理论走向进行分类的。

曾国军：因为我之前做过一个有编码手册的，我们两个怎么编呢？好像就只有30%或40%是一致的，还有一些相同的意思，它也会用不同的词语来表达，我到现在还没弄明白。

左　冰：这里的区别主要取决于研究材料的复杂性。井冈山的留言簿很简单，每个游客的留言就是一两句话。它不是访谈材料。如果要从访谈材料中提取的话，一致性会差很多。井冈山留言簿的内容提取是非常容易的。

孙九霞：它取决于所要提取的材料。材料单一的话，一个人和十个人提取都是差不多的。我想问一下，我觉得井冈山精神这个词之所以出现这么多，可能的原因一方面，它是政治培训的地方，这些人去到那里就是接受了井冈山精神的挖掘，接受了这样一个教育，有一个先入为主的灌输；另外一个方面，即使没去的，我们的共产党员们其实也已经有了类似延安精神之类的表达。问题就在于是哪些人在写留言。

左　冰：我认为，不管游客在哪里接收到这个信息，不管他是谁，只要他主动地将其表达出来，红色旅游就是成功的。我们的确很难区别游客是在学校接受的井冈山精神教育，还是在井冈山接受的井冈山精神教育。但是有一点很重要，就是留言簿与游客访谈不同的地方在于，它是一个自我书写的过程。我之所以使用留言簿进行研究，就因为它是一种自我表达（self expression），是在没有任何压力的时候对内心所思所想的自然流露。为什么游客到那里会写井冈山精神不写别的东西呢？我认为游客至少在博物馆里面，在写留言的时候是想到井冈山精神的，这就是他在进行红色旅游时的心理状态的反映。

第一节 旅游与社会

刘赵平：我接着孙老师这个话，就是背后写留言这个人是很重要的，是什么人写的？我还引发了一个想法。我知道那儿一般有贵宾簿还有一般的留言簿，你是全部都收集到了呢，还是只接触到了普通的留言簿？

左　冰：我们是全部收集到的。

刘赵平：比如领导人来参观什么之类的。

左　冰：没有领导人的留言，领导人的笔迹博物馆都是要封存起来的。

刘赵平：我觉得你可以做一个专门针对贵宾的留言簿，和你的留言簿做一个比较。因为贵宾身份可识别，有的是留言，有的是题字，在那样的语境下就是一个 monitoring assistant（监测员）。就是有人知道他的身份，它里面写的内容可能与平民有差别。你可以跟踪一下并做个小对比。

左　冰：贵宾留言簿的内容可能会有高度一致性，因为他们本身就是党的领导人。政治社会化面向的是普通民众，我要分析的就是普通人。

张骁鸣：我不想问方法的问题。我想讨论一下你的主题：政治社会化。它会不会就是三四十年前政治社会化的颠倒。此前的政治社会化采用比较简单的方式施加给社会大众，现在采取旅游这样一种手段就会觉得特别有意思。它采用的是一种个体好像可以自由选择，也比较易于接受的方式，但实际上当中渗透的政治意味一点都没有减少。这其实就是像美国人的大片。美国人也搞爱国主义，但它就用大片例如《兄弟连》这种方式，把所谓的美国精神或者美国梦灌输得非常好。这是不是代表着一个未来政治和社会互动的新的形态？

左　冰：是的。我很赞同！我认为国家非常智慧地正在实践这种新形式。的确如此。

陈丽坤：我想请问左老师，你还做了访谈，对吧？我想问一下访谈是怎么做的，发现了一些什么东西，可以跟这个编码相互印证吗？

左　冰：我明白你的意思。在研究中我还进行了一些参与式观察。我专门在"广之旅"（注：广东省一家著名的旅行社）报名参加井冈山的包价旅游团，跟着十几个旅游团的人一起去井冈山。其中有高中生，也有老年人。我们在小井的红军医院参观时，导游讲述了曾志（注：红军战士）的故事，说到她的几个孩子都是刚出生不满月就送给了老乡，自己则投身于革命之中。在导游讲这些故事的时候我发现,很多的女性游客眼中都是充满泪光的。真的是这样!有的游客说我以前根本不知道曾志,现在听了她的故事之后真的觉得好感动啊。这些材料,包括我对井冈山博物馆馆长的访谈以及对博物馆讲解员的访谈等,都有体现在我的研究中。

徐红罡:我想提点建议,因为所有 heritage tourist(遗产旅游者)其实都是一个政治旅游者。红色旅游在中欧也有,这是一种政治,但是它是批判社会主义的政治,与你刚才所说的国家认同有很大的关系。我觉得可以在做结论的时候对比一下他们得出来的结果。估计也比较类似,就是通过旅游这种形式得到的教育,其实和最原初的,就像骁鸣所说的由上至下的方式有点儿不一样。我想,你后面这些讨论如果和国外的 heritage tourism 关于教育的研究做一些对比,可能可以看出来中国的某些特性。是我们旅游的形式问题,还是说本身 heritage tourism(遗产旅游)就会有这种结果?我觉得这可能有所不同,因为 heritage tourism 的商业化程度是不一样的。就像奥斯维辛集中营大概不太会那么商业化,因为它严格控制了商业化的过程,但是井冈山商业化的氛围是非常浓郁的。留言簿是综合了旅游者整个的体验获得的,所以,我觉得如果能稍微地增加一些讨论,可能会更有意思一些。

左　冰:其实我也是想有一些讨论,但是目前的讨论只能基于他们的文献。很多研究黑色旅游(dark tourism)的文献,由于研究的目的不一样,很难有个对比和讨论。所以,我想我自己应去奥斯维辛参观,去翻阅奥斯维辛的留言簿,再来进行对比,我认为这样会更为可靠。谢谢徐老师!

翁时秀:好。我们这一轮的讨论就到这里。我们已经延长了5分钟。由于大家讨论的积极性很高,希望后面讲的学者可以把时间稍微控制一下,这样讨论的时间会充裕一些。感谢左冰老师的发言,接下来有请张机老师。

第一节 旅游与社会

浅谈旅游开发中的社会公平问题

张 机

(华南农业大学林学与风景园林学院)

大家早上好!首先,我想代表我个人以及我所能代表的参会代表,对母校提供这么好的一个交流机会表示感谢,也谢谢骁鸣兄做了很多辛苦的工作,谢谢你!

今天我的汇报不算是一篇严格的学术论文,只是一个话题。从组织方把我这个话题放在第二个发言来看,足见这个话题的重要性(笑)。关于社会公平本身的定义和重要性问题,为了节省时间,我会讲快一点。首先,在引言部分,我想谈谈公平对社会的重要性。其实公平和民主、自由一样,都是我们的一种价值追求。我们国家非常重视社会的公平正义,党的十七大、十八大报告用了很大的篇幅来讲公平正义的问题。旅游业作为我国新世纪的战略性产业,不仅关涉国民基本的生活休闲权利,也关乎国民精神文化生活水平的提高。而旅游开发中的社会公平问题,不仅关涉旅游业本身的可持续发展,而且关涉国民能否公平公正地享受国家旅游开发建设的成果。其实对于旅游中的社会公平问题,世界旅游组织有过这样一个专门的论述和看法,即把它视为使命,降低社会排斥,促进社会公平。我们国家的旅游开发历史和现实表明,社会公平问题始终是影响我国旅游业健康、稳定、和谐发展的基石。近年来,虽然我们国家很多学者对社会正义问题给予了关注,但是旅游研究者的关注还是比较零散的,我想这些关注还不足以引起我国旅游理论工作者以及旅游开发管理实践者的重视。我想简单谈谈我的思路。本文想重点论述的话题是,旅游开发或者旅游发展应该把社会公平作为一个工作重点。当我们思考把什么当作工作重点的时候,无非就是缘于两个方面:第一是这个东西很重要;第二是这个东西出现了问题,所以要把它作为重点来抓。所以,我等会儿首先会讲社会公平的重要性。然后探讨我们的旅游开发目前出现了哪些问题,导致这些问题出现的原因有哪些。最后谈谈如何去解决旅游开发中出现的社会不公平问题。

我先谈谈社会公平对旅游发展到底有多重要。当前，全社会对以人为本、社会和谐、可持续发展等理念已广泛认可，旅游研究也应该具有人文关怀的价值观。这种旅游发展价值取向是应该以社会价值为主还是以经济价值为主？对于这一点，早在1980年马尼拉的《世界旅游宣言》（以下简称《宣言》）中就已提出，无论旅游的经济效应多么现实和重要，都不可能是各个国家做出鼓励旅游发展政策的唯一标准。也就是说，发展旅游还有其他的价值导向。《宣言》强调精神因素比物质因素更重要，我想，它里面所说的精神因素就是指实现旅游的社会价值，包括左老师刚才说的旅游政治化的问题。综观我国旅游开发的历史与现实，我们发现，其价值取向已经被倒置了，追求经济价值成了主导取向，而社会价值被弱化，甚至被忽视了。其中的原因是什么呢？我也在思考。可能是因为这两种价值的外部体现不一样，社会价值不如经济价值那么外显，它往往隐藏在旅游者的旅游过程当中。具体而言，社会价值体现在旅游对个体的爱国主义教育、传统文化熏陶、生态自然感知、身体放松与性情陶冶等方面，这些都是社会价值在旅游者身上的具体体现，但它却是无形的。目前学者对旅游社会价值的关注太少，正如有学者指出，中国旅游研究中还很少见到对旅游的社会责任或对国家精神建设的意义的关注。国家要充分实现这种社会价值，是保证公民获得自由和公平的关键所在。《宣言》中强调旅游是人类的权利，但要保证这种权利的实现，政府就要在旅游管理中注重社会公平，让每一个个体享有公平的旅游机会和权利，否则，这种权利很有可能在后来的开发和后续经营中被剥夺。

旅游的社会公平里有两个方面密不可分：一个是旅游的本质，另外一个是旅游消费对象的独特性。从第一个方面来看，旅游作为人基本的生活需求，其本质我认为是个体在异地的一段生活经历。尽管它受到一定的财力和时间的限制，但是个体对旅游的追求并不能被任何组织或个人剥夺。人人享有旅游的权利，正如人人享有受教育的权利一样，应该受到法律的保护，这个就是旅游公平的理念。关于这个理念，早在1995年赫兹曼（Hultsman）就提出了justice tourism（公正旅游）这个概念。其实，这个概念后来一直被学界所探讨，但可能各自的表述方法不同。后来克里斯在他2002年的一篇文章里提到，旅游公平的首要目标就是人人有机会参与旅游。第二个方面，旅游资源的独特性决定了旅游发展必须注重社会公平。首先，我们的自然保护区、风景名胜区、森林公园、自然文化遗产等旅游资源，属于国家所有，即属于公共资源的范畴。作为公共旅游资源应该属于全民所有，国家必须确保每一个公民获得公平接触这些旅游资源的机会。这些公共旅游资源的公益性功能决定了它不能单纯追求经济效益，也要追求社会价值的实现。另外，从社会福利的角度来看，旅游资源的公共福利性功能也决定了公共旅游资源应该以实现福利的最大化为发展目标，而非旅游企业利润的最大化。尤其在旅游发展中，不能以牺牲一部分人比如当地居民、广大游客的利益为代价。其次，人类对旅游资源消费的特性，不像石油、汽车、食品等那样是一次性消费的，而是重复消费的，所以旅游发展需要可持续。近30年来只重视经济的做法，不是注重社会公平的体现。它不仅影响了当代人的公平发展，也影响到了后代人公平生存和发展的机会。尤其是对资源十分敏感的旅游业，应更加注重社会公平。这里所说的公平既包括代内公平，也包括代际公平。如果说代内公平是强调公平的空间维度的话，代际公平则是强调公平的时间维度。旅游发展的社会公平代表了当代人对后代人应该承担的代际责任。

接下来第二个话题是旅游开发中出现了什么问题，大概有四个方面。

一是旅游土地资源消耗的不公平。资源的开发和利用直接决定了旅游的可持续发展，也直接影响着旅游发展中的社会公平问题。前面已经讲过，大部分的旅游风景区是属于公共资源的，产权属于国家所有。但在现实中，许多公共旅游土地资源却被抛售给其他的旅游开发商，这样势必导致旅游成为个别经济利益主体的工具，也使得这种"圈地运动"成为某种供富人消费的私人场所，而普通大众则被排斥在外，导致一种非常严重的社会不公平。这种土地资源消耗的不公平主要体现在三个领域：生态旅游、滨海旅游和城市休闲游憩。生态旅游资源，例如前面所说的森林公园、自然保护区等，它是一种公共旅游土地资源，这种旅游资源很多在现实当中被建成了高档酒店、私人会所、高尔夫球场，甚至旅游地产也挤了进去。这样不仅破坏了旅游土地资源的公益属性，也导致了公共土地资源变成了一部分人——当然是富人阶层——的私人度假场所。从滨海旅游开发来看，也大量存在着将公共土地资源出售给旅游房地产商的现象。很多一线海景、优质的沙滩，成了个别企业捞取经济利益的私人作业场所。我走访过海南的一些沿海地区，以及广东沿海地区，都存在这样的现象。你想去享受这个海滩的话，你就得买门票，或者根本不让你进。从城市公共休闲旅游资源开发来看，也存在许多资源开发中的不公平问题，媒体对此已经报道过很多类似现象。

二是当地居民利益分配的不公平问题。比如旅游发展收益人应该包括当地居民在内的所有利益相关群体，但在旅游利益的实际分配过程中，分配不公平成了普遍现象。我国的旅游开发多数是通过政府的招商引资而主导旅游业发展的背景下产生的，政府将景点建设、基础设施交给外来投资者，这无形当中让外来资本控制了景点，而当地居民作为弱势的一方，在整个旅游的开发中受到排斥，他们的权利缺失导致了机会的不公平。这在民族旅游开发中是十分常见的。民族旅游开发当中当地居民所获得的经济利益，不要说过少，甚至连他们原本可以使用的土地都没有了。这就使得他们丧失了参与旅游开发的积极性，严重时会导致很多冲突。2005年以来，包括云南大理的一些地方都出现过这种冲突，甚至有些很严重，媒体也曝光了不少案例。

三是旅游景区定价的不公平。这里的景区是讲公共旅游资源类的旅游景区，这些景区以公共资源为依托，其所有权应归全体公民，实现景区公益性和社会价值应是这类景区的主要功能。有些人士认为，依托公共资源建立的旅游景区应该免费向国民开放，起码价格可以降低。比如说，我们国家的5A级旅游景区门票，价格在100～200元之间占半数以上，11家景区旺季的门票价格超过200元。我看到价格最高的是雅鲁藏布江大峡谷，超过700元，张家界的门票是250～260元。这种门票过高的情况，变相地损害了较低收入者进入旅游景区旅游的权利，这是对国民基本权利的剥夺。我这里说一个案例，2011年我和家人去美国自助游一个月，主要是去 national park（国家公园）。当时我们惊奇地发现，我们一部车，车上有4个大人加1个小孩，只要购买一张门票，并且这张票在一年内可以无限次进出美国所有的 national park。你们猜门票多少钱？80美元，只要80美元，折合人民币才480元，四到五个人一年中可以无数次往返，算下来多么便宜！后来离开美国的时候，我把我的票赠给了我在美国的朋友，我朋友在这一年当中还可以继续去美国的 national park 玩。网上说，日本的富士山是免费的，韩国的汉拿山是免费的，所以在中国，高门票是个很奇怪的现象。我想请教保老师，这种现象应如何把它压制住？这种高价门票为何产生？可能归结为景区管理部门看似合理的理由，就是通过票价控制客流量来缓解景区压力。我想这是个伪命题，这种通过涨价来控制客流的论调是实现垄断定价的借口。而且我发现无论价格多高，景区游客都会爆满，旅游地理学中强调的环境容量很难控制。我们不会遇到哪一个景区说，"不好意思，你不能再进来了，我们景区爆满了"。没有，只要你去，就来者不拒。我想，至少可以提前进行网络门票预订，希望国家旅游局可以建立一个统一的网络售票平台，就像铁路客户服务中心的 12306 网站那样，我们可以搞一个 12308 或者什么嘛。全国所有景区可以集中在上面售票，并实时统计并显示可购买的剩余门票数，哪个景区剩下多少张门票，游客马上就可以知道。这就可以让游客实时了解景区的容量，然后有针对性地选择购买哪个景区的门票。门票甚至可以提前一个月或两个月进行网上预订。其实，在去年（2014 年）的 8 月底，国务院已经指出要建立旅游区门票预约制度。我最近看到一个新闻标题——《国内最贵的十大景点，你还能不能开心地玩耍》，我想当前的核心问题不是能不能开心地玩耍的问题，而是我会不会去、能不能去的问题。

第四个方面是针对特殊人群的旅游开发不公平的问题。这主要是说，目前针对农民工、残疾人这些人群的旅游设施，基本上还比较欠缺。

针对以上提出的旅游开发中的不公平问题，要分析其原因的话，简单来看，可以总结如下四个方面：第一个是价值取向的问题，前面提到过应该以社会价值为主、经济价值为辅，但这种取向被倒置了。第二个是产权制度比较模糊，有学者指出这种不公平最根本的原因是没有实现维护公共产业的制度，会导致景区管理混乱。第三个是权利理念缺失的问题。第四个是政府职能缺位。政府职能不同于其他功能，很多时候我们会发现，政府和企业的职能是一样的，二者均成了经济利益的追逐者。

分析完原因后，我最后想谈谈如何实现旅游开发中的社会公平。解决的路径可以分为四个维度：权利公平、机会公平、规则公平和分配公平。旅游中的社会公平需要考虑多维度的问题，最重要的就是分配公平。如何保证？我想可以从三个方面努力。第一，要重视权利理念，以保障权利公平；第二，要强化政府职能，以保障机会公平；第三，要完善产权制度，以保障规则公平。同时，还要考虑这三者之间的一个协调问题。

最后，简单总结一下。我认为旅游是国家提高国民文化生活质量的重要途径，也是国民的基本权利。要确保国民积极参与旅游，必须注重社会公平。同时，追求社会公平也是政府的一个重要职能，各级政府应该转变到这种理念上来。也就是说，从过去重视经济效应，向重视社会效应转变，这样才能保证社会公平的可持续发展。最后，我想指出，当我们在谈论研究的科学性和规范性时，是否还需要关注研究本身的价值。我始终在想，什么是研究的价值？我们做研究到底有什么意义？我想最终就是满足他人的需要，当然也可以满足研究者自己的需要，因为价值本来就体现在满足主体的需要上。我认为旅游研究的价值应该建立在旅游研究者高度的社会责任感之上，使所有国民通过旅游可以获得最愉悦的文化精神体验过程。我想这是最终的一个目的。我们国家的旅游学者正在向"70后"或者"80后"群体过渡，我们是否能成为当代旅游研究的公共知识分子，关键在于我们是否能够为中国旅游发展的社会公平大声疾呼。而在旅游开发过程中，如果说政府是为政绩、企业是为利润的话，那我们知识分子就应该为民生，这样才能够带来中国国民幸福指数的整体提高。谢谢大家，请提出宝贵意见。

主题讨论

翁时秀：谢谢张机博士帮我们节省了很多时间，接下来进入到讨论环节。

张　机：首先我想说明一点，这个话题应该是非常能引起共鸣的，我想这不只是我个人的兴趣，希望大家一起讨论，谢谢！

保继刚：没人说，那我来说，张机刚才点了我的名。话题很重要，但逻辑有很多问题。你的摘要里面说到，学术界不重视旅游开发中的社会公平问题。但我想，我带的中山大学这个组，从社区参与、社区增权、制度增权到旅游吸引物，这个系列的全部研究，加起来有专著几本、论文几十篇。这些研究，如果你都没有去做 review（评述），你就给了这么一个结论，这就是一个问题，导致你的结论也是有问题的。另外就是，概念是很乱的，你把从国家公园到建立高尔夫球场的用地都归结为应该保护、应该给所有人使用的公共用地，这个概念是混乱的。合适的体系是国家公园体系、省立公园体系到市的公园体系，这一部分是应该公用的。但还有一部分，比如高尔夫球场，可能还有高尔夫球场在垃圾场基础上建的呢，你把所有这些只要是关起来、要收费的东西都认为是社会公共物品，那这个社会公平又是建立在什么样的基础上呢？所以，我觉得这里面的概念是混乱的。你可以专门只谈中国要建立国家公园体系，或者说国家级风景名胜区等，你把所有的东西混在一起谈，最后肯定达不到社会公平。举个例子，如果你说广东省所有的考生都应该进入中山大学学习，因为只

第一节 旅游与社会

让这么几千名招进来的广东学生在中山大学学习，对另外的十万名、二十万名考生是不公平的，这样的方案最后一定实践不了。所以，有两点评论，第一，话题很重要，特别你说到了"70后""80后"关注这个问题，当然是很好的一个问题。但是第二，我认为这篇文章里至少有两点是有问题的。

张　机：不过，我还是不太明白关于这个土地利用的问题。到底什么土地是可以被私人利用的，什么土地是国民所有？哪怕只是一个垃圾场，就可以让富人去玩高尔夫吗？我们也可以进去。我还是不明白什么资源是可以关起门来收门票的，而我们不可以进入。中山大学这样的校区也是可以……

保继刚：我们有很多餐馆，能不能都走进去吃饭啊？餐馆里也有富人、非富人，也有大排档，也有"顺峰"，为什么"顺峰"可以收费？你应该直接走进去就吃……这是很简单的一个道理，为什么？我投资。如果这个地是保护用地，在国家公园内我利用职权去弄一个高尔夫球场，或者在里面建设一间高级会所，例如故宫里面的高级会所，那一定是要清理的。但是，我另外找到一个商业用地，我买一块地来做一个高尔夫球场，我有一定的消费门槛，为什么不能收费呢？按照你的逻辑，我们的餐馆全部应该只收5块钱，因为只有这样最低收入的人才能吃得起饭，我们就只能照这个收，对不对？

曾国军：在整个经济社会活动里面，效率的问题也要考虑，就是按保老师举的这个例子说，为什么垃圾场改造成高尔夫球场就应该收费？因为如果不收费，就没有人来改造这个垃圾场，所以要兼顾共同的效率，一部分是私有的，一部分是公有的，否则的话只是一个理想的乌托邦。你后面提到的一些方案，其实也可能存在一样的问题。我就很不满意，因为我一直是在为企业主考虑的，都是关乎利益、企业家如何盈利的问题。人家说这个社会是多元化的，研究者也是多元化的视角比较好。

张　机：我没有反对，我只是倡导要为更多的游客和当地居民说话，你是从企业出发，我是为国民的利益说话。另外我想说，效率曾经放在更重要的位置，现在应该是时候强调公平了。

张朝枝：我补充一个观点，就是门票价格问题。其实门票价格的低价和高价是有两面性的，一方面我们认为门票价格低是为了让老百姓有机会进入这个景区，国家掏钱来补贴景区。但实际上，这意味着有能力的国家公园只是少部分，即使免费也只是少部分能去。国家财政补贴国家公园的时候，对那些理论上可以去但是不去的人，实际上也是不公平的。你要复杂化是没有办法讨论下去的。

张　机：那你是说我们国家财力有限，不像发达国家如美国那样可以免费，中国以后有没有可能免费？

张朝枝：这个事实一定要承认，实际上我们国家风景区门票价格很高，有很大一部分的原因是门票收入维持着当地财政及整个社会经济发展的运转，这个事实要承认。不是说西方国家门价格票低，我们也就无条件地要马上让它降低。我们要追求这个目标，还是有很多条件的。

左　冰：我从政治学这个角度来回应你一下，其实问题不在于公平还是效率，关键是平衡，生态系统也是追求平衡，我们的政治也是，你要把公平放在第一位还是效率放在第一位，你要根据时代的变化、具体的环境甚至具体的案例地来做决定。所以，不是说东风压着西风，或者西风压着东风，而是要考虑如何做到平衡，平衡才是最重要的。

孙九霞：这个话题其实我在课堂上和同学们讨论过很多，刚才张朝枝老师提到的那点，我也是同意的。你刚才说到门票涨价的问题，还有中国和美国存在差异的问题，我觉得这都不是中国的问题。我们可以从根源上来梳理一下。我们和西方是不一样的，西方发展旅游是在实现了工业化和现代化之后，旅游进来之后，原先的社会发展、福利的覆盖水平都不错，地区内部的差异、城乡的差异都不是特别大，它的发展问题也不是特别突出，人都实现了有尊严地生活。一个客源地和目的地之间的居民生活水平差异没那么大，都有福利，所以整个社会是一个均质化的状态，那么旅游地和客源地之间是没有那么绝对的差别，而我国东部发达地区和西部地区存在两重天的差别，整个生活不在一个状态下，所以发达国家从旅游中延伸出一个公民的福利和权利都没有问题，它其实是容易实现的，获取的利润只要能够维持景区的基本运转，收点管理费就好了。在中国是什么状况呢？我们还没有实现工业化，旅游就来了，我们没有富就先游了，所以东西方是有巨大差异的，公共设施、服务设施都是因旅游而投资的。西方的基础设施是早就有的，水电、管道都通了的，而我们是没有的，所以等于说政府投入基础设施、企业投入经营设施全部都是为了旅游。在这样的背景下，你不让它收门票，这个是不公平的。如果我要按发达国家的路线来要求它，要给游客权利，不让它收门票，那我觉得是剥夺了当地发展的权利，这也是不公平的。我去过台湾花莲，那里有个太鲁阁国家公园，这个国家公园现在是不收门票的，花莲是东部地区，是落后地区，而真正来旅游的的确都是发达地区的人。所以，我们学者在讨论问题的时候不要简单地投入感情。"我要有情怀，我要旅游者也享受很公平的权利"，我觉得这其实是个伪命题，不是一个真正的话题。左老师添了一个平衡，还有什么概念更重要，的确是具体背景下值得大家思考的。

徐红罡： 我想补充一下，其实像保老师说的，社会公平确实需要更多研究者的关注，但是因为社会公平是个非常大的概念，如果要做这个研究的话，可能首先要对社会公平有个非常好的界定，也就是说你是从一个什么样的起点来说社会公平的。你是从人的旅游的权利出发的，包括你刚才说到的贫困的人、残疾人，说他们同样地享有到这些地方的权利，这些就是公共资源的权利出发点。你刚才讲这些人因为没有 infrastructure（基础设施），因为没有什么，情况都很不一样，所以你研究的 starting point（出发点）就要非常明确，到底是指什么样的社会公平，你是基于一个什么样的逻辑起点进行论证的，否则你就很难有说服力。这是第一个建议，你要做一个演绎的分析。第二个建议，刚才左老师和孙老师讲了，从具体的情境进行分析恐怕是更重要的，具体情境下的社会公平在目前的社会制度里有一个什么样的困境，针对面临的难题大家是如何处理的，这些就会让社会公平领域的研究真正前进一步。这样就会有一个很清晰的逻辑，但你现在这个框架非常难让大家找到一个共同的对话点。所以，你要有一个 starting point，这是我的建议。话题本身我觉得是要获得关注的。

翁时秀： 感谢张机博士的发言。接下来我们就有请第三位发言人。

西双版纳近郊傣楼景观的社会建构研究

陈丽坤

（广州大学中法旅游学院）

尊敬的各位老师，大家好！我叫陈丽坤，是广州大学中法旅游学院的一名老师。我是中山大学的学生，回来母校做报告非常开心，但看到会场里坐着各位熟悉的师长，仿佛回到学生时代，心里又非常的紧张。我今天的报告不像左冰老师那样是发表了的论文，而是我正在做的一个研究，还没有完全成型，希望今天报告之后可以得到老师们的不吝赐教和指正。我汇报的题目是《西双版纳近郊傣楼景观的社会建构研究》。

首先是问题的提出，大的背景是我们国家快速城镇化的全面推进，民族旅游地的乡村性、地方性、民族性的维持与发展变得日益严峻。如何保持发展呢？带着这样一个问题，我对西双版纳的傣楼变迁进行了持续4年的田野调查，完成了一些来自田野的"凝视"。大家可以看照片（PPT内容略），这是一个用竹木建起来的第一、二代傣楼，正在向现代的第三代傣楼过渡。第三代傣楼景观大概有三类：第一类主要用于生活，第二类主要用于参与旅游，最后一类主要用于发展低端出租房。前面两种第三代傣楼还有一定的传统美，但最后这种就毫无审美可言，建盖密集，居住舒适性大打折扣，而以景区的长远发展来看，暂且认为这些傣楼是不那么好的存在。但是我的研究发现，相当一部分原住民非常想而且已经建造了这样的傣楼，经过一番事后的补救工作之后，当地政府也为典型社区追认了建造的合法性。那么，既然当地把旅游作为支柱性产业、民族产业，第三代傣楼作为一种不理想的存在，为什么它却在当前发展得如此强劲，并且有着蔓延的趋势呢？这就是问题的提出。

如果用一种老生常谈的角度，就可以对第三代傣楼的相关主体进行一个强烈的道德谴责，但是我们都知道，这样的谴责是缺乏建设性的。所以，我想可不可以从社会建构论的角度出发，首先对这个问题进行解构，看看西双版纳傣楼究竟是如何建构的，我们是不是能发现一个更全面完整的故事，这有利于我们直面问题、解决问题。关于我的分析框架——社会建构论，我知道在场很多老师都非常熟悉。简言之，社会建构论实际上是一种批判哲学，尤其强调对社会过程的研究，擅长对人们习以为常的概念进行抽丝剥茧的解构，去除迷惑性的虚假意识，最后希望显露出一个真实的意义。相关的研究进展方面，旅游视野下的人文景观研究把它归为两大类。第一类属于技术建构的范式，偏重从技术美学或者自然美学出发，探讨如何用技术的办法去维护、塑造景观物质实体的审美性；第二类是社会建构的范式，侧重于探讨景观物质实体变迁背后各类利益相关者的行动及其利益关联，超越了仅仅是对物质实体的探讨，进入了一个社会细节的研究。但经过梳理发现，目前更多的研究聚焦于旅游场域，多从符号学的角度进行探讨，没有考虑其他场域中的力量对旅游的建构与重构的作用，都不能很好地解释我的田野迷思。我想对这个缺口进行跟进。我的研究方法主要是田野调查法，收集资料，做过程事件和话语分析。我这个田野调查已经持续了4年。

接下来我报告一下西双版纳近郊傣楼景观的发展现状。傣族的居住形式从历史上看经历了四个阶段，分别是穴居、巢居、窝居和楼居，我把傣族自建自住的楼居建筑统称为傣楼。至今西双版纳近郊已经经历了三代傣楼。第一代已经消失了，是利用当地的竹子为主要建材，楼板、墙壁、屋顶都是茅草；而这张照片（PPT内容略）已经不用茅草了，而是用瓦片作屋顶，这就是第二代傣楼的特征。第一代傣楼是没有卫生间和厨房的，第二代傣楼在外面弄出一个独立卫生间和厨房，因为传统的木料是不能防水防腐的。当前第二代傣楼处于一种暂时维持的状态，但普遍开始进入到第三代傣楼。第三代傣楼泛指具有一定的传统傣楼外形而普遍采用现代化材质、具有现代家居内部功能的傣楼。

我把第三代傣楼分为三类。第一类是生活式的第三代傣楼，主要用于傣家自住，至于保留多少传统外形则要看村民喜好，政府会有一定的规范性文件指导，但不是强制性的。第二类是旅游式的第三代傣楼，就是参与旅游发展的傣家也把傣楼作为一种旅游吸引物。它内部是现代化的，满足居民对新住房的功能改进和舒适度的要求，外形上会想尽各种办法来满足游客视觉冲击的要求。依照设计能力和财力水平又可以进行细分，一种比较漂亮，但是被批判太过于西式，所以，政府又推出改良的第三代旅游式傣楼，增加了一点木料，用当地人的话说就是"汉族房子穿了一件傣族的衣服"，尽量保持一种传统的外观。

随着木料增加，成本也会增加，因为现在不能随便砍伐热带雨林，木料需要去市场购买或者进口，手续比较繁杂，所以大家尽量不用木料包边。这也是一个第三代傣楼（PPT内容略），是用全木料打造的一个高端现代傣楼，木料处理后可以防腐、防水、防蛀，使用年限从原来的3年变成了30年以上。用传统木料建造的傣楼经过3～5年就要维修，但高科技木料实现了功能改进，颜色上也会故意做旧。我在网站上跟踪网友的贴吧，说到理想中的传统客栈，他们认为这个就非常传统，实际他们不知道这传统的背后是高昂的投资和高科技的支持。这个有4个房间的傣楼是一个大开发商打造的高端会所，光建造就花费了300多万元，住宿一晚需要上千元。第三类第三代傣楼则完全颠覆了传统傣楼的建筑，就是一个小洋楼，唯独保留了一个傣式的楼顶，因为这是当地政府要求的。这个社区位于比较显眼的城市边缘的位置，政府认为至少要有一些傣族特色存在。

在当前，傣楼出现了三种方式的社会建构，是从弱建构到强建构的过程。①

接下来，我对近郊傣楼景观社会建构的过程进行分析。经过话语分析以后发现，每一种傣楼建造模式背后实际上都对应着一种傣楼价值观的话语表述，每一种价值观的话语表述背后又有利益关联、行动者关联，只有取得合法性确认，才会变成一种社会现象②。

由此得出我的研究结论：民族社区景观具有结果呈现的客观性以及变迁过程的社会建构性。在快速城镇化的情境下，民族旅游地近郊民族社区景观的建构力量多元混杂，又来自不同场域，所以将来我们进行研究的时候，应该站在更广阔的社会情境元场域中，对背后的话语表述和利益关联进行探求。

最后，从社会建构论的视角进行呼吁，在田野调查中如果发现不好的存在状态时，我们不应该停留在对直接责任人的道德谴责，而应该对促成这一现象背后的社会环境进行解构分析，进而才能进行干预调整。

还有一点时间，我举个例子。这是一个贫困寨（PPT内容略），旅游的发展使得第二代传统傣楼直接跃迁变成了欧式小洋楼，好像我们应该要批判它。但是，即便不发展旅游，这个寨子也要变。怎么变？发展旅游其实是个很好的引导途径。现在这种变化并不是因为傣民对传统文化没有道德责任感，而只是

---

① 此处部分核心内容尚未正式发表，故酌情删除。
② 因发言人的相关论文尚未正式发表，此处删去部分发言文字。

因为当时的设计水平低下，此外也缺乏资金支持，居民没有太多钱去买木料。如果有钱，按照该村村主任的说法，谁都可以建更好的傣楼。这个村主任是个很有想法的人，也在帮助寨子申请一些相关的基金，因为国家目前的政策导向就是帮助他们进行改造。他也掏自己的钱重新改了一些原来的欧式做法。

主题讨论

翁时秀： 我们接下来进入讨论环节。

钱俊希： 陈老师，我想请教一下，您的这个研究的基本伦理或者一个基本的文化、政治立场是什么？因为我好像隐约从里面听到一种反发展或者说反现代化的感受，尤其您说的好像要延缓本地的发展。傣楼如何才能在景观的变迁过程、现代化的进程中去保持所谓的想象中的原真性，您觉得要怎么去处理？

陈丽坤： 谢谢这位老师给我一个机会陈述和澄清自己的观点，因为刚刚可能由于时间所迫，我讲得太快。实际上，您对我的观点有一个相反的理解。我的意思是说，从第一代那种很陈旧的茅草为顶的傣楼，到第二代那种竹木结构的傣楼，再到第三代那种尽量保持传统外形而具备一些内部功能改进的傣楼，这样一个发展过程可能是不可逆的，因为傣寨居民也有权利去追求享受现代性和舒适性。但是，我们发现为了旅游发展而修建的傣楼，基本上会尽量把地方性、本真性、民族性保持下来，不管是出于经济利益的动机，还是文化的市场化机制，不管是出于什么目的，它都是可以保留下来的，这其实是多方共赢的。有的人能赚到钱，有的人能从中找到自己的浪漫想象，有的人从那里得到自己的文化认同，尤其是老一辈的傣寨居民，他们可以不用搬离自己的寨子。所以，我并不是要阻止它的现代化进程，只是既然我们要做社会建构研究，就要敢于对一些现象说它好还是不好。比较弱的社会建构研究是不做道德价值判断的，但是，我站在旅游人的角度，给它稍微做一个价值判断，说那种颠覆式的傣楼不够好。我也不能说它完全不可以，因为它存在就会有它的合理性，但确实不够好。这个不够好，不单单是指不好看，因为我去过那个地方，知道它也不好住。那个城中村出过很多问题。在政府治理之前，里面有吸毒的，有黑帮斗殴的，很混乱，因为流动人口太多了。据说，还有些老人家搬上那个楼后就再没有下来过，因为腿脚不便又没有电梯，就只能被关在上面，对他们来说居住起来应该也不是很舒服。所以我觉得，如果他们能够有效地参与旅游，可能会有比建造颠覆式傣楼、经营出租房更好的发展路径。或者你要进行出租房经营，那你也应该再有序一些，不要这么颠覆，稍微缓一点，不要一步就从傣楼式换到现代高层住房，完全丢掉传统。谢谢！

张　机：我想问个问题，您在说傣楼，我想整个中国少数民族地区，任何地区，当地居民这种楼的景观改变都是具有普遍性的，但你这个研究有什么特殊性在里面？是不是这种建构过程背后的驱动机制其实适应任何地方的民族村落景观或者房屋景观的变迁问题？

陈丽坤：我是这样想的，因为我们做社会建构研究或质性研究，一般不说我们的研究具有什么普适性，我们关注的是对具体案例进行深描和剖析。当然，现在就我直观的感觉，不管是傣楼、苗家寨子还是其他，都会面临这样的问题，是存在一些共性的东西。将来如果有人愿意做量化的验证的话，也许我们可以更确定地去说这种发展路径有多普遍。

张　机：也就是说，这是一个很自然的必然过程？那这个研究最重要的贡献在哪里，是研究分析还是过程描述？

陈丽坤：我觉得我这个研究的贡献在于我解构了两种迷思。第一种是，可能以前我们觉得不要发展旅游，或让它随意发展，就会是一副原真性的场景；第二种是，当看到颠覆式傣楼出现时，我们以前只是简单地在道德上对这些傣民进行批判，说他们完全失去了对自己传统文化的珍惜，小富即安抑或目光短浅等。如果不进行社会解构，我们很容易就下这样的结论。而我们通过研究发现，这背后有很多行动者的利益诉求，是在多方协商下集体、社会确认的结果，而并不是傣民单方面在摧毁自己的原生文化。这里还涉及张老师刚说到的社会公平问题。我刚说过这些傣楼，特别是这个颠覆式傣楼的案例，以前是很有名的，在《孤独星球》上也是有注解的，至今很多外国人都会慕名而去，即便只是在咖啡街上喝喝咖啡，怀念一下过去想象中的样子，它的旅游品牌价值其实是很高的。如果有比较好的规划和办法，也许不会变成今天的样子，而是走到一个多方共赢的局面。为什么会变成今天这个样子？我想呼吁的是，我们要重视增长型利益诉求的出现。所谓增长型利益，我想借机会解释一下。以前，我们更多关注的是底线型利益，对于少数民族村寨，认为他们只要吃饱饭就够了。当地政府是有这样一套话语体系的。在我的另一个案例里，政府人员说傣民过去怎么穷，开发旅游后怎么富。傣民自己则说，虽然政府给的这个条件，纵向对比是比以前好了，但是他们现在还有其他的方法，经济收益可以比以前好得多得多，所以如果照政府的来做，他们会感受到相对剥夺感。通过社会建构的研究，通过层层剖析问题出现的情境，可以让大家更全面地发现这个问题。

张骁鸣：陈老师，谢谢你的汇报。我对社会建构也挺感兴趣的，我看到你也引用了那个很经典的 Berger 和 Luckmann 的书——《现实的社会建构》。但是，如果从他们的经典著作来看，社会建构论本身所谈的那个"现实"可能还没有直接到景观这样的物质层面，它可能更多的还是在讨论观念、意识、知识性的东西。所以，你前面花了 20 分钟说景观层面物质的具体变化，而真正的社会建构分析就只有 5 分钟，我觉得很遗憾。只有讲到话语的形成，我才觉得是真的进入到社会的建构当中，所以，我觉得这是特别遗憾的一点。我觉得你这个研究会非常有意思，它可能是你一系列研究的一个总结性的东西，或者也是一个研究新的起点，你可能还要去展开。这种展开为什么我会觉得有价值呢？因为以往我们的看法都是观念可以指导行动，然后既然有权威来确定我们的观念，我们的社会就非常简单，就是单线性地发展，顺理成章；但是社会建构可能就反过来，说我们的观念和行动、行动和观念可能会形成一个循环的过程，它们是在社会发展过程中不断交互、互相影响。所以，这里既有政府的推动、村民的诉求，导致形成某些观念来改造房子，也有房子建造出来之后，被其他村民模仿，被媒体报道，或者政府拿来树立一些榜样，然后再推广，村民和外界的一些人又逐渐在接受这个观念。所以，今天你讲的时间真的太短，没有把它很好地展示出来，这个挺遗憾的。但是，我觉得思路是非常新颖的，谢谢！

保继刚：谢谢！我之前听过你的一次报告。我从另一个角度给你解构一下，看对你后面的分析有没有一点作用。剥离掉宗教和传统文化的影响之后，我把我另一个研究的结论用到这里来改一下，"在没有有预见的外力作用下，民族建筑景观的改变是不可避免的"。我从另外一个角度来看，就是如果宗教跟传统文化没有强大到可以实现保护的话，这种改变是不可避免的。为什么？第一我们看实用。实用就是费用，技术进步把费用降低，技术费用让建筑材料越来越简单化。简单跟便宜就会使我们使用新的材料。为什么会有傣楼和吊脚楼？它们其实是当时生产力水平和当地的自然条件、气候条件影响下的产物，并受到当地的建筑材料限制。如果今天技术进步后，我们可以把外地的便宜材料拿来用，为什么我们不用？所以，从实用的角度讲它一定会改变。第二是商业的角度。我们从地租来看，在土地价值渗透进去以后，在城郊土地越来越贵的情况下，容积率提高，就是你说的一层变到六层，容积率的提高就是最大化地租的方式。所以，地租最大化的这种商业追求，一定会使傣楼往高处走。而当所有房子往高处走时，传统建筑材料是不可能支撑这种建筑方式的，就只能用新材料和新的建筑方式。所以，剥离掉宗教和传统文化的影响，这种变化是不可避免的。为什么会出现第二代、第三代，和旅游相关，和经济相关，是因为这样的房子有人愿意来住，他们实现了居住之外的另一个功能。有些地方又反过来"穿衣戴帽"，得到了原来居民的认同，比如心理的认同，他还可以继续获得经济利益。这两方面的分析，车震宇的博士论文讲的是云南古村落，包括汉族地区（汉族地区也有传统建筑），得出两个结论：有旅游发展的地方，他们会比较自觉地保护；没有旅游发展的地方，破坏得更严重，也就是会走向工业化。这个结论在这里是可以用的。另一个是刘丹萍的博士论文后记中，我记得有一段话，她在访问一个农民，元阳梯田的哈尼族农民，他说："我们盖了平房，你们一定要我们做成蘑菇房，那是你们想看的，不是我们想住的，为什么你们城里人不住蘑菇房，我们已经盖了平房还要我们返回到蘑菇房？"所以，你后面的视角是挺有意思的，说它美是外面的人说它美，它要改变、要实用是本地人要改变。如果没有旅游经济利益的追求而开始重视传统，如果没有宗教或者强大的传统文化的束缚，如果没有政府的外力干预的作用，改变是不可避免的，只有改变得快还是慢的问题。所以，唯一的出路就是，如果政府认为这个可以形成一个文化保护区，文化景观的保护区，那你可以通过立法的手段、补偿的手段把一个片区保留下来。你说的这个片区，我还有很多原始照片，我1987年去的，刚刚开始做旅游时的第一家餐馆、第二家餐馆的照片我手上还有。但是，在这种城郊型的地方，如果"种"旅游得到的效益超过"种"出租房的效益，他一定会"种"旅游。就像我们海珠区的万亩果园，如果万亩果林的效益超过"种"房子，农民当然愿意种果林。现在"种"房子的效益远比果林高，所以政府和万亩果林的农民天天在博弈、天天在斗争。出路就是，除非圈为文化保护区，然后还有适当的利益，用法治加经济、"胡萝卜"加"棍棒"的方式，才有可能保留这样的地方。谢谢！

孙九霞：因为保老师说到这，我也想补充一个它目前演化的一个方向。回到社会建构这里来，我4月份刚去了傣族园，傣族园的变化让我吃惊，宗教的影响力越来越弱了。两个因素，一个就是自己居住的功能性考虑，其实当地的傣族人是想住傣楼的，他不是说要住舒适的，而是他很习惯傣楼。现在接待游客的压力大，游客想要住标间，他说住傣楼很不舒服，也没有电视、网络，什么都没有，不愿意，因此现在标间的价格就高。因此，现在居民住复合楼，先建一个水泥的，但屋子前面是杆栏式的，还是用木材，我问了下价格，他们自己认为不是很贵。为什么价格不是很贵呢？因为它已经不是传统房子的这种造价和投入。现在一栋房子大约有12个客房，应该要70万～80万元的造价。现在有北京人、内蒙古人、昆明人在那里买地，一亩地30万～40万元，所以，现在整个处于一个失控状态。是不是要反思一下我们原先所想的单一的原因？因为我原先其实一直在想房子是谁的，谁要的？现在我觉得不是这么简单，70万～80万元对我们来说都是很大一笔钱，但是他们还说不贵。他们的需求也符合你说的增长型利益诉求，但是他们的"增长型"不是为了木头或者为了舒服，就是要重新建。原先建傣楼虽然很习惯、方便，但是现在建傣楼周期特别长，因为要打地基，一步一步来；之前的杆栏式非常简单，现在也完全不是了。这是一个新的变化。

陈丽坤：谢谢孙老师！其实我的研究中，刚刚说的旅游式的傣楼，企业允许建成三层，外面包括屋子后面看不到的地方也要包一层木料，而且对于瓦片的颜色也要求用灰色，要尽量传统的，不能建成那种蓝色的，因为游客追求的是视觉的冲击。我在访谈中做了一些图片访谈，当然在对比图片的时候，几乎所有游客都很喜欢看那种传统的，而我问他们能不能在里面住一晚上，他们基本都说不住；如果有愿意住一晚上的，就问能不能在里面住上一个月，他们说打死也不住。如果住就要舒适，如果看就要视觉冲击。所以回应保老师刚才说的，我非常同意保老师的观点，我也看过车震宇老师的书，认可这种变迁和旅游结合并不是绝对矛盾的，大家都追求的傣楼外观视觉冲击和内部的舒适，实际上是可以结合在一起而成为一种保护的力量。共同把它建构成各方都满意的状态，应该是可以出现的，而不是很悲观地认为全部都是出租房才是最好的出路。我是这样认为的，谢谢！

社会价值观视角的旅游地社会发展评价研究：
以黔东南苗族侗族自治州四个村寨为例

肖佑兴

（广州大学）

各位老师好！谢谢给我这个发言的机会。

我今天报告的内容是社会价值观的一个感知研究，对这个社会价值观在民族村寨展开调查，了解他们对社会价值观的看法和评价。这里分为四个方面：

首先，问题的提出。中央提出了"三个倡导"，国家旅游局也提出了核心价值观。我觉得这个社会价值观既是我们社会发展的目标，也是衡量社会发展的标准和尺度。针对旅游地来讲，旅游地的价值观有没有一些特殊性？应该包括哪些方面的社会价值观？不同的社会价值观有没有不同的重要性？居民对它们的评价，特别是在旅游发展前后，就是经过旅游发展后它有没有一些差异？下面就是我对这些所做的一个调查。

其次，文献回顾。在旅游社会价值观方面，国内研究最早的是蔡树棠老师，他提出了旅游企业的价值观，之后还有王明强提出企业价值观的问题。在20世纪90年代出现了旅游可持续发展观，包括持续、平等、尊重人权、文化协调、和谐，等等。近年来，我们国家又提出"和谐社会"，所以和谐旅游讨论得比较多。在社会主义核心价值观提出来之后，也有学者讨论了旅游行业价值观的问题。比如说爱护景观、诚信服务、尊重差异、献身旅游，等等。中国旅游研究院课题组提出"爱国、人本、诚信、共进"，他们提出的是针对行业的。还有很多其他社会价值观的影响研究。我这里小结一下。旅游社会价值观的文献还是非常多的，但是在我们这个社会主义核心价值观提出来之后，在旅游地进行的社会主义价值观的研究比较少，因此我就对这个进行研究。研究方法首先是依靠文献，针对以前关于价值观的文献进行梳理。然后进行实地调查与访谈，主要对当地老百姓询问比较重要的价值观，还有对学者进行一些访

第一节 旅游与社会

谈,了解旅游地的价值观。

再次,旅游地的社会价值观体系与指标。在以上工作的基础上,针对作为调查对象的民族村寨,我提出旅游地的社会价值观,也就是在我们社会主义核心价值观的基础上增加4个指标:民生、美丽、传统、活力。其中,我解释一下,民生主要是衡量居民生活状态的一个指标;美丽主要是想反映旅游景观;传统主要是想反映文化的保护和真实性;活力主要是反映包括旅游自我发展和生存的综合发展能力的指标。这里总共归纳出16个指标。

最后,实地调查。我选择了贵州黔东南四个村寨——西江苗寨(以下简称为"西江")、郎德上寨(以下简称为"郎德")、肇兴侗寨(以下简称为"肇兴")、小黄侗寨(以下简称为"小黄")去做调查。调查主要是让他们对重要性进行打分,还有就是对旅游发展前后的价值观进行评价。调查问卷主要分为两个部分,一部分是社会人口的特征,一部分是价值观的项目。同时,针对一些有时间、有精力、能够交流的居民,对他们存在的一些问题、一些判断,进行一些访谈,在这个基础之上收集相关的资料。在四个村寨中,西江是在雷山县,被称为中国最大的苗寨,据说目前游客量在贵州排第三。郎德上寨发展的时间比西江苗寨更早,它主要实现了社区主导、全民参与,所实行的工分制挺有名。第三个是肇兴,也是很出名的,在2005年《中国国家地理》杂志选美的时候,被选为中国最美的六大乡村古镇之一。第四个小黄侗寨,旅游发展相对要弱一些,被称为"侗族大歌之乡",用大歌表演来吸引游客。

根据上面的调查,得出以下结果。

一是从旅游价值观的重要性角度来看。几个村寨相比而言,西江比较重要的价值观是传统、民生、友善、爱国、和谐。郎德跟西江有些类似,也有传统、民生、友善、和谐,但多了公正、文明。肇兴是民生、友善、传统、和谐,多了敬业、美丽。小黄是友善、诚信、民生、平等、和谐。这是这四个村子比较看重的几个方面。从村寨之间的比较来看,旅游业发展水平比较高的是西江和肇兴,它们更重视民生问题,然后是美丽、活力、敬业;社区主导的郎德和小黄更重视文明、平等、公正、诚信。肇兴和小黄这两个侗寨更重视富强,西江和郎德两个苗寨更重视传统、民主、爱国。西江和小黄更重视和谐、法制、友善;郎德和肇兴更重视自由。从总体来看,四个村寨的总体性重要性排序依次是友善、民生、传统、和谐、爱国、诚信、文明、敬业、美丽、平等、公正、自由、富强、活力、法制、民主。

二是从满意度来看。根据目前对价值观的一个打分，下面列出来的是平均分以上的。西江比较满意的是美丽、友善、活力、传统、和谐、爱国，这是它们排名比较前的。郎德排名比较前的是美丽、诚信、爱国、传统、友善、和谐、文明、敬业、民生。肇兴排名比较前的是美丽、友善、爱国、富强、传统、和谐、敬业。小黄的排名依次是爱国、和谐、活力、美丽、友善、传统、法制。这是村内各个指标之间的比较。从村寨之间的比较来看，郎德和小黄对民主、文明、自由、平等、公正、法制、和谐、传统、敬业、诚信的满意度比较高，这两个村寨是社区主导的。郎德、肇兴、小黄对民生、富强的满意度比较高。西江、小黄对活力的满意度比较高。郎德和肇兴对爱国的满意度比较高。四个村寨对美丽、友善满意度都很高。从四个寨子的总体情况来看，满意度排名比较前的是美丽、爱国、友善、诚信、传统、和谐、活力。满意度比较低的是富强，从倒数情况来看，依次是富强、平等、法制、民主、公正、自由、敬业、文明、民生。对富强满意度最高的是小黄，然后是郎德、肇兴、西江。从这可以看到，旅游业发展得最好、游客量和旅游收入最高的是西江，肇兴第二，郎德第三，小黄是排最后的，但是满意度却完全相反。

三是从进步度来看。进步度就是在旅游发展的前后进行一个比较。首先从村寨内部来比较，西江进步度比较高的是富强、民生、民主、美丽，尤其是富强，说明西江旅游经济比较发达，发展也快，富强比较显著。退步比较大的是自由、爱国、文明、平等、传统、友善、诚信。郎德，除了传统、敬业有所退步之外，其他都是进步的，尤其是富强、民生进步比较大。肇兴进步比较大的是富强、民主、美丽、法制，退步比较大的是自由、传统、平等、诚信、公正、活力。小黄进步比较大的是民生、富强、民主、法制、文明、爱国，其中民生和富强进步比较大，公正和和谐进步值为零，退步比较大的依次是友善、诚信、敬业、传统、自由、平等。从村寨之间的比较来看，四个村寨全部进步的是民生、富强、美丽，四个村寨全部都退步的是传统和敬业。从村寨总体上来看，进步较大的是富强、民生、民主、美丽、活力、法制，其中富强、民生进步非常显著，退步比较大的是传统、自由、敬业、平等、友善、诚信、公正、爱国、和谐、文明。在四个村寨当中，进步最大的是郎德，其次是小黄；退步最大的是西江，然后是肇兴。

下面对调查结果的成因进行分析。根据调查和文献梳理，我认为主要有四个主导因素：第一个是旅游发展的导向，第二个是权力关系和社区参与的水

第一节 旅游与社会

平,第三个是旅游发展规模和商业化水平,第四个是受访者的社会学特征。

一是发展导向。为什么会有这么大的差异?我觉得根本原因是发展导向,是以经济效益优先还是以社会效益优先。如政府和外资主导的西江和肇兴,是以经济为主导的,就是想方设法赚钱,所以忽视了很多社会问题,暴露的社会问题非常多。比如说教育问题,肇兴有一个肇兴中学,因为那个地方观景是最好的,所以就要把它建成一个观景台,然后就要把中学搬迁到较远的地方。当地人就对这个反应很大,很反感,问题变得很严重。另外西江中学也是这样的,它把表演舞台放在村寨的中间,一天到晚就在那里表演。旁边就是中学,表演场是开放的,声音非常大,有些学生就因为读书问题迁到县城去了,这也是个非常严重的问题,教育质量方面受到非常严重的影响。还有很多其他的方面,比如说交通管制、进出管制,还有分配问题、住房问题,等等。社区导向的郎德和小黄,因为他们的内部自主权比较大,比较注重社会效益,尤其是注重公平、平等、正义、传统等,所以社会问题比较少,因此这个社会评价比较高。

二是权力。当然这里既有权力问题,也有权利问题。权利问题和社区参与水平有关,这四个村寨当地村民的权利有一些差异。社区主导的当地人权力比较大,因为很多事情都是内部商量。外资主导和政府主导的,当地老百姓的权力就比较小,处于被控制的地位。相应的参与也是一样的。社区主导的村寨当地村民参与水平比较高。

三是发展规模和商业化。商业化程度比较高的,旅游规模比较大的,就会导致旅游发展和居民生活之间有很多矛盾,产生很多消极的影响,比如说吵闹、交通问题都比较严重。同时商业化不断地淡化原有社会结构和社会价值观,可能会破坏村寨的传统、友善、平等、公正、诚信、和谐等这些社会价值观,所以这个影响也比较大。

此外,受访者的社会学特征也有一些影响,在这就不多说了。

综上所述,我总结了几个研究结论。一是从旅游地社会价值观的重要性来看,就这几个村寨而论,和地方居民生活和生存紧密相关的价值观受到更多的重视。尤其是对欠发达地区、少数民族而言,民生和传统比较重要。二是对旅游地来讲,美丽、活力,我觉得应该是不可或缺的。三是社区主导、效益优先的郎德和小黄对社会的评价和进步度比较高,相反商业化程度较高、外资和政府主导的进步度比较低。还有从社会发展的满意度和进步度来看,黔东南四个村寨的美丽、友善、诚信、传统、和谐、活力价值观的满意度比较高，而对富强、民生、美丽、民主都有积极的推动作用。社会发展的评价和旅游发展导向、权力关系、社区参与水平、旅游发展规模和商业化水平等有比较大的关联。谢谢！

主题讨论

翁时秀： 接下来是讨论环节。

陈胜容： 肖老师，你好！我是中山大学旅游学院的博士生陈胜容。我的问题是，您研究了这些民族村寨之后，对于这些价值观在分布上，有些是对应经济的，有些是对应政治和社会维度的，有的是偏个体性质的，有的是更偏集体性质的，那么在您的研究结束以后，对于它们的分布有没有总结出一个特征啊，是不是在某个维度上存在差序分布的特征？

肖佑兴： 这个我还没有进行深入的反思。

张骁鸣： 谢谢肖老师！我觉得你这个研究更加适合用社会建构来做。因为价值观本来就是在我们意识层面的东西，而且我觉得你的这个研究本身的过程其实就可以有另外一个学者来对它进行再研究。比如说，一开始你是从国家对于社会主义核心价值观的好像是权威的一个定义、一个界定或者是一个导向出发。然后我特别好奇的是你去给村民做调研的时候，你提供给他们的这个问卷、表格上所谓价值观的描述，到底总共有多少个词，是不是就只是你已经给我们展现出来的这些，还是说，其实有一些价值观的东西，我们在问卷上是没法体现的，村民也不会去填？比如说"各家自扫门前雪"，像这样的东西，其实隐隐地在我们的心里面。在行动当中，像"明哲保身"这样的东西，我们不可能在问卷中填给你，我们不可能这么老实，我们不会蠢到那个地步，去暴露自己内心当中最真实的一面。所以，用问卷这个方式来调查价值观，首先我觉得可能会有点问题。然后，这个研究过程其实恰恰也是社会建构的过程，为什么？可能有的村民第一次做了你这个问卷，接下来下次比如说我又跑去当地做问卷，那村民就会回想：上次是怎么填的，上次的问题和这次的问题有什么差别，它会不会对自己有什么影响。知识就是在这样的不断互动当中开始产生的,所以我前面说这个研究过程可以用社会建构来做。另外,我又觉得这个价值观是一个特别虚的东西,或者说不能纯粹就价值观论价值观。如果说作为一个研究话题的话,我觉得还是要和社会行动结合起来,那就是说我们在很多时候判断、表达或者在与他人进行交往的时候不单是价值观在指导我们,有的时候是情境化的,就是一个"即时战略",例如有一种电子游戏就叫即时战略游戏,是吧?就是在当时、当地那个场景之下,我可能根据自己的综合判断马上就要做一个决定,要有一个做法。在那个时候,可能价值观对我的影响是有限的,可能还有很多其他的因素在影响我。所以,这个研究我听下来之后不太过瘾,不好意思。

肖佑兴:的确是,还有很多问题,其实后面存在的问题还比较多,自己在研究过程当中也觉得有很多不足的地方。谢谢!

廖婧琳:肖老师您好!我是中山大学博士生廖婧琳。我有一个问题一直很困惑,就像刚才张老师讲的,价值观这个东西是一个很抽象的东西,而你的问卷是针对社区居民的,我就在想你怎么样来表达,或是说通过你的问卷让他们明白你想去表达的那一些东西?

肖佑兴:对,你说的是非常困难的一个问题。因为这些问题都比较抽象,所以就是尽量用让他们能够理解的话语来表达。比如说民生,民生问题我觉得已经比较让人困惑了,什么是民生呢?我就说是满足一些基本生活需要的,吃、穿、住、行,我是这样理解的,然后就跟他讲,尽量让他理解。自由,就会讲自由行动。民主,就是让他们参与到社区的管理这个方面,这样来跟他们讲解。这个确实是比较难,文化程度比较高的就可以自己填,但是文化程度比较低的,填个问卷要个把小时。所以,有时候一天也就填十多份问卷。这个调查确实比较困难。但是,因为我们中央提出这个社会价值观,而现在还比较少的人去做这些调查,所以就想尝试一下。谢谢!

翁时秀:还有没有其他问题?如果没有的话,我就对本节的所有发言做一个总结。作为主持人,刚才孙九霞老师和张骁鸣老师都提醒我讲两句。我在这里就简短讲两句,挨个讲讲自己的想法。

对于左冰老师的研究,从我的角度来看,刚才各位老师的点评都很到位,而我自己还有两个疑惑。第一个疑惑是有关留言簿的文本分析。留言簿这种文本作为表征者显在的一种表达,可能跟自己的真实想法有出入,类似于刚才张骁鸣老师对肖老师的点评,我的疑问是,留言者自己会不会把内心最真实的想法写在留言簿上?因为这里涉及一些政治方面的考虑。另外,由于留言的时候能够看到别人的留言,而我们是在看到别人留言后才写留言的,那么,我们在看留言的时候可能会受到别人的影响。所以,这里边最真实的想法到底是怎样的?潜在的表征和隐在的内心的真实想法之间的区分,可能需要再考虑一下。另一个疑惑是关于政治社会化的。在旅游的情境当中,在我们国家现在的话语情境之下,这种政治社会化到底能够达到什么样的程度,我也觉得这里可能也有需要讨论的。因为对于某些领域,对于我们社会生活中的某些事件,可能社会大众已经形成了"习惯性的负面想象"。这种习惯性的负面想象会使得我们在看待政府所做的一些积极、正面、为大众着想的事情时,可能会有一些负面的评价。那么,在我们当前的网络话语和越来越琐碎的日常话语当中,我们对于崇高的东西,都会在琐碎的日常生活当中越来越多地倾向于把它解构掉。对于这种崇高,当政府以自己正当的行政权力去推行的时候,日常生活当中对它的解构和理解是怎样发生的?这种解构和理解的重构对于政治社会化的效果有着怎样的影响?我觉得这可能也值得做进一步的探讨。

第二个是张机老师的发言,就像保老师指出来的,社会公平是非常值得研究的一个话题。张机老师在给我们展示的时候,我觉得他试图在做一个规范研究而不是实证研究。因为张老师说他的研究涉及的是价值问题,在我看来,涉及价值的这种非实证的研究可能更多的是一种规范研究。规范研究和我们经常讲的实证研究的方法论有非常重大的区别,它的研究进路可能需要我们好好去提炼。就我自己的感觉,现在旅游研究中,关于规范研究的重要性大家是在逐渐地认识之中。但是在规范研究的方法论上,似乎还缺乏比较好的方法论的进路。就像刚才徐老师提到的,我们在讨论这些价值问题的时候,你的逻辑起点是什么?另外,当我们在讨论公平问题的时候,在讨论正义问题的时候,实际上关于公平和正义的问题有很多的流派。你基于不同的流派所做的讨论,可能结果完全不一样。你基于功利主义的讨论跟你基于自由主义的讨论,会有完全不同的结果。基于社群主义,可能又会有一种不一样的关于公平和正义的理解。所以在这里,澄清你的讨论的前提和你的逻辑出发点,然后限定你讨论的边界,以及在讨论过程当中反思你所援引的一些经典的理论或者在这种经典理论中进行再阐发,可能对于泛泛地去讲公平和正义的问题更加重要。

陈丽坤老师所做的这个景观建构的研究是我从做硕士论文开始就一直在关

注的一个话题,具体的点评我就不再展开,很多观点在我的硕士论文以及发表在旅游期刊上的文章里都有提到。我是非常赞成陈丽坤老师关于景观建构背后力量的研究的,在我自己看来,景观的建构和变迁的逻辑可能并不复杂,复杂的方面可能在于陈老师讲到的另一个概念:合法性。合法性到底怎样去界定?这可能是比研究景观变迁的逻辑更加困难的一件事情。因为在这里,我们的困难不仅仅在于怎样去理解合法性,而是像刚才讲到的对于正义有不同的理解、对于平等有不同的理解一样,我们想要在这种景观变迁里去建立合法性的话,它涉及的是价值判断,是关于合法性的不同理解,这是第一个问题。第二个问题是在实践当中怎样去操作的问题。我在研究社区增权的时候发现,实际上在增权的过程中,我们也希望能够建立某些方面的合法性,但是当我们进入到具体的场域时,这种追求有些时候会显得太过于困难,太过于奢侈。所以,我觉得合法性的研究可能是未来我们需要讨论的一个比较难的问题。

最后是关于肖老师的发言,我觉得张骁鸣老师已经做了很到位的点评,我在这里就不再去重复。在我看来,我们在做这种先做问卷描述统计,后面再做一些原因解释的研究的时候,可能要有更好的解释框架,这是我想要补充说明的一点。

这一节的讨论我们就到此结束。谢谢各位老师、各位专家!

视野与方法 I

- 开场白
- 质性旅游研究的现状与问题：基于2000—2013年《旅游学刊》载文分析
- 萨义德的地理思想与旅游研究

开场白

曾国军
（中山大学旅游学院）

这一节的主题是"视野与方法"。事实上我看到这节的标题时，就感觉到组织者张骁鸣老师的用意是比较好的。他列了3个人的题目，第一个是何莽老师讲研究领域的问题，而张朝枝老师讲的是研究方法的问题，再接下来的翁时秀老师应该讲的是对一个研究者的研究，囊括了不同的视角。由于有一个嘉宾没有来，所以这一节只有2个嘉宾来做演讲。第一位是张朝枝教授，他以《旅游学刊》在过去十几年的载文为例来讲旅游研究中的质性研究方法。下面我们把时间交给张朝枝教授。

质性旅游研究的现状与问题：
基于2000—2013年《旅游学刊》载文分析

张朝枝

（中山大学旅游学院）

大家上午好！首先感谢给我这个机会跟大家分享这个题目，坦率地说，这个题目就是拿出来请大家"拍砖"的。为什么做这个题目呢？实际上是我给我的本科生布置作业，说你们要做研究的话，就得梳理一下研究方法。于是我就安排两个学生，一个做定性的，一个做定量的。我觉得最重要的是文献的梳理，例如关于什么是定性的文章、定性文章怎么写、规范应该是什么样的，做完以后，我觉得有点意思，我就让他们再把《旅游学刊》的文章拿过来分析分析，然后看可不可以去投稿。本质上讲，这个文章的本意主要是讲定性方法研究的表达，跟《旅游学刊》没什么关系。也许这个话题是有意思的，因为这么多年以来，定性的文章数量在国内是在增长的，在国际上也是这种趋势，特别是国际上几个著名的主要刊物的主编在讨论的时候，都提出过在这个阶段我们如果要建构好的理论，要让旅游研究上新的台阶，我们就应该鼓励更多好的质性研究。基于这个背景，我就想约张骁鸣和马凌老师讨论一下，但每次大家的时间都凑不到一起来。后来张骁鸣老师说干脆我们开会的时候把它抛出来，大家一起讨论，所以我拿出来主要是请大家"拍砖"的。

从学术角度上看，这个研究的大背景是现在整个的旅游研究都呼吁要做一些范式的转型，要做建构的研究，例如刚才陈丽坤的研究也是用建构的方法。目前所谓的critical turn（批判转向）也特别强调更多批判性地思考以前的研究，从方法到理论上都要进行反思。但是，做质性研究的时候我们面临一个很大的困难就是：在目前所有刊物当中，基本上定量还是主流，所以在每次审稿的时候，我review（审稿）别人和我被人review，定性文章被批判最多、讨论最多的方面往往就是研究方法、过程和文章结构。我看今天陈钢华老师也在发感慨，一个审稿人给你的意见可能需要写上好几页纸，而他们回复审稿人的意见可能比文章本身还要长。原因往往就是你用的方法被审稿人质疑,特别是定性的方法。在这个情况下,怎么样写好一篇质性研究的论文,或者说我们是否在质性研究成果的表达上也有一些共识性的问题,都需要讨论。在这个背景下,我主要是讲质性研究成果究竟应该怎么表达,然后说明目前国内质性研究成果的表达到底是个什么状况,大概就是这么一个简单的学术问题。

我们遇到的第一个问题可能就是什么是定性研究或者说质性研究。实际上一直以来,我们把这个 qualitative research 翻译成中文叫定性研究。为了与我们传统中国人写文章的政策研究、现状对策等这种定性研究区别开来,也有人翻译成质性研究。但是王宁老师也常常说,我们对一个概念的使用要有经济性,就是说如果它已经有了,我们不能随便再用新的概念。但是目前我们国内的学者,特别是在我们研究中心的学者,很多人用陈向明的书作为参考文献,把它称作质性研究,我这里也用这个翻译。但困难在于:如果说要拿一个具体的刊物来分析的话,你必须把具体的对象锁定得很具体才能够分析,如果泛指"定性研究",那文章范围就没法界定。因为陈向明强调的所谓质性研究是自然主义的,一定是"我"这个人作为研究者,深入到现场进行数据采集,跟研究背景有交互行动。而实际上,我们做文本分析、话语分析,还有很多类似的方式,其实也是在我们一般所说的质性研究范围内。但是,如果说把这些研究方式也全部包括进来的话,选择某个刊物进行分析时没法统一地表达,所以做这个文章分析的时候基本上还是采用了陈向明的概念。我并不是说用了他的质性研究概念的定义,而是在我分析样本的时候,用了他的这个概念的名称,不然我就没法在后面进行写作。总体来讲,关于质性研究或定性研究的概念的界定包括两个方面。一是强调研究者本身的观察力。强调研究设计要灵活,定性研究并没有一个严格的规范和程序。二是研究资料素材是比较丰富的,信息量较多,资料的分析方法也是因人而异,展示的方法也不一样。陈向明就特别强调了研究的自然情景进入,这其实只是其中一种方法。

那具体来讲,我们要评判或评价一个好的质性研究的话,首先要进行文献梳理,到底目前国际学术界对质性研究成果的表达有什么要求,或者说做一个好刊物审稿的时候,刊物对你会有什么要求,例如质性研究应该有些什么规范。目前有很多文献讨论过这个问题,特别在社会研究类似的领域都讲过。质性研究首先要强调你的设计是互动的,人和资料——也就是研究者和研究对象——之间在不断地互动。然后,资料收集方式和理论建构都是一个动态的过程，这是基本的规范。国内外这些学者关于质性研究成果表达的研究大概分为研究问题、研究方法、研究结论这三点。一直以来，我们国内定性研究成果的表达和国际上有一些差异，但总体上我自己的感觉就是我们投稿到国际刊物的时候，在审稿过程当中，他对定性研究成果的表达很多时候也是按照定量研究成果表达的一套规则来要求的。也就是说，基本上不管你是用什么方法来说明什么结论，但总的原则就是你这个结论要有说服力，你要说服读者。那读者可能是定量的背景，可能是其他不同学科的背景，不断地"掐"你的研究过程，你到底怎么得出结论来的，逻辑是什么。那就对我们成果的表达提出了不同的要求。比如说以前我们用民族志的方法，还有什么其他新的方法都可能很主观地根据作者而显出个性化，那这种方法就会不断地被挑战。因为旅游研究是很多学科交叉在一起的，审稿的人都是有不同学科背景的，他却不会管你这个作者是什么背景的，只管审稿有一个共性的标准。所以，旅游学科的这种定性研究在表达上就更加重要了，可能你需要更具有共性。

我总结了一下这些学者关于定性成果表达的一些要求。第一部分，关于问题的提出。首先，几乎所有的学者都认为肯定要有研究问题，这个我想应该没有太多的争议。但是也有一些研究刚开始不强调要有问题，强调我就是去观察，最后才讲我的问题是什么。这种方法也是有的。但现在更多强调的是有研究问题。现在一些研究没有研究假设，但是更多的研究，也包括定量研究，我们也会用定性的方法，例如在判断 A 跟 B 的变量关系的时候，也会用定性方法，这个时候就是有假设的。所以，上次我跟张骁鸣老师讨论的时候说，实际上定性研究也越来越多地采用假设。但是在这里，我们看到文献上关于定性的表达没有明确地提及这个东西，那它可能只是个局部的问题。

第二部分是现实背景。几乎所有的文章我们都会有个 context（背景）或者是 introduction（导言），但是在陈向明书里没有明确说我们在文章当中一定要写这个导言。还有，所有的定性研究中，概念肯定是很重要的。因为我们在探讨一个话题的时候，不同的学科对不同的概念理解不一样，所以概念的界定很重要。定量研究当中，对首先界定我们的变量是什么、它的测量方法是什么、来源是什么、它们之间逻辑关系的依据是什么说明得很清楚。但是一直以来定性研究里面往往不太注意这个，所以陈向明就强调在定性研究当中其实也要强调概念的界定还有概念之间的逻辑关系。

第三部分是研究的目的。研究目的在 *Annals of Tourism Research*（《旅游研究纪事》）中强调是practice（实践）、theoritical（理论）还是knowledge（知识），它会有一个要求。定性研究中不同的研究也会有一个statement（陈述、观点）。

第四部分是研究策略和研究方法。我们现在很多研究当中的研究策略和研究方法之间是混淆的，大部分学者写论文的时候经常是都写成研究方法，说我们用的是定性的方法、定量的方法、案例研究方法，然后就是问卷设计之类的……我们经常把策略和方法混淆在一起，但实际上在文献里面有详细的说明和要求。还有数据的收集，在定量研究里面有很详细的要求，例如对我这个数据怎么采集的、样本怎么收集的等有很详细的具体要求。但定性研究当中，经常不同文章的表达方式不一样。从现在的情况来看，几乎所有的定性研究的文章，你在国际刊物上投稿的时候，都要求你有很具体的定性的样本，还有你的调查方式、进场的细节，都要说得很清楚。以前我们基本上可以用一句话来概括，"我是通过观察"，我观察多长时间好像是可以比较简单地写，但是现在要很具体，包括你进入现场的步骤都要说清楚。还有资料的分析，因为定量分析的文章一般有很具体的方法，很清楚。那定性呢，不同的学科背景采集资料的原则不一样，它可能分析的方法也不一样。所以，这里面其实没有一个共同的原则，但总的来讲，你要很清楚你的分析方法。

最后是研究结果的展示，主要是说你的结果要建立在你的数据或资料之上，但目前我们很多学生写论文的时候经常是数据分析是一部分内容，结论和讨论又是另外一部分内容，这在定性研究当中比较普遍。研究的讨论部分，我们中文写文章一般是先结论再讨论，而英文文章一般是先discussion（讨论），然后才是conclusion（总结），并且往往讨论是很重要的一部分。所以说，我们在国际刊物上所发表的好文章，引言和讨论这两部分是最重要的，但我们通常不太注意这两个部分。所以，要研究讨论和结论的学术对话，以及理论的提升，还有包括这个过程的伦理问题，以及最后的研究意义，都要做说明。现在这些年，即使是《旅游研究纪事》上面的纯理论文章，它也要求最后有implications（启示），即你要对实践有什么意义做个总结，它对此也提出了要求，但我们之前讨论引入文章的时候不太注意这一点。

然后，什么是好的质性研究呢？这个好像更难说清楚，因为什么是质性研究都说不清楚，你还能够说清楚什么是好的质性研究吗？实际上，目前国际上就有很多类似APA（美国心理学会）这样的一套规范，它有质性研究手册之类的，里面就有很多规范指标体系，以说明如何做好的质性研究的表达。我把它总结了一下，后面有很多具体量表待会儿再介绍。总的来讲，一个好的质性研究最核心的就是"我要说服你"，我的整个过程是完整的。每一个步骤，我的材料也好，我的建构方式也好，都是很详细的，说得很清楚，要不然的话我没法说服你。特别是面对做定量研究的学者时，他可能会挑战你的每一个环节，所以就更需要把它说清楚。总的来讲，我们根据整个文献综述总结的话，也就是说一个好的质性研究的评价标准，大概包括几个方面。首先，所提出的研究问题是否值得研究？其次，是否对所使用的理论模型进行讨论？这个理论模型不一定是定量的那种 model（模型），而是 conceptual model（概念模型），就是你对你现有的模型提出讨论；你的背景是否写得很清楚，你的研究方法、你的问题和你的研究策略是否有一致性，你材料和方法的不足是什么，有没有批判性地使用你的材料，有没有说明它的不足。再次，有没有系统详细的资料收集的步骤，是否有它的阐释关系？也就是说它的信度和效度的问题。最后，结果讨论是否随着数据的不断展开会有不断的提升，能够通过足够的新证据发挥新的影响力？就是有这样一些标准来评判你的质性研究的规范。

关于信度和效度的事情，对于定量研究已经是 common sense（共识），大家已有一套规范来测量信度和效度，但是定性研究当中，本来就有争议。随着我们面临的 publication competition（出版竞争），所有的研究发表是有竞争的，大家也要求你的定性研究越来越有说服力。所以，总的来讲要有可靠性，包括你是不是有可信度、真实性等，有不同的标准。但是，学者们也认为即使你不讲信度和效度，你也要说明你怎么样克服那些偏见，克服你数据的缺陷；你的方法里面，比方说效度的问题，有没有克服偏见的问题，你是怎么处理与被研究者的互动的问题的；关于信度的问题，你有没有说怎么修正的。总之，在研究中你要说明我怎样规避这些东西。选择任何方法，注定都面临某种缺陷，但是你一定要说明我怎么规避、弥补这个缺陷。这就是为什么最近混合方法越来越流行的原因，因为大家越来越挑剔，越来越 critical（批判性的）。

这些大概的讨论完成以后，我就让学生开始挑选样本。主要锁定在《旅游学刊》，以定性、质性、访谈、观察等这些关键词，搜索到一千多篇文献，然后继续浏览每一篇文章，把那些政策研究、纯概念思辨的研究都剔除掉，挑选了 57 个样本。这 57 个样本严格来讲，有些排除在外的也是定性研究，但是它们类型太多元化，不好分析。我这个分析主要想界定的是，当作者实际上想用定性的方法来论证某个关系的研究，是用自然主义的方法，我才把它界定为样本。为什么这种样本比较好分析呢？因为它的特征很鲜明，比较容易跟现有的定量研究进行对话。然后我主要是从形式上进行评价，不对研究的具体结论有没有意义进行评估，因为这个太难了，并且我也不具备这个能力去评判每个人的学术成果的价值。我只是评判，这个质性研究成果在表达上是不是符合国际上所说的这套逻辑规范。所以，我就只根据它内容的丰富程度，比方说有四套标准，按"1、2、3、4、5"打分，它够不够多少分。打分的结果发现，基本上我们现在的研究论文中其实有30%是没有明确提及研究问题的，还有百分之好几十是没有概念界定的。研究方法方面，基本上近九成的样本介绍说用了访谈法，但是没有说明访谈的样本情况、访谈的来源、抽样的方式；值得提出的是，凡是提到用扎根理论的，基本上都很详细地说清楚了，但基本没有介绍样本怎么来的，怎么访谈的也说得不具体；然后关于信度、效度的问题，也就是关于研究不足的问题、方法论缺陷的问题，大部分都是没有进行说明，没有说本身的缺陷可能是什么。然后是资料的收集与分析，这种质性研究是以人本身作为研究工具来深入现场进行研究的，但实际上差不多1/3的文章没有对样本的饱和程度进行描述，有25%的文章没有对作者在案例现场怎么扮演一个角色说清楚。还有，在进行材料分析的时候，怎么从原始素材得到的分析材料，这个逻辑实际上也没有表达清楚。60%以上的论文，没有详细介绍质性材料的分析方法，直接就说我得到了什么结论。但是用扎根理论方法的都有说明。还有就是，对结果或结论的讨论，目前来看，大部分研究都会有一个结论，但是这些结论都没有引出太多的讨论，比如说对相关结果进行理论对话，也没有在讨论部分再提升到更高层次，可能把这个案例讲完了就算了，最后结论只是在于案例本身。

总体来看，《旅游学刊》这十几年发表的质性研究文章已经有相当的水平了，但是在研究成果表达上面，它们在概念背景的介绍、研究策略和研究方法的说明等方面的意识不够强。还有对材料与研究发现之间的逻辑关系的说明也不够充分。根据黄光国的观点，当研究者采用某种方法论的时候，他就采用了某种认识论和本体论。但是从《旅游学刊》文章当中发现很多时候大家是相互混淆的，比方说你可能用这个方法而又采用另外一种认识论和本体论，这种情况也是经常出现。还有就是我们普遍对研究的信度和效度关注不够，或者说我们不太喜欢提到本身的缺陷。当然，总的来讲，质性研究也很难去说它一定有一个很好的规范，但国外的学者就认为提高质性研究的信度和效度很重要，还提出了三角互证法，或者提出了异常个案的观点，提出和被访者的再确认，用不同的方法来缓解这个问题；同时，鼓励我们更多做历时性研究、过程研究和 meta-analysis（元分析）。最近我看到包括 Annals（《旅游研究纪事》）、Journal of Sustainable Tourism（《可持续旅游》）都在鼓励和强调 meta-analysis，对文献的再研究，还有通过某个案例跨时间的研究，对现有的理论和案例进行批判。我想这种方法还是会有助于我们研究成果水平的提高。由于时间关系，我就讲那么多。

主题讨论

曾国军： 感谢张朝枝教授，那现在是评论和提问时间。

赵　莹： 我想问一下张老师，以期刊来作为研究对象有没有必要讨论一下期刊的主编或者编辑团队对文章筛选的取向以及这个文章刊发的宗旨，就是对定量还是定性的研究或者是每种研究下的能够进入这个期刊的标准，我觉得这个可能会影响到后面你把文章作为对象来进行学科分析的判断。

张朝枝： 谢谢！实际上我这篇文章倒不是评价文章质量或期刊，没有这个意思，说白了，刚开始我跟张骁鸣老师讨论了我的用意是什么。因为现在质性研究越来越重要，大家有不同的看法，所以需要把这个话题拿出来共同讨论，讨论的过程当中有助于达成一些共识，或者有助于提高质性研究的表达。拿《旅游学刊》文章来作为分析的时候，肯定会有主观偏好甚至有很多其他因素在里面。但是不可否认的是，目前国内学者都认为《旅游学刊》是我们旅游研究当中最好的国内刊物，所以把它拿出来展示给大家看，原来我们旅游界最好的刊物中关于旅游定性研究的文章带有这些问题或者说有什么特点，我想会引起一些讨论，这是我的出发点。因为定性研究最大的特点是比较灵活，每个学者、每个学科背景不一样，就会有不一样的表达方法。但是目前，正因为我们学科背景多元化，旅游研究学者参与得更多，为了更好地跟不同学科交流，就要有一定的共同规则，我想的是这个意思。

徐红罡： 朝枝，我也想和你讨论一下，我觉得这个问题非常值得讨论，但

是我也觉得这篇文章到现在做得还不够味。我觉得这篇文章，特别是后面你要和马凌还有张骁鸣，你们三个非常尖锐的研究者讨论，能够在这几个方面提出更好的讨论，就是让批判性、反思性再增加一些。我感觉到还有些问题，也就是定性的分析中间我们可能需要讨论的。第一个问题，定性的分析是不是要像定量的分析一样有固定的"八股"，我觉得这个是首先要讨论的。为什么我觉得这个不够味呢？我觉得现在你首先是有一个框架，一个评判的框架，然后来套目前的这个研究，来说现在的这个鸿沟，但是也许现在的多样性的东西也有它一定的道理，我觉得要对这块进行反思，因为这是一个比较困难的话题。比如说刚才你也说到的，关于信度和效度的问题，实际上是从认识论的角度来看，或者是方法论的角度，它就是按照一个定量的标准来套到质性的上面。其实有的时候，就是读者能不能够接受你的观点，可能不完全靠你反复地去说我的这个东西是非常客观的，我觉得不是这样，因为从纯粹意义上看，作为个人的个体的研究，你接触的人是很少的，然后可能因为你的理论背景，主观性是难以避免的。比如说，我们怎么认识到或者接收到主观性对于这个问题的阐释以及它的意义，我觉得这个反而是需要重点讨论的。所以，关于国际上讲出来的那么多的规范，可能我们就要想为什么会有，也可能审稿人更多的是定量的背景，所以他反复地去强调你的这个是不是科学啊，是不是能够重复，然后大家在迫不得已的情况下就搞出来了这套。我觉得就是这个需要讨论一下才更有意义。第二个问题，具体地从这篇文章来讲，我们现在反映出来的一个主要的趋势就是，国内在《旅游学刊》上反映出来的趋势问题是更多地要和国际接轨，还是说我们有自己的一些凸显出来的趋势。总之，我就是感觉到对于定性的这个问题，还没有到用一个框来评判的阶段，这可能是我们需要讨论和反思的问题，我们的认识还不够清楚。但是，我知道现在投出去关于定性的文章，所有的，包括刚刚在和保老师聊天提到的，回复意见都是可信度的问题，他不管你的研究是否有意义、一个结论有没有意义。不是的，全部都盯住了可信度这一点。有很多方法可以获得结论，哲学有哲学的方法，不同的人有不同的方法。不同的方法，特别是定性，在这个时代可能更多的应该是从一种开放的角度来探讨，这样获得的结论在学理上有没有根据，然后他的推演有没有道理，最后得出来的东西有没有意义，也就是对于社会的价值。现在这套就全部都没有了，全部是按照一个八股式的东西来评判，所以我觉得，如果能够在这些方面进行反思，特别是你们三位非常具有批判性的人，可能对于我们解决一些认识上面的问题会更好。所以，我觉得这篇文章好像不是特别够味道。

张朝枝：我稍微回应几句。因为这篇文章他们两个还没有参与进来，只是我的学生写完以后我拿来这里跟大家讨论。实际上，我很认同徐老师所说的这个背景，所有质性研究因为它很灵活、很个性化，它不应该有一个框来评价。但是我们现在存在的问题是，我们每次去投稿遇到的问题就是不断地要你说明你的数据是怎么样的，怎么访谈的，这是他的要求。那我们现在争论质性研究应不应该有这个东西，其实这个是不需要争论的。因为很多方法自有一套理论体系，有足够的理由说明我这个逻辑是 OK 的，比方说民族志的方法已经使用很多年了、很成熟了，按道理来说就是可以的，它不需要我们再反复地强调这个方法是不是能够说明问题的。但是，因为我们现在旅游研究是一个跨学科的研究，我们的成果在表达、展示的时候，实际上是展示给不同学科的人看，展示的过程当中、表达的过程中需要有一些讨论来说明哪些是有必要展示的，哪些是没有必要展示的。实际上我们这么多年以来，社会科学的成果表达其实一直在变化，包括我们说的最强调个人主观的民族志的这种文章，它的逻辑其实也在变化。因为总体来讲，现在社会科学文章表达方式更多地强调不同人群的可读性，所以就出现了这种多元化，这是我对这个问题的理解。所以，我就觉得这不是一个对错的讨论，而是一个我们需不需要把它拿出来形成大家共同的看法的讨论。因为审稿的时候肯定会有不同的观点嘛。另外，我也是特别认同讨论质性研究的质量时一定会有很多深层次的方法论、认识论的问题，但是如果是要讨论这个问题的话，不是仅仅一篇小文章能够说清楚的，这远远超出了我的能力范围。所以，从功利角度讲就是拿出一般的原则，然后评价，看大家是否对这个关注和讨论，是这样一个出发点。徐老师这个建议挺好的，我觉得可能把它做成一个章节来讨论，比方说做一个手册或者是一本书中的一个章节讨论，篇幅长一点，这会更好一些。

王　丹：我就想分享一下，我觉得这确实是很有意思的话题，因为我自己也做很多质性的研究，送出去也会被审稿者批，批得很厉害，我就想分享一下我对这个主观、客观的看法。我觉得就我的理解来说，每一篇文章都会有主观的因素，不管你是用质性、大数据还是用定性，都是主观的。如果是文章，刚才也讲到一篇文章最难写的两个部分——引言和讨论，就算你是基于数据运算出来的一些结果去讨论，你也一定是主观的，有你自己的系统，会借鉴别人各个学者以前工作的一个讨论，才会得出研究真正的意义在哪里。所以我就觉得，文章有主观的因素是没有问题的，但就质性研究来讲，我也不太同意用定量研究的方法去看它的 reliability（信度）和 validity（效度），所以我就很认同 trustworthiness（可信度）的四条评价标准的衡量尺度。很多时候我们所说的定性研究的主观性是指，研究者在收集数据的时候，在解读受采访者、材料的时候加了很多偏见进去，而没有反映出受采访者所说的一些事实。所以，我们在做研究的过程当中，能够用各种方法，例如用三角验证的方法，来说明你收集的数据不是只代表你对采访者的解读。再比方说我们有 inter-coder liability （交互编码可靠性），还有其他的，通过观察法、焦点小组还有访谈，最后都可以反映现实，我觉得这个可能是所谓定性研究的一个客观方面。然后，我觉得我在投稿的过程中，经常被审稿人质疑的一点就是关于这个 generalization （普适性）和独特性的问题。我也承认我们领域内很多审稿人都是定量背景的，定量背景和定性背景脑子还是要转换一下，可能定性背景想要提出一个新的理论、新的视角，还没有清楚到可以用量化的标准去衡量每一个变量，而是用案例研究来说明这个现象，那以后可以接着做定量的。但是，永远都绕不开这个问题，审稿人总是会觉得看不出这个东西能够 generalize（推广）到什么地方去，然后我也要想很久，有时候能答得好，有时候也说服不了他。所以，我觉得这个 generalized ability（普适能力）的问题也是一个需要讨论的话题。

张朝枝：马凌博士的毕业设计我倒是很清楚，她感慨地说，她发现定量研究比定性研究更主观。因为做了很多数据处理，发现很多时候你要剔除哪个、不剔除哪个。

蔡晓梅：我很赞同前面两位老师的观点，其实我觉得这是个很有意思的讨论，所以我才来表达一下关于质性研究的一个观点。其实，我是很反对关于质性研究要有信度和效度这个说法的。因为我觉得这就是做定量研究的给定性研究设的一个套，我觉得我们自己入套了，不应该在这样一个框架里面去思考一个质性研究的东西。其实，我这几年都是用质性研究方法去做一些很小的研究。这会涉及一个非常重要的问题，就是我所访谈的人数是否有代表性的问题，也就是说你访谈多少人才能够有效地说明你这样一个主题。所以，我在找文献的过程当中发现中国人民大学有一群学者，他们在做方法论的研究。他们提出了三种方法：一个是求全法，这个是很难达到的；二是求同法，类似于定量研究；三是求异法。他们在这个过程当中提出了最大信息饱和法。什么叫最大信息饱和法呢？里面有两个关键词，"信息"和"饱和"，我觉得质性研究就是你所获取的信息是满足你研究的主题，也就是说这两个维度的一个评价，就是你"最大"了，"最大"是在于主观性。所以，我刚刚在跟钱俊希沟通的时候，我说我觉得这个质性研究它本身就是一个主观的研究，而且刚刚这位老师也提到，所有的研究都有自我的价值判断，但是并不是个人偏见，所以中国人民大学这一群学者在不断地做研究方法探讨的时候，也在反复地告诉做质性研究的学者，一定要坚信一点：做质性研究和量化研究是不一样的，而这个过程当中不需要考虑信度和效度。你只需要考虑你的主题，这个信息达到了，就是你所需要的信息，如果你主观认为它已经饱和了，而且它也最大化了，就OK了。所以，我不是很赞同用质性研究去提出一个维度，再用一个"八股"的方式去做研究。谢谢！

李咪咪：我不想说那个质性研究和定量研究到底应该怎么做，我就想接着蔡老师刚才讲的要不要有信度、效度的问题。我觉得我们做研究是有主观性，但是我们的目的是为了去传递我们的思想，我们需要让别人知道我们的这个思想是怎么来的，然后我们的观点是怎么被这些论据所支持的。我自己以前是做定量研究的，但是我也做一些定性研究，也上了一年的课，审了很多定性研究的稿子。我觉得在审稿的过程当中，你的思想很好，可是你的思想是怎么产生的，你的数据怎么去支持你的思想，这个过程如果你不写清楚的话，别人是没办法判断的。比如说，如果我看到这篇文章是名家或权威写的，就算是写的过程不是很清晰，我也认为那是权威的文章，多半是没有问题的。但是我们现在的文章是盲审的，如果你拿到这种盲审稿，你就没有办法知道它的这个信息产生的过程到底是怎么样的。所以我觉得，审稿人要求对研究方法进行详细的描述是一个非常合理的要求，我们就一定要把它描述清楚。而且我们在讲定量与定性的时候，强调的是定性研究以研究者本人作为 instrument（工具）去收集数据，那么他在这个收集和解读数据的过程当中，肯定是有主观色彩的。另外，读者在看这篇文章的时候，作为一个个体，也有他自己的解读视角，还可以再次分析这些数据，产生更新的一些东西。整个过程如果你不把它写清楚的话，我觉得是没有办法产生合理可靠并且可以被深入研究下去的东西。所以，在文章的写作过程中，我认为把数据收集还有数据分析的过程写清楚是非常重要的。

孙九霞：刚才徐老师一讲话，我马上记忆就复活了。在 2002 年的时候，我还在读博士，我不知道徐老师有没有印象——我们在做西双版纳的那个规划，在昆明跟旅游局汇报时，就住在一间酒店里，可能到了凌晨3点钟，我俩还在讨论定性和定量的问题，讨论不清楚，并且我不接受她的观点，她也不接受我的观点。因为那个时候她一直说如果你是客观的，应该换一个人就可以验证，而我说就是不能验证，反正我们的观点当时是特别对立的。后来我非常高兴，我观察到，等到她的学生做完珠江夜游的定量研究时，她就说不能老是这样调研一下就完了，该说的问题没说清楚，后来她的学生的论文中出现了一系列的定性研究，并且张朝枝也居然来做定性研究了，我也挺高兴的，因为当时他的博士论文是做了几千份问卷的。

张朝枝：这个不重要。

孙九霞：对，但当时是很让人崇拜的一个数据了。还有，在我早期做研究的时候，我知道定性和定量之间，大家是不能坐在一块的，总想"打架"。因为我读硕士的时候，人类学系的周大鸣教授跟管理学院的李新春教授，他俩一块儿做一个合作课题，中间讨论起来对问题本身都很感兴趣，大家都想做。他们本来是很好的朋友，合作做研究嘛，对研究问题都感兴趣，可是后来谈到方法的时候，新春教授拂袖而去，他告诉周大鸣教授，你这个东西我没法做，然后就没下文了。其实，现在从我这样一个观察来看，我觉得是一个进步，体现了大家的包容。但是就我个人而言，说句最实在的话，其实我现在觉得我还不够主观，还有点为了想着评价的那个人，所以要把材料碎片化，一段一段地不断堆出来，不断地要向别人证明。而我现在有一点不太敢去人文学科讲这样的东西，因为他们是不太接受的，比如人类学就不接受这样的东西。那因此在这里，一方面我们要的对话是一个方向，另外一方面学科立场还是要有的。刚才虽然晓梅她说不接受那个信度、效度，但是她讲的信息饱和的内容其实就是信度和效度，所以她只是在表述上不太一样。你要真正回到你的学科的立场或者氛围里，可能才会更温暖。好，谢谢！

张朝枝：谢谢大家，谢谢大家！

曾国军：我占据着这个地利，也发表一点我的想法。事实上，对于这个问题，大家争论得很激烈。对于方法、研究者的研究，其实一直都是非常有意思的，也是很多人感兴趣的。为什么呢？一个是大家研究问题做完了之后，发现做研究者的研究有强度，他可以得到很多引用率，这是我从客观的角度去评判啊。张朝枝教授也很适合做这个，我记得他非常早就在《管理世界》发过一篇案例研究的文章,但是我今天看到他取词的时候没有写"案例"这两个字觉得很遗憾。"案例"这个词本来应该是质性研究里面很重要的一个词,我看他只选了五十几个样本,我觉得范围可以更广一点。这里我想说几点,第一,我觉得方法从来就应该是一个融合的过程,今天包括左冰老师在讲的方法——量化的内容分析,它本来就是一个融合,既有质性的方法在里面,也有量化的方法在里面。然后,一个研究也有可能采用多种方法,我们现在都用三角互证,都是多种方法在里面,所以慢慢地,大家可能会有一个既是极化又有趋同的趋势。第二,我们刚刚也提到了,其实有很多学科差异、学科分演的问题,在管理学里面,我们也会讲案例的方法,而且也有很多专著在讨论这样的问题,叫"case study method",就是案例研究方法,包括罗伯特·殷,这个人写了好几本书,就专门讲案例研究的方法该怎么做,单案例怎么做,多案例怎么做,他甚至强调这个案例也不需要研究推广。我举一个例子,我写过一篇关于餐厅的文章,叫《湖南菜》,我是湖南人,我在写这个案例的时候就特别强调研究者本身是湖南人,所以对观察这个菜系是好的,我觉得我自己是作为一个工具在实验。然后两位评审人就有截然不同的评判意见,有一位评审人说,你是湖南人,你怎么可以有很主观的判断呢?你应该采用更加客观的方法,要由别人来做;第二位评审人说,你这个研究者自己是湖南人,这是最好的一个研究条件。所以,不同的研究者对问题的判断是不一样的,这两个研究者都是很好的杂志的评审人,所以我相信这代表了一个共同的情况,就是不同的人会有不同的判断。从我的角度来看,如果要做质性研究,或者说做量化研究也好,只要过程描述清楚,设计是合理的、取巧的,我觉得就是非常好的研究。我最近在观察,看一些 Science(《科学》)上面的非常短的文章,很好看,很有意思,我看他们的设计都是非常取巧的,它尽管篇幅很短,但是它对过程的描绘都非常清楚,并不像我们说的做质性研究就不需要做过程的描述,或者说可以模糊。只是说每个个体可能有一个不同的理解,只要说得清楚,我觉得就可以。好吧,我讲这么多,这也是霸权主义啊!下面有请我们第二位研究者——翁时秀博士,他讲的题目是《萨义德的地理思想与旅游研究》。我对这个问题是完全不懂的,临阵磨枪查了一下萨义德,他写过几本很有名的书:《文化与帝国主义》、《知识分子论》和《东方主义》。

萨义德的地理思想与旅游研究

翁时秀

(中山大学地理科学与规划学院)

尊敬的各位老师,我要汇报的题目是《萨义德的地理思想与旅游研究》。这个题目的主体内容是我两年前做博士后出站报告时完成的,这次增加了关于"旅游研究"的讨论。之所以把两年前的东西拿出来"炒冷饭",是因为我觉得现在旅游学界越来越强调做理论研究,但是,当我们把理论的东西逐渐融入实证研究时,我们还没有进入到怎样去思考理论的源流、怎样对理论本身进行解读的层面,也还没有考虑过怎样进行"从理论到理论"的研究。我觉得我的这个研究是对这方面的探索,所以拿出来跟大家讨论。我的汇报分为三个部分:第一个部分汇报研究的缘起,主要讲我为什么研究萨义德;第二个部分是对萨义德地理思想的基本解读;第三个部分讨论萨义德的地理思想在旅游研究中的应用。

先看研究的缘起。我之所以研究萨义德,是因为我对地理学思想史感兴趣,我在梳理地理学思想史的时候不仅对地理学家本身的思想感兴趣,而且尝试去研究其他当代学术大家的地理思想。也就是说,这些学术大家有可能是其他学科的,如哲学、社会学等,但是他们在研究的过程里会涉及地理方面的问题,比方说大家经常讨论的福柯、列斐伏尔,他们都不是地理学家,但是他们的地理思想对地理学产生了很大的影响。而我这次要解读的人物是萨义德。之所以选择萨义德,是因为我在梳理的过程中发现萨义德是当前思想家中为数不多的说"地理比什么都重要"的思想家之一,他这样的观点使我对他产生了浓厚的兴趣。在他看来,西方的思想家大体可以分为两类,一类依据时间性来理解事件,如黑格尔、德里达和卢卡奇就是这样一类人物。所谓依据时间性理解事件指的是:在理解历史的时候,首先思考时间长河中哪一个时间节点是关键节点,在这个关键时间节点上有什么样的历史事件,这些事件在什么样的社会条件下发生,进而影响社会进程和历史进程,这样的思考都是基于时间的思考。另外还有一类思想家是基于空间进行思维的,这类思想家在看待历史事件时,不是把事件看成是依据时间而流变的事件,他们所理解的事件是由不同地方组成的事件。在这种由不同地方组成的事件里,历史是怎样发展的呢?历史来自于不同地方的人在某些利益问题上的相互竞争,这些居住在不同地方的人在具体的场域中、在具体地理条件的约束下,进行一些关于地理的斗争和竞争。所以,从这个角度讲,这类思想家思考事件的时候,首先看到的是,世界是由不同的空间组成的,空间当中居住了不同的人,不同的人的互动影响了历史的进程,这类代表人物就有维科和葛兰西。当然,萨义德毫无疑问地把自己归入到这类人物中,他在很多文章和访谈录中都直接说自己的大部分著作是和地理空间相关的。

  从地理学的角度去研究萨义德的时候我们会发现,萨义德思想的上游和他思想的下游以及萨义德本身的思想都跟地理学的发展有很密切的关系。萨义德思想的上游的主要人物首先是福柯,其次就是葛兰西。从思想的角度讲,福柯现在已经是地理学家去做后结构地理学研究以及一系列"后"研究时绕不开的一个人物。福柯是萨义德写《东方学》这本书时经常援引的一个学者,但是后来萨义德抛弃了福柯,对福柯越来越感到厌烦。而葛兰西,在我们讨论文化霸权,讨论一些关于文化和空间的问题时,他也是一个经典人物。在萨义德思想的上游当中,还有两个重要的流派,一个是人文主义,另一个是马克思主义。先讲人文主义。我们都知道人本主义地理学的兴起主要是受人文主义思想影响的,而马克思主义则是我们在 20 世纪 70 年代反抗计量地理学最为重要的思想工具。马克思主义地理学和新马克思主义地理学也成了我们当今地理学的一个显学。萨义德不承认自己是马克思主义者,但是他的思想受到了马克思主义者的深刻影响。以上是对萨义德上游思想的简单梳理。在萨义德思想的下游,萨义德开创了后殖民主义这一重要的思想流派。在他的影响之下,斯皮瓦克和霍米·巴巴等人进一步推进了后殖民理论,而萨义德和这两位学者被合称为后殖民理论的"三剑客","三剑客"的研究进一步影响了其他后殖民研究者。在地理学中,当我们讨论后殖民主义的时候,这三个人物就成了绕不开的人物。更有甚者,在我们的一些经典研究中,比方说索亚的《第三空间》,其书名"第三空间"这个概念的最初提出者就是霍米·巴巴。此外,混杂性是我们研究新文化地理绕不开的概念,同样地,这个概念的提出者也是霍米·巴巴。所以，在这里我们可以看到，萨义德思想的下游同样跟地理学交织在一起。

萨义德本身的地理思想影响了地理学的三个方面。第一个毫无疑问就是他所开创的后殖民主义理论对地理学产生了很深远的影响；第二个是他在具体的研究里面提出的"东方主义"、"想象的地理"这样一些概念启发了我们现在在做地理学研究时对殖民主义的一种反思；第三个是他让我们重新思考地理与帝国之间的关系。在地理学中，解读萨义德思想的文献主要有三个：一是德里弗（Felix Driver）的《地理的帝国》（*Geography's Empire*），德里弗写这篇文章的时间是1992年，而萨义德在1993年出版了《文化与帝国主义》，所以在德里弗的这篇文章中对萨义德后期思想的讨论是缺失的。二是格雷戈里（Derek Gregory）1995年发在 *Progress in Human Geography*（《人文地理学进展》）上的 *Imaginative Geographies*，这篇文章虽然发表在萨义德出版的《文化与帝国主义》之后，但是当时萨义德晚期思想的轮廓还没有清晰地呈现出来，所以，这篇文章虽然比较全面地讨论了萨义德的思想，但是对于萨义德后期的思想挖掘也不足。此外，他在讨论萨义德的各种矛盾的时候显得有点力不从心。三是格雷戈里2004年在"9·11"等事件之后写的 *The Colonial Present*，这本书是"想象的地理"的具体应用。我的研究跟这些文献不同的是，我在探讨萨义德思想的时候希望能够对萨义德的地理思想做一个整体把握，不仅把握他在《东方学》这本书里的地理思想，更重要的是把握他1991年发现自己患了白血病之后到2003年去世这一段时间他后期的地理思想。我希望能够把前期和后期做一个贯通，在这种贯通里解读他的地理思想并回应人们关于他思想中各种矛盾的讨论，这是我要回答的第一个问题。

第二个我要回答的问题跟我们的研究相契合，即萨义德的思想怎样应用于旅游研究。

接下来我们就来探索一下萨义德的地理思想。对萨义德地理思想的探索主要从两方面的文献出发，第一个方面的文献是萨义德的主要著作，第二个方面的文献是研究萨义德的论文和专著。对萨义德的研究一般来说主要把他的研究分为四类，但是在我的研究里面，我单独把他的晚期作品列出来，因为他晚期对于人文主义的讨论，和对其他音乐家、文学家晚期风格的讨论，对我们理解他晚期的风格是很有帮助的。前面四类文献里面最为重要的一类文献无疑是他的后殖民理论专著，他的后殖民理论专著主要有两本，一本是《东方学》，出版于 1978 年，第二本是《文化与帝国主义》，是 1993 年出版的。我们在解读他思想的时候，这两本书当然是最主要的文本。但是我们会发现萨义德基于后殖民主义的一系列讨论是有他的现实观照的，他作为一个巴勒斯坦人，后来在美国哥伦比亚大学当教授，一直关注中东形势，关心怎样为巴勒斯坦人说话。所以，他有一系列关于中东形势的论述（第二类文献），从中我们能够发现为什么他对地理问题那么关注——因为巴勒斯坦和以色列两个国家在领土上高度交叠，并且有理不清的关系。这种相互交叠和理不清的关系使萨义德在思考怎样解决中东问题的时候更多地求助于地理而不是历史，这种思想反过来也影响了他对后殖民思想的探索。此外，他作为一个知识分子、一个文学批评家，他很关注文学批评在当代世界的功能，很关注知识分子在理论和现实当中的作用。所以，通过对第三类书（关于文学批评和知识分子的论著）的阅读可以更好地帮助我们去思考萨义德是怎样思考后殖民主义问题的。另外，还有一类很重要的文献就是访谈录。访谈录之所以重要，是因为萨义德的著作出来之后有很多讨论，从访谈录里我们可以发现别人的批评以及他对别人批评的回应。这些是我们解读他的主要线索。

通过对这样一些文本的解读，我们大体可以发现萨义德的地理思想可以分为早期的"想象的地理"和晚期的"对位的地理"。在他早期的思想里，他所提到的"想象的地理"这一概念出自《东方学》这本书，在这本书里面他讨论的是西方人对于东方人的表征。西方人的文化和文明是怎样建构起来的？在他看来，西方人首先想象了东方的存在，然后对东方赋予了各种意义，对东方进行了各种想象，通过对东方这个他者的想象，他们逐步澄清了西方人到底是什么样的人、西方人的文化和文明应该是怎样的。在西方关于东方的想象里面，既有负面的和鄙夷的，也有正面的和浪漫的，但是不管是正面的还是负面的，这种想象都充满了各种幻想、欲望和无意识。在这种想象里，西方人建立了表征东方的权力网格。在这种建构里，各种东方学的学者发挥的作用是巨大的，也就是说，在西方想象东方的时候，因为有一系列东方学的学者到东方去，然后把一系列东方的器物、制度和文化带回到西方，并且对他们进行表征。而这样的一些表征建构起了一种权力网格，通过这种权力网格，没有去过东方的人在想象东方的时候，他们所依据的就是东方学学者所带回来的资料、所进行的表征。由此他们可以不到东方去就能够对东方进行想象，而在这样的想象中，东方就不是一个地理空间上的实体，更多地被处理为一种想象的对象，这是萨义德在讲述东方主义时的基本思想。由此，萨义德提出"想象的地理"概念。格雷戈里将"想象的地理"概括为对他者地方——包括这些地方的人、景观、文化以及自然——的表征，这种表征表达了表征者的欲望、幻想和恐惧，也展示了存在于表征者和他者之间的权力网格。也就是说，我们首先对空间进行划分，比方说划分为东方或者西方，划分为城市或者乡村，或者划分为古村落的空间和我们现在现代化的空间，然后我们会对这些空间进行一系列的文本化的处理，比方说学者们对古村落进行表征、对乡村进行表征、对东方进行表征，表征之后在整个社会当中形成了一种文本性态度，而这种文本性态度就形塑了我们表征的地理。在表征的过程中，在我们想象别的地方的时候，我们会形成一系列压制性的话语。比方说，我们会说古村落就应该保存完好的古村落建筑的景观，我们会说在我们的旅游地各种各样的景观原本应该是怎样的，我们会有一系列压制性话语的产生。这种压制性话语会对空间进行一系列本质化，对空间的本质化的处理就会产生物质性后果。本质化的对象被贴上标签之后，它们有任何的改变都会让原来的表征者感到不爽，所以这种控制会带来很严重的后果。

在我们思考"想象的地理"的时候，表面上看上去想象的地理非常简单，但是我们会发现在这个理论的背后存在一系列的矛盾。第一个矛盾与福柯有关。福柯是萨义德"想象的地理"理论的一个重要来源，但是萨义德却试图对福柯的地理思想进行调和，而这样的调和所借助的是葛兰西的"霸权理论"。这两个理论是很难调和的，萨义德却要做这样的工作，这是为什么？第二个矛盾就是，他否认自己是马克思主义者，但是他却援引很多马克思主义的理论。第三个矛盾就是他始终在人文主义与反人文主义之间摇摆不定，但是最后在他快去世的时候，他明确指出人文主义是他唯一的信念。另外，在他的《东方学》著作里边，他一贯反对各种各样的本质主义，但是他在讲西方人对东方的表征时，却说西方人对东方人的表征有且只有这样一种非常糟糕的、压制性的本质性的方式。那么，他为什么要以这种本质性的方式来对待西方的东方主义者？我们去理解他的理论矛盾的时候，可以发现他的一个基本逻辑：首先以空间性的史观来发现东方主义，然后他试图对西方的这样一个话语体系进行抵抗。那怎样进行抵抗呢？他知道我们没有办法在西方的话语体系里面用东方的话语去说话，因为你用东方的话语去叙说西方的时候，西方人会把你这种话语当作一种喃喃自语，当作一种梦话，而不会对你有任何理论的观照。所以，他必须在西方的传统里边反抗西方。那该怎么办呢？他就需要在西方的话语里面找到反抗的理论资源。毫无疑问，福柯和葛兰西是最为重要的学者。另外，在西方的文化传统里面，人文主义是一个很重要的思想源流，所以他就把这种理论挪用过来，为自己反抗西方做准备。我们在理解他的反抗策略的时候可以发现，他觉得必须要有一个反抗的对象，那就是西方。那么，为什么福柯的思想不可以直接作为他的理论源泉呢？这是因为福柯在讨论权力的时候，已经让权力变得无所在而又无所不在，根本没有办法在福柯的思想里面找到任何反抗的可能性，所以他就必须要对福柯的思想进行改造。那么改造可以从哪里得到启发？可以从葛兰西的霸权理论得到启发，因为葛兰西的霸权理论有明确的主体——某一类的霸权对另一类群体进行了压制。通过借用葛兰西的理论思想，萨义德就能够在这里面找到反抗的主体。同时，他又要以他的人文主义来反对西方中心主义的人文主义，也就是说，西方的传统人文主义是一种欧洲的、中产阶级的、男性的人文主义，而不是一种"世界的人文主义"。萨义德要借用人文主义最核心的价值诉求，来反对这种欧洲男性霸权的人文主义，所以，他必须要在人文主义的内部做一些处理。那为什么他要以本质主义的方式对西方学者进行表征呢？这就是一种"以暴易暴"的策略，也就是说他要以一种非常挑衅，甚至是激怒的方式来对待西方的学者。不然的话，如果把东方主义考虑成有很多种不同类型，并且不是以一种近乎暴力的形式来处理的话，他就难以达到对西方"想象的地理"进行挑战的效果，所以他在这里采取了这样一种策略。第四种策略就是小心翼翼地使用各种理论。他不让福柯唱主角，也不让葛兰西唱主角，也不让人文主义唱主角，为什么呢？一旦这里面任何一个理论唱了主角的话，就是他自己向西方投降，所以他必然不能让某一个西方理论成为指导他研究和理论的话语，所以他在各个理论之间搞平衡、搞调和。所以，这些是我们看到的萨义德的"想象的地理"背后的一些理论源泉和他的思考。

在我们做了这些解读之后，我们可以考虑"想象的地理"背后的理论意涵是什么。我们不仅要把它看成一个解释性概念，还要看到它是一个批判性概念，这个批判性概念背后调和了福柯和葛兰西，而在看似本质主义的外表之下它的核心诉求是反本质主义，而隐藏在这个概念中的人本主义为他后面讨论本质主义的"想象的地理"埋下了伏笔。这是关于萨义德前期思想的解读。

对于萨义德后期的思想，可以将其地理思想概括为"对位的地理"。对位的地理不再那么激烈,而是考虑不同的表征者之间有相互调和的可能性。由于时间原因我就不展开去讲。总之,他提出了调和的可能性,并且他指出我们的调和需要基于现世性的、世界性的人文主义来进行文本的解读来进行调和。

最后,我们讲一下萨义德的地理思想在旅游研究中的应用。我们可以看到,即使只抓住"想象的地理"这个概念,这个概念在旅游研究中也可以有一系列应用。比方说,第一,我们在考虑人们选择旅游目的地的时候会发现,游客通过想象的地理预设了不同旅游目的地的不同体验。比如,我们可能没去过丽江,但是我们会假设如果去丽江旅游,我们会得到什么样的体验,或者说我们希望得到什么样的体验。这种对体验的预期的假设就是因为想象的地理在我们选择目的地的时候产生了影响。第二,想象的地理设定了在不同旅游地旅游所能获得的文化资本的层次。也就是说,我们在按照布迪厄的理论做旅游动机研究的时候会说,旅游动机之一就是去追求文化资本,那么不同地方给我们的文化资本是不一样的。比如,假设你有一百次的旅游经历,但是你所有的旅游都发生在广州市区以及白云山,那么你的旅游经历虽然有一百次,但是会被你的同辈群体所鄙视。但是,你说你的一百次旅游是去喜马拉雅山、珠穆朗玛峰、尼泊尔、不丹,等等,你的这一百次旅游带给你的文化资本将会是完全不一样的。这是为什么呢?是因为我们在想象的地理当中已经把旅游的世界划分了不同的等级,不同地方所能够给予我们的文化资本是不一样的。所以在这里边我们就可以看到,想象的地理建构了一个世界,在这个世界里不同旅游地带给游客的文化资本是不同的。第三,我们可以考虑想象的地理与原真性之间的关系。想象的地理毫无疑问地控制了目的地景观的生产,比如刚刚陈丽坤老师所讲的傣楼,旅游者想看到的傣楼的样子受想象的地理影响,这种影响某种程度上控制了景观的生产。基于这样的想象地理,政治权力就会跟大众文化权力和经济权力合谋一起支配这种景观的生产,而这种景观的生产推到一个极端之后就会出现波德里亚意义上的"超真实"。同样地,对于旅游地的居民,我们希望看到这些地方的人穿传统服饰的样子,于是这些地方的人穿了传统的服饰迎合旅游者需求,这是对日常生活进行的渗透和干扰。第四,游客旅游完之后的表征会巩固想象的地理,比方说我们到傣族村落去旅游,游完回来发现到处都是第三代傣楼颠覆性的景观的话,我们会说这个地方的景观已经不再原真了,我们会说原真应该是怎样的。所以,旅游后我们的各种游记以及对旅游地的各种表征又会进一步巩固我们对于某个地方的想象。这就是我们看到的"想象的地理"这一概念在旅游研究中的运用。

> 主题讨论

曾国军：大家提问吧。

钱俊希：那我表达一下我和蔡老师共有的困惑，请问萨义德的理论应用的边界在哪里？对这点我们有一些困惑。我觉得 Louisa Schein 在研究中国的汉族的游客与西南边境的少数民族的关系的时候，他就用了这个 inner orientalism，叫内部东方主义。但是，在他整个概念的框架里面可能强调的是，在中国这样一个权力的架构里，汉族和少数民族之间有着先天的权力不平等。但是，如果我们去讲我们对于古村落的话语建构的时候，我可能更多地会觉得这是一个有关雷蒙德·威廉姆斯在 *The Country and City*（《乡村与城市》）里讲到的现代性主体对于现代性社会的一种疏离，他把它投射到了乡村形象建构中，而不是一个很典型的萨义德理论。包括 Eco 的 hyperreality（超真实）理论和波德里亚的 *Simulacra*（拟像）理论，似乎他们的著作和萨义德的理论都有一些区别，因为萨义德的理论是一个"很强"的理论，立足点在于一种统治和压迫的关系。所以，我们可能会困惑于萨义德这种高度根植在 post-colonial studies（后殖民主义研究）中的理论能不能很泛化地去说，我们的 geographical imagination（地理学的想象）就是"萨义德"。

翁时秀：这里面有几个问题需要厘清。一个就是地理想象（geographical imagination）与想象的地理（imaginative geographies）这两个概念之间的区分，前者是一个更大范畴的概念，后者则是一个后殖民主义的概念，是一个有特指的概念。当我们看到地方与地方之间、种族与种族之间或某一个种族内部、某一个空间内部，只要有这种后殖民主义或者内部殖民主义问题的存在，我觉得就可以使用这个概念。这是我对于萨义德"想象的地理"这个概念的边界的一个基本界定，也就是说哪里有（与空间有关的）殖民问题，萨义德的这个概念就是可以使用的，不管这种殖民问题表现为一种性别的问题，还是表现为一种种族的问题或者其他的，这是一个方面。另外一个方面就是你刚刚提到的威廉姆斯的《乡村与城市》，在萨义德的书里面，尤其是在《文化与帝国主义》里面，威廉姆斯是一个很重要的思想来源。所以，当我们考虑这些学者的理论之间调和的可能性的时候,实际上是有很多种策略可以采用的。比方说福柯和葛兰西的两种理论,看似没法调和的理论,在萨义德这里却可以调和,而萨义德的这种后殖民的理论本身就是调和了威廉姆斯及其他人的理论的。所以,我们在考虑理论调和时,所需思考的第一个问题是我们为什么要进行理论的调和,第二个问题就是这些理论在哪些层面上是可以调和的,第三个问题就是理论调和之后的效果是什么。这些可能都是需要基于具体的理论的前提、使用范围以及所表述的具体的对象来做讨论的。这是我的回答。

左　冰：其实我很钦佩时秀对萨义德思想的梳理,但是在这里不知道是不是因为你的时间不够,我觉得后半部分有一点虎头蛇尾。最关键的不是"对位"的意义,而是把它应用到旅游研究中。我一贯反对理论粘贴,就是把什么东西、什么理论应用到旅游里面,因为我记得冯友兰在他写的哲学史著作里就说到,我们中国人是特别擅长阐释或者是给别人做脚注的,也就是说我们很会"山寨",但是却很少创新。所以,他对理论提出两种做法,一种是照着讲,就像时秀刚才把它梳理了一遍,在我看来是一种"照着讲";还有一种更重要的是要接着讲,就是我们应该在萨义德的基础之上接下来应该讲什么,就好像索亚,他在列斐伏尔的基础上发展了他的第三空间,等等。我们现在或者说从旅游研究的角度,可以在他的想象地理或者对位的地理上面能够接着讲什么呢?或者说,我们进入到第三个层面就是超出萨义德、超出福柯,能够超出自己的理论体系。从这个角度来说,因为我一贯反对理论粘贴,希望我们旅游学人能够在他的基础上有更多的创新,把他的思想进行运用或者找一个案例也只是给他做脚注,这个是没有多大意义的。我们不用花费这样子的功夫来做这样子的事情。

翁时秀：关于左冰师姐的评论我回应一下。第一个就是所谓粘贴的问题。我们看到,现在很多论文是直接拿理论来套用的,这是很糟糕的一种形式。但是,这并不是说我们做研究的时候不需要有理论的指导。我们没有办法完全抛开前人的思想,直接进行一个创造。即使有,这种直接创造可能也已经潜移默化地使用了别人的理论。在这里我想说的是,理论应用于实证研究会有很多种方式。保老师也一直在讲应用的几个层面:一个是直接套用,这是不太好的;另一个是我们通过案例来发现理论当中的不足并进行发展;第三个就是当一般的理论或者的别的地方的理论解释不了我们的案例的时候,我们就需要从案例里面创造理论、提出理论。这是理论应用于研究的三个层次,我觉得保老师总结得很好。回到我的这页PPT（萨义德理论在旅游研究中的应用），在我看来并不是直接把萨义德的理论拿过来把旅游研究里面的东西解构掉，让它给萨义德的理论做脚注。而是我们基于旅游研究本身，看看现在我们关于目的地选择已经研究到了哪一个程度，而萨义德的这个理论能够帮助我们在目的地选择中提供什么样的新的视角，我是从这个角度考虑的。也就是说，我在讲这一页PPT的时候是基于旅游研究的问题，考虑的是在我们现在能够达到的研究的知识水平上，它有哪些新的触发。可能是我读的文献不够，只是我觉得在这些方面，萨义德的理论都能够对我们讨论目的地的选择、原真性、权力对于日常生活的支配问题有所帮助，所以我觉得有必要介绍，这是对于第一个问题的回答。关于第二点的回答是，我的确只是在讲萨义德的理论，我没有发展他的理论，我只是希望通过文本解读，把萨义德隐藏在他的文本背后的地理思想更清晰地呈现出来。从我自己解读的角度来讲，我并没有想着对他的理论进行多么大的发展。这是因为在我看来，理论的发展是以理论的梳理为基础的，如果我们没有对于萨义德的"想象的地理"的梳理，没有对于"对位的地理"的梳理，那么在我们现在这个阶段，可能还没有办法清晰地认识到萨义德到底有什么样的地理思想，更难以讨论怎样根据萨义德的地理思想来发展地理学和地理研究。所以，解读是必要的，我确实是在做对他的解读工作。但是，我不是在做所谓的"照着讲"。比如，萨义德本身是没有提出"对位的地理"这个概念的，而且他对于"想象的地理"的讨论也没有与别人对他矛盾的批评结合起来。他只是在访谈录里说矛盾是他有意为之，但是并没有讲他为什么要这样有意为之。我在结合文献和自己的思考之后，觉得他的有意为之就是这样一个反抗的策略。所以，这一部分是我解读的成果，而"对位的地理"的提出和对它的阐述更加是我个人的梳理，因为在萨义德的文本里面你是没办法找到"对位的地理"这个概念的。我在读完他的《文化与帝国主义》之后，觉得在《文化与帝国主义》里面他的地理思想发生了一个转变，这种转变跟他后期对这种思想的理解是有关系的。也就是说，当1991年他发现自己患了白血病之后，他就很关注晚期风格的问题，所以我们可以看到他有一本书，就是2006年在他去世之后出版的《论晚期风格》。在这里也有学者认为萨义德没有晚期风格，我的观点是他确实没有晚期风格，但是他的晚期思想是发生了转变的。而他晚期思想中最大的转变，是他自己非常明确地指出人文主义是他这么多年来唯一的坚持，也就是说，他非常明白无误地宣称自己回归到人文主义了。将他的这种宣称跟他前面的摇摆不定与矛盾对照之后，再反过来看他的思想的时候，我们会有不一样的思考。所以，我从这样的形式解读出"对位的地理"这个概念，只不过是因为时间的原因没有展开去讲，所以我也不认为是"照着讲"。

左　冰：我回应一下，之所以提这个问题是因为我们在座还有很多同学，如果不把它澄清的话，就有可能把你这里面所讲的直接拿去研究旅游体验，把它照搬过去，这个很重要。在这个方面做一个澄清，谢谢！

马　凌：我听了左冰和时秀的讲座后，我想谈一下自己的感想。首先听了时秀的那个演讲很有感触，包括张朝枝老师在讲的这个话题，我们的确是在全面进行与西方的一个对话和改进。我觉得这是一件好的事情，因为我们需要还原西方人在他们走过的历史进程中他们的思想是什么样的，他们经历了一个什么样的思考过程。刚刚左冰老师讲到冯友兰先生曾经写过《中国哲学史》，在冯友兰先生那个时代共有两个人写过中国哲学，一个是胡适先生，他写了一本《中国哲学史大纲》，然后冯友兰先生写了一本《中国哲学史》。他们两个人的书写作时间应该相差不是很远，但是之后关于这两本书的争议很大，包括梁启超、金岳霖，好像很多人更愿意支持冯友兰先生，因为他们觉得胡适先生写的《中国哲学史大纲》只是用美国人的那一套概念去梳理了一遍中国人的哲学思想，对此他们并不是非常地认同。在今天，西方理论已经成为一种普遍而重要的研究视角，甚至是一种批判工具。我们现在去看中国的现象的时候，我们真的是绕不过它。但我同时也在想，我们自己的知识体系中间，我们的理论体系中间，是否也能够形成一些这样的分析性概念、一些分析性的方法，来分析一些我们自己的现象。因为我觉得在中国发生的很多现象，如果用一个时髦的词，是很"后现代"的，超出人们的想象。如果我们只用西方的这套理论，可能不能完完整整地还原出在中国境内的现实是什么，所以这也是回到张老师的方法，他说为什么今天好像越来越多的人采用质性研究的方法，是因为我们很多研究还处在一个探索性的阶段，事实上我们没法用已有的理论或者一些方法完全地去分析透。当涉及我们自己的一些分析性的知识以及形式知识，或者概念化的知识的时候，我觉得其实我们还是有很深厚的自己的思想的。比如说你（翁时秀）刚刚所讲到的，萨义德在有意识地用一种本质主义的方法去挑衅那一些主张本质主义的人，而他其实是反本质主义的。所以，比方说在我们的哲学思想中，孔子就讲过我们如何获取知识和真理，有的时候提出非常有挑衅的理论类似于"叩其两端而竭焉"的做法，孔子主张中庸的理论，我们先走到一个极端，然后保留另一个极端，这事实上也是西方民主的一种思想。其实，有时候他并不是不知道另外一种方法，但是他故意挑衅式地提出一种方法，这样使得另外一端的人会去思考我们是不是能在中间相遇。所以，我觉得其实我们的知识里面还是可以提供这样的一些营养，我们这一辈的学者在某种程度上还是可以在理解西方的基础上在我们的文化里面去找到某种知识，包括分析性的概念这样一些知识和理论，用来分析我们的一些现象。这是我的一个评论。

翁时秀：谢谢马凌师姐！我记得在上个学期地理学院周日论坛，保老师就做过一讲，讲的是国际化跟本土化的关系，里面很多问题当时好像都讨论到了。

保继刚：还有时间吗？我实际上有两个评论，跟你（翁时秀）讲的有点关系，不是全部。前面听了，就开始有一些关于旅游研究的感想，本来是明天下午"旅游与哲学"讲完以后要讲的，但是我估计明天下午不会有这么多人在这里，并且有这个场景，所以我打算现在讲一讲。旅游研究正在进行代际转向。我刚刚去希腊参加了 Academy（即 International Academy for the Study of Tourism，旅游研究国际学会）的双年会，又来参加一个特别年轻的一群人的会。因为我在 Academy 里面是最年轻的，到现在过了很多年都是最年轻的。Academy 的人一说起来都是 Valene Smith、Erik Choen、Nelson Graburn 这些人，还能见到，还活着，但 Daniel Nash 等几个人已经过世了。所以，在那个会议上你就会听到另外一批 20 世纪 50 年代开始做研究的人，跟中年的、正在候选的，比如说中国的就是吴必虎——他还比我大一点——这些人的想法。今天来这里，见到的又是更年轻的，相比全球来讲，中国有更年轻的一批人在做研究。所以，我说代际转向有两个方面，一个是年龄在转换，另外一个是内容在转换。中国的转换，应该说从陈传康、郭来喜到我们这一代实际上有一次代际转换，那我们这一代跟我培养出来的学生这一代可能正在做代际转换，可能话语体系都有一些发散，正在慢慢地变化。还有力量在变化，所谓力量是在整个社会当中的话语权力。包括北二外（北京第二外国语学院）也做了一个青年学者论坛吧，类似的一个，因为我出国了，没去参加，但是有很多网络上的、微信上的现场直播。这种转换实际上是以这一代人在整个国内的话语权力的上升为代表的。再一个，就是话语的内容在发生变化。但是，不管怎么变化，我想从我们的经验来看,因为我是学自然科学出身来做这个社会研究,可能我们对认识论、本体论这些最根本的东西的认识不应该有中国跟西方或者是东方跟西方之间的太大的差别。就是说,包括自然科学在内,首先我们要知道我们认知的世界是客观的还是主观的,你认识的世界是客观的世界还是被你认识的客观的世界。为什么说这个问题?去年,我在北京主持一个很知名的报告会——中国地理学会改选。我是上一任的副理事长,新上任的就去开小会了,剩下的人由我主持了一场报告会,请了北京大学每年在 Nature (《自然》)、Science (《科学》) 平均发一篇文章的朴世龙,他30多岁,不到40岁,他一个人在这些刊物上面发的文章比整所中山大学还多。他做了一个关于二氧化碳与全球变暖的报告,他很诚实,他对他做的结论跟另外的人用遥感方法做的结论进行了一个对比,得出了两个截然不同的结论。比方说,一个结论是在某个地方是下降,另一个结论是上升的。他毫不隐讳地把两个结论都摆出来了。那两个结论、两个方法都被当今认为是很严格的自然科学的方法,但是同一个研究问题得出了两个不同的结论。我在那个会上做主持,我评论说这个客观世界到底是不是我们能认识的,这两个结论只能说是被两组科学家所认识到的打引号的"客观世界"。如果从这样的角度来讲,社会科学与自然科学从"科学"的角度来讲,差得更远。所以,我们的社会科学所做的这一些研究,是不是定量就得像自然科学的那种那么严格的定量?但即使是自然科学的定量,也会出现像二氧化碳研究领域那么顶尖的科学家所做出的两组不同的结论,那我们社会科学所做的定量呢?而且,如果我用自然科学的角度来看的话,社会科学的定量几乎不能重复。比方说我在颐和园做的调查问卷,1986年做的调查问卷,今年还能去重复吗?或者说过了一年、过了一天,还能重复吗?比方说,同一个人给你填的调查问卷,昨天填的调查问卷是这样的,今天突然股票跌了,损失了一笔钱,你再让他填一份调查问卷,会是一样的吗?所以,在这样的情况下,今天讨论定量还是定性,实际上是在讨论研究规范。我在比较早期的时候,把中国旅游研究比较落后的原因归结为没有研究规范,《旅游学刊》都刊登过这个笔谈;再过了一段时间,规范起来了,"八股文"有了,所有的博士论文的结构都非常像样了,但是为什么在我们很规范的这些年里,真正的学术成就并不是那么多?我把它归结为研究问题不够,大家没有抓到研究问题。比方说,就是学了一个理论,标签一贴就拿出来。所以,我总结说,现在旅游研究一共有三类:一类是直接把外面的理论贴标签的,一类是改造的,最好的一类是能提出原创性概念跟理论的。关于研究问题，我这里就不展开了。如果是研究问题抓不到，只是把架构做得很好，例如我现在审外校的博士论文，它们的架构真的是都没有太大问题了，但是你一细审，就会发现真正的好东西不多。所以，回应张老师做的研究，如果从另外一个角度来看研究，比方说以《旅游学刊》为例，从这几千篇文章中筛选出100篇或者是80篇，无论怎样，《旅游学刊》从创办到现在，这20多年来它所发的文章里面大家公认有学术贡献的文章，今天拿出来值得分析的这些文章，是因为它做得极其规范得到的呢，还是说是因为其他原因得到的？到现在为止，我们还比较少从这个角度来分析我们的创造性的东西是怎么出来的。这是我的一点感想。

曾国军： 大家还有什么问题吗？现在时间快11:45了，我们下午接着讨论吧，谢谢大家！

第三节

旅游与地理

- 开场白
- 跨地方饮食品牌重塑的顾客感知：哈根达斯在广州
- 食品与被想象的地方：被想象的葡萄牙在澳门

左 冰

（中山大学旅游学院）

  我们下午进入到沙龙的第三节讨论，我们这一节的主题是"旅游与地理"。我们下午这个专题分为两个部分，第一个部分是饮食地理学，第二个部分是地理学研究的比较传统的对象——关于空间和与它相联系的时间。我们的第一位发言人是中山大学旅游学院的曾国军教授，曾教授不仅是我们学院发表文章的"牛人"之一，更重要的是，他以前是学战略管理的，后来转向了地理学研究。我觉得最有趣的是能够把学术研究和我们的生活志趣结合起来，让每一项研究变得很有意义。我觉得这是一个非常有趣、愉快的事情。曾老师做的这个研究对学者可以讲，对普通人也可以讲，因为每个人都需要吃东西。这就把我们学术上风花雪月、高山仰止型的东西跟我们的生活结合起来了，所以这是我最钦佩的一点。好，现在我们有请曾老师给我们带来《跨地方饮食品牌重塑的顾客感知：哈根达斯在广州》。

跨地方饮食品牌重塑的顾客感知:哈根达斯在广州

曾国军

(中山大学旅游学院)

非常感谢夸了我一通,很受用——其实压力很大。首先,我是地地道道的学管理的背景,我一直宣称我是披着地理的外衣在做管理的事情。我从来没觉得我已经进到地理的世界里面去,我运用一些地理的元素,来做管理应该做的事情,也借用管理的想法来解释地理里面个别要解释的问题。今天我要讲的题目涉及的是我的一个研究生所做的一项研究,就是哈根达斯这样一个在发达国家已经成熟的品牌,为什么在欠发达国家或发展中国家卖得比在它本国还要贵。跨国公司从发达国家到发展中国家,如果是一个正向的转移,如技术转移或者是知识转移,这些角度有很多的研究,它们都是从关税、经济、成本的要素展开的。我们发现哈根达斯这样的产品,它的跨国迁移不能用成本和关税的要素解释,所以要用其他要素来解释,这就是我们研究的初衷。

首先,饮食地理已经成为地理领域内非常重要的一部分,在全球范围和地方性的协同创新里,地方性的饮食品牌像哈根达斯,在中国的市场上经历了一个品牌重塑的过程,实现了一定程度的品牌升级。单纯采用关税、成本等经济要素,是难以解释这一现象的。这种以哈根达斯为代表的跨区域品牌重塑不仅是一种经济现象,我们认为它更是一种社会和文化现象,它具有时空属性,是一种特殊的文化生产过程,因此可以从文化地理、原产地和占地要素来解释这样一个地理现象。像星巴克、哈根达斯这样的品牌,在中国的价格比在原产地的价格贵很多,这还没有考虑汇率和居民的购买力,我们习以为常地认为在中国的外国品牌会贵些,那为什么会贵?我希望用一些要素来解释它。因此研究的问题就是,一是消费者如何看待这些跨地方存在的奢侈品牌,甚至推广到一般品牌;第二个问题,虽然大多数消费者不知道这些国外品牌的实际价格,但是收入水平普遍比发达国家低的消费者为什么会接受这些重塑的品牌,是哪些要素在发挥作用；第三个问题是我们要用结构方程来探索消费者心理要素是如何作用的，以及消费者对于品牌的评价。现在我就简单地讲讲结论。

跨地方饮食文化生产是一种饮食文化地理重塑的过程。在中国的哈根达斯已经不是在美国的哈根达斯，在中国的星巴克也已经不是在美国的星巴克了，这是一种异地的品牌变迁的过程，这里体现了跨地方的概念，又体现了文化生产的一种含义。跨地方就是它既体现了这种产品在母国的含义，又体现了当地消费者对这种品牌新的理解。从生产的角度来看，像哈根达斯这样的品牌，在美国的表征与在中国的表征是有差异的。在美国，它不会选择在商业中心最好的地段、最高的楼层，但在中国它很有可能选择在城市的商业中心。区位选择不一样，价格也不一样，价格是一个再生产过程。从文献角度研究看，品牌重塑是对品牌的有形要素和无形要素改变的过程。多数时候品牌升级是品牌重塑的结果，或者是它的一个表现，有一些研究利用自然进化理论构建的一些模型，认为生产者发现环境的变化，然后会对条件进行重新评估，再对原品牌进行调整，最后重建这个品牌的身份，重建这个品牌的生产。从这样的角度来看，品牌资产就可能成为价值品牌重塑过程和结果的一个表示。在我们刚才说到的框架里面，经过品牌重塑，提升品牌生产，最后实现购买意愿的提升，在这个过程里面，受到了原产地、占地环境的影响，这是我们的框架。这里有很多文献讲品牌市场评估是怎么做的，有个叫作CDDE的品牌市场评估模式，该模式认为品牌知名度和品牌影响合二为一、不作区分，我们将品牌资产评估化成了品牌知名度、感知质量和品牌忠诚度三个维度。这三个维度的影响因素，从我们这个框架里可以看出，从跨地方角度促进中国的消费情境，对中产阶级的崛起、消费阶层的跃升、消费社会的产生都有影响，这样两个因素都会纳入概念模型里面。

接下来我们看原产地形象对品牌资产的影响。消费者会不自觉地将品牌的原产地用于评价品牌质量，进而影响最后的消费意愿。消费文化也会对品牌资产产生影响。现有的文化环境会决定消费者能否接受，并且以何种形式让产品或服务被消费者所接受。将品牌与全球消费文化相联系，有助于品牌资产提升。在中国目前的消费环境里面，存在传统的消费文化。炫耀性、突出地位身份等有形消费文化的转变过程，只是我们面临的一个社会背景。概念模型是怎样的？就是原产地形象和在地消费文化这样两个我们需要考虑的环境的变量，如何影响着品牌知名度、感知质量及品牌忠诚度这样三个品牌资产维度，进而影响着购买意愿？也就是消费行为的这样一个概念模型。变量之间的关系就是我们提出的假设，这个假设就不展开讲了。

我们来考虑一下我们的案例，哈根达斯实际上是一个比较特殊的饮食品牌，不管它是否是一个典型的饮食类产品，但是它能够代表品牌升级的一个过程，而且存在跨地方的背景。我们对去美国的中国人、在中国的美国留学生以及我们的学生做了一些访谈，发现哈根达斯定位是有差别的，它在美国是很平民化的、普通的，而在中国是高端的品牌；价格也是有差距的；在销售地点上，哈根达斯在美国是很少进专卖店的，在超市是冷冻的产品，而在中国基本上是在繁华区的专卖店出现；在消费者的类型、收入水平的比较上，哈根达斯在美国没有特别的象征，是平民产品，而在中国经常象征甜蜜、爱情，属于一种炫耀性的消费。

接下来有对变量的测量和购买意愿最基本的测量，（这是）成熟的量表，我们结合品牌特殊的文化要素进行了一些修改，但是大部分测量都是按原来的框架完成的，即知名度、感知质量、品牌忠诚度。我们觉得要逐一说的倒是原产地形象和消费文化这两个要素，这在跨国公司里面有很多阐述，但是在文化研究里面非常少，在地理文献中就更少了。我们把它们两个纳入进来，特别是消费文化，消费是一种快乐的精神享受，高档产品的消费是一种证明自己地位的符号，我们也结合了一些文献来测量。

接着，我们探讨调查的过程和结果。问卷发放是一个便利样本，就是到店里随机发放，不是一个很好的抽样过程，也向一些熟人发放，对抽样样本没有进行很好的控制。样本的情况是这样的，具体的统计特征如下（PPT 内容略）。品牌资产维度（知名度、感知质量、品牌忠诚度）、购买意愿的一些测量，知名度大于 3.7，感知质量略低一点，而忠诚度偏低，因为均值在 3 分左右，它接近 3。拟合优度不断地进行调整，接近 0.9，但还没有达到我们的预期值。因为我们有几个指标有大的调整，特别是在原产地形象和占地环境方面，是迁移到这样一个方向上来了，所以尽管不算太好我们也勉强接受了，不再处理了，因为实在觉得再做 600 份问卷会非常困难，就这样将就了。

结构方程的一个拟合结果：原产地形象、占地消费文化跟所有的这些线，把这些实线和虚线加总在一起就是我们原来的假设。有实线的地方是数据结果和假设匹配得比较好的地方，虚线的地方是匹配不好的地方。假设是否得到验证？什么原因？那我们接下来就讨论这样两条线。看这个图（PPT 内容略），品牌知名度对品牌忠诚度的影响，发现两者缺乏必然的联系，而感知质量和购买意愿之间的联系也被打断了，按道理说感知质量好就会愿意购买产品，但是在这样的产品里面，这样的跨地方品牌，特别是在升级的背景下，这种联系被打断了，为什么？我们应该去发现其中的原因。其实应该有更好的方法，但这里我们把消费者阶层一分为二，把购买频率大的、每年持续购买的分为一类，不是持续购买的分为另外一类，就是我们设的高频购买组和低频购买组。分开之后呢，我们发现低频购买组，品牌知名度和购买意愿的联系是被打断的，知名度影响忠诚感，有忠诚感不一定意味着购买，感知质量不直接影响购买意愿，这样的消费群体很有可能是原产地形象产生的结果。而高频购买者，他们很有可能是收入比较高，原产地形象和在地消费文化对感知质量都没有影响，都被打断了。因为他们不依赖于原产地形象和占地消费文化来评价感知质量，他们的购买行为更加取决于产品本身的质量，感知质量和品牌忠诚度最后决定购买意愿。高频购买者在文章里所占比例是很高的，所以产生这样的结果。

  对这两条关联路径的解读有一些研究结论，以及对研究贡献的反思。先看研究结论，第一，哈根达斯在消费者心目中普遍有较高知名度，在中国已经广泛确立了高档品牌的地位，有效实现了在中国的品牌重塑，价格和选址成了品牌重塑的一个表征。第二，在跨地方品牌重塑过程中，原产地形象和在地消费文化均显著正向影响品牌知名度、感知质量，并进一步对品牌忠诚度及购买意愿有积极影响，这就是我们说到的整个框架体系的结论。从直接影响的程度上看，品牌知名度的影响程度均大于感知质量，这与感知质量更容易受到内在限制因素的影响，也就是产品质量本身的影响有关。第三，哈根达斯品牌知名度对品牌忠诚度的影响不显著，感知质量对购买意愿的影响不显著，这是我们对这两个关联的路径进行的直接陈述，接下来看它的比较。从对购买意愿和品牌知名度的影响上看，品牌知名度与感知质量形成鲜明对比，高档知名品牌如哈根达斯的品牌知名度会使消费者产生购买意愿，而在忠诚度的形成方面又回到了产品本身，即产品质量。低频购买者对哈根达斯的感知质量受到原产国形象和在地消费文化的显著影响，而对于高频消费者，受这两种因素影响并不显著。没有直接的证据说明，购买频率高的就是高收入阶层。

  研究的贡献有以下四点：第一点，探究了饮食地理的新现象；第二点，发现品牌知名度对于品牌忠诚度、感知质量和购买意愿的影响并不显著，这跟我们传统研究结果是不一致的，这跟产品的定位有关系；第三点，从模型路径的

第三节　旅游与地理

分析看，品牌知名度对购买意愿有直接影响，而对于品牌忠诚度没有影响，感知质量对两者的影响是相反的，这也是跟产品本身有关；第四点，就是这两个不显著是由什么原因造成，对文献进行回顾然后做出一些基本的判断。还有一些不足，我看时间快到了就不讲了，谢谢大家！

主题讨论

左　冰： 谢谢曾老师，下面进入我们的讨论环节，强调一句，这不是答辩，任何同学、老师有疑惑或得到启示都可以探讨。

王　丹： 国外大品牌在进入中国的时候已经有自己的战略部署和市场定位了，那您认为这些品牌他们公司自身的行为，例如战略部署和市场定位等因素，如何影响品牌感知度和其他你文献中提到的因素？

曾国军： 这是一个很好的问题。每个跨国公司都是战略优先的，但是战略都是基于对环境的判断。我所讲到的问题是，在中国这样的环境里，中国消费者对哈根达斯这样的品牌有认识的情况下，这样的品牌如何在中国实现升级。品牌升级一定不是消费者自发形成的，一定是有公司的战略，（基于公司的战略）它才会选择CBD，才会配备最好的员工等。战略与消费是匹配的，而不是矛盾的。

蔡晓梅： 看到这个题目的时候，我是有想象的，我在想如果是我的话我会怎么做。哈根达斯是不同的利益主体共同协商的结果，那这些主体之间是怎么协商的，为什么能达到这种结果？我觉得用几个方程进行解释有一点欠缺，还应该有更近的东西去解释。我觉得仅用结构方程来解读社会文化现象是不够的，如果从管理的视角来解读可能是对的，但从新文化地理的角度来看，应该有更复杂的意义赋予过程。

曾国军： 谢谢，这是一个好建议。关于跨地方品牌升级的问题，我也做过一些质性研究，这是基于前面文章的抽象，从不同方面来展现原产地形象和在地环境这样两个变量在消费者感知、重购意向等问题中的作用，这是量化的研究，没办法展现具象的东西，比如说商榷的过程、讨论的过程，我也会在其他的研究里陆续呈现,希望下次可以用质性的研究来回应你。

左　冰：我想知道为什么像哈根达斯这种在国外的超市货,来到中国就变成了饮食中的奢侈品,背后有没有文化或其他方面的因素?

曾国军：我们看这张图（PPT内容略）,原产地形象和在地消费文化,对消费者行为有很大影响,它能够解释品牌重塑的过程。还有第二方面,原产地形象和在地消费文化是对低频购买者产生影响,而对高频购买者影响不大,高频购买者不在乎是不是来自美国,不在乎消费文化,这是两个最关键的结论。

罗鲜荣：有关拟合度的问题。在消费转型的背景下,哈根达斯面对的是怎样的消费群体,不同的群体之间有没有一些差异?

曾国军：消费者群体的比较应该可以做,但我们的研究里面没有做,因为不可能全部做完。目前的消费者群体主要是学生,收入阶层在4000～8000元之间较多,而不是高收入阶层,更多的可能是我们所说的中产阶层这样的群体。

左　冰：接下来有请香港理工大学的季老师给我们带来《食品与被想象的地方：被想象的葡萄牙在澳门》。

食品与被想象的地方:被想象的葡萄牙在澳门[①]

季明洁

(香港理工大学酒店及旅游业管理学院)

大家好!这是我第二次参加学术沙龙,去年我通过这个会议收获很多,回去后就一直盼望着今年的这个会。我想先向大家说声谢谢,感谢大家如此慷慨地分享知识!我希望大家可以对我今天汇报的话题继续多提建议,让我继续完善它。我在港澳工作、学习加起来有七八年,汉语反应不太快,说话会掺杂英语,还希望大家多多包涵!我今天汇报的内容是一个正在进行中的研究,6月6日刚完成数据收集,所以内容上主要是我对数据的一些初步分析。

我们知道,食物和地方有千丝万缕的联系;通过接触食物,我们能接触到其背后的文化,比如烹制食物的人、用餐礼仪、和食物相关的民间故事,以此推测到这个国家的人的特质及这个国家的农业特征等。所以从文化的角度来看,食物与文化有着千丝万缕的联系,文化可以通过食物作为平台向人们展现。尽管如此,现有文献往往着重强调如下几个方面的研究:第一,food consumption behavior(食物消费行为),研究如何选择食物以及满意度和重游意向;第二种是 influence of food on community(食物对社区的影响);另外,还有寥寥的几个研究从地理学的角度探讨当地居民对发展美食旅游而产生的空间改变的认识。现有文献基本没有学者从游客角度来探索他们如何基于食物的体验构建对这个地方文化的理解。

我的研究问题有两个,第一个是人们怎么通过吃食物来了解一个地方;第二个,这个地方可能是想象的,那么这个想象的地方是什么样的。

本研究采用定性研究策略,主要使用了两种调研方法。第一种是参与式观察法。我在2010—2013年期间进行了初步的实地参与式观察,深入了解了澳

[①] 澳门科技大学学生陈巧参与了本篇发言的修订。

门旅游业的发展、澳门的葡国餐厅以及亲自感受作为一名游客可能会有的美食体验。对本研究的正式的参与式观察开展于 2015 年 5—6 月期间。第二种方法是访谈。一些访谈是在参与观察后立即采访被观察者，另一些是根据麦柯彻（McKercher）的文化旅游的标准来找到的受访者。为了形象化和具体化游客的想象，本研究访谈参考了 ZMET（Zaltman Metaphor Elicitation Technique，一种被认定为全球范围内最有效的探究消费者认知和动机的研究方法）访谈流程。具体 sampling strategy（抽样操作）是滚雪球式，即从周围人开始，先采访他们，再采访他们周围的人。到目前共采访了 25 个人，有中国人，有外国人，15 个来自中国内地，其他的来自澳大利亚、意大利、美国、俄罗斯等国家。我可能对数据进行初步整理后，还要再回到澳门追加些数据。

我们来看一下，我对数据的初步分析结果显示出人们对葡萄牙的想象是什么样子，又为什么会有这种想象。第一种想象，关于葡萄牙的食物。他们说葡萄牙的食物太 rough（粗糙），看上去不好看，而且选择种类很少，吃来吃去都是猪肉，不像法国有那么多食物，有那么复杂的制作方法，所以在他们的想象中，葡萄牙这个地方是比较"原始"的，而且有比较"宽敞的地方来养猪啊、牛啊、鸡啊"。但是有游客基于这些淳朴的食物特点，联想到葡萄牙人一定不是"装逼犯儿"，不会瞧不起人，不是特别高傲。此外，他们从饮食上来看，觉得葡萄牙的食物没有法国和意大利好，可见游客把葡萄牙定位在法国和意大利的下边。第二种游客的想象，这里有一个非常奇怪的发现就是：很多游客把葡萄牙想象成一位女性，有一个受访者不断说 middle age（中年）的女性，而只有一个游客想象到了男性。我问将葡萄牙想象成女性的这些游客为什么会有这种联想，他们说是因为葡萄牙人用餐环境特别暗，而且吃饭时间晚、情调比较放松、光线比较黑，他们白天受到的思想束缚在这样的环境下都可以打消，所以这种空间让他们感受到浪漫的氛围。除了和吃饭的环境有关系外，菜品本身也形成对性别的联想。有个游客说，饭量太多了，而且以肉为主，蛋白质很多，菜很少，感觉是给一个"土包子"吃的，或者是给一个男性吃的；相反，法国的食物就会很小份、精致，更像为女性准备的食物。第三，游客的想象涉及葡萄牙的建筑风格。例如，会有游客用一些建筑图片来比较形象地表达他们的看法。有一位游客说他想象中的葡萄牙建筑应该和他在澳门看到的标志性建筑"大三巴牌坊"差不多；还有些受访者的图片是在网上找的，我问为什么他们想象的葡萄牙的建筑风格是这样的，他们说是因为饭店里那些独特的装潢，例如船、手绘瓷砖之类的。第四个想象的内容是关于葡萄牙人的生活方式，包括慢节奏、敬业精神和热情。一位受访者提供了一张他认为是葡萄牙卖艺人的图片，说"这个卖艺的人穿得非常好，很专业，他是一个音乐爱好者，而不只是一个街头流浪人；他有自己的生活，即使没钱，他也要非常享受他正在从事的职业"。对葡萄牙人热情性格的想象，主要体现在足球、酒这些图片上。为什么游客会有这种想象呢？他们说因为他们用餐时观察到其他用餐者的行为。有个受访者说他有一次去餐厅，才早上10点钟，他就看到有葡萄牙客人喝起了红酒，然后他的朋友来了竟也都叫了酒喝，所以他就想：这个国家的人爱喝酒。还有对颜色的想象，游客想象中的葡萄牙是个多彩的国家。还有人觉得葡萄牙是未知的，用特殊的图片和符号来抒发对葡萄牙的神秘的感受。有游客将这种神秘感与日本给人的感受相比，形容为一种淡淡的忧伤。还有游客想象到海盗船，他们想到的是葡萄牙人是通过航海来到澳门，想起了一段历史。

  接下来是我的讨论部分。第一点，关于食物和目的地。食物和目的地形象的联系被很多旅游管理学者探讨过，但是我们研究发现，食物和目的地形象并不是对应的，正如本研究所示，游客想到的都是葡萄牙，没有人想到澳门。这个发现是对既有文献的一个更正，现在的研究倾向用 SEM（结构方程模型）建模，算出来它俩之间的关系水平，就认为它们之间有某种必然联系，但实际上可能不是这样的。食物反映的是食物来源地的文化，不是目的地或食物消费地的文化。食物会让游客对其来源地、更远的地方产生一种认识，尽管这种认识是在食物消费地产生的。第二点是关于想象方面的。可以看到，中国游客对葡萄牙的想象并不是像萨义德说的是 binary（双边）的，例如"我是西方人，我就应该是 superior（更高级的）"，而那些不"高级"的人就应该对西方文化怀着景仰的态度，其实也不是这样的。本研究发现，有些游客会把葡萄牙归为 lower country（低级国家），而且总体上游客对它的看法是多元化的，对葡萄牙的想象有些是正面的，有些是负面的。此外，现有关于游客想象的文献强调的是 political imagination（政治想象），即往往强调先入为主的一种意识构建，但本研究发现想象与游客在目的地的体验有更大的联系，而且游客在游历中也体现更多的主观能动性。最后，想象是一种强大的思想意识形成的过程，很多人没有去过葡萄牙，但在这些体验中他们会对葡萄牙产生一些思维定式，而这些思维定式会影响到他们将来如何看待葡萄牙，甚至影响到他们未来的出游意愿。

主题讨论

左 冰：谢谢！下面进入讨论环节。

曾国军：你是在澳门餐厅做外地人对葡萄牙的想象，后面为什么会出现那些照片（PPT内容略）？

季明洁：本研究访谈参考了ZMET访谈流程，即我让游客自己准备照片来表达他们的想象内容。每个人至少选6张照片，然后进行访谈，我问他们为什么选择这几张图。

曾国军：我明白了。为什么150张照片中你只选择了一部分而不是全部？

季明洁：我把这150张照片进行了初步的内容分析，归纳到了四个层面。刚才报告所展示的图是最具代表性的。

陈丽坤：关于您的研究和方法，有两个地方我想咨询一下，第一个是如何确定这个葡萄牙美食是没有被改良过的？或者说不定在澳门的葡餐是澳门人对葡餐的想象，它已经是另一种来源了，这个是有可能的。第二个，想象可能是由于其他因素造成的，比如提到的旅行，那你怎么确定此次的（想象）来源于食物？

季明洁：这是个很好的问题。首先，我赞成任何食物都是不断改良的，但这不是我研究的主要问题，我的研究是游客如何基于目的地食物产生想象的。关于葡萄牙美食的真实性可以成为另一个研究课题，可以看一下葡国的食物是怎么随着历史的发展进行改良的，尤其澳门人和澳门旅游发展在这个变化中起到什么作用。关于第二个问题，我主要是通过访谈了解到的。我发现游客的想象主要是来自食物，游历的贡献虽然有但是却非常小，很可能正如文献所讲，"吃"是了解当地文化最直接、最全面、最容易的渠道，而"看"（gaze）只能是一种有隔阂的体验。

蔡晓梅：我们常说"你吃什么你就是什么"。由食物到餐厅再到一个国家，这个想象的尺度是跳跃式的。其实，可能我吃东西的时候只会想到澳门的某个建筑,不会想到葡萄牙,如果想要做葡萄牙这个大尺度的,可能需要你去引导,你是怎么实现这个尺度的跨越的?

季明洁:这是一个好问题,我从两个方面来回答。第一个是研究方法,因为我还是保持了一定的距离;第二个方面,我们感兴趣是只对某一部分感兴趣,不是全部,其实我这 sample(样本)已经是 information situation(信息情境)了,所以不可能把你们每个人的经验都一般化进来。

王 丹:为什么从一个食物就想到了一个国家?你怎么剥离由食物想到的形象和由其他而想到的形象,比如他可能本来就对葡萄牙有一些认识?

季明洁:人们的主观世界或者对某一事物的想象不可能是完全独立存在的,总会受自身经济文化特点、家庭背景、教育、习惯、认知能力等的影响。如果脱离了这些因素,人们也就不存在想象的能力了。好在本文是研究葡萄牙美食,不同于法国美食,葡国菜在全球的知名度是很小的,对葡萄牙这个国家的报道或者文化的传播,例如电视、电影,都是比较少的,因此和其他美食相比,研究葡国美食更能将人们对地方的想象归咎于美食体验本身。

张 机:受访者提供的照片是当场提供还是回家之后准备的?如果是回家之后准备的,那有可能直接是在网站上找了图片出来;而如果是当场提供的话,或者手绘可能效果会好点。第二个是,通过一个具体的食物怎么感知一个国家?可能这是由知识储备引起的,而并不是由食物引起的?

季明洁:和别的国家或别国的美食相比,被访者之前对葡萄牙的了解和感知是比较少的,这个我在访谈前就有问及受访者。关于图片的问题,我回去检讨一下。第三个问题很有意义,这是个跳跃性的问题,回去我会把这个过程更加详细地写出来,如何从经历、从餐厅、从社会关系、从其他人来逐渐地展现出来。另外,我觉得我应该避免用"葡萄牙"这三个字,可能应该用"葡语",因为"葡萄牙"可能一下子就让人联想到"国家"这个客观真实的层面上了。

李 军:我不知道这种方法是一种什么样的性质,因为我们做研究的话,都会希望追求一个真理,如果你设定没有这个真理那么你就是在建构,在座的老师提问的时候,心里可能就有这个假设。所以,我觉得你做这个研究最好是用实验的方法,不应该用什么扎根理论。如果你想验证这种真理,你用科学实验方法比较好，它可以回答刚才老师问的所有问题，因为它可以控制其他变量，关键是你关心的知识是一个什么性质。我个人认为，关键在于你在做的是一个什么方向的知识探索，如果它有关真理、真相，那就应该用实证主义、后实证主义、逻辑实证主义来做，而实验心理学的方法也就会更好。

季明洁：我们可以会后讨论这个吗？谢谢！

左　冰：好的，谢谢两位老师！那我就利用我作为主持人的特权，接着李军老师的话来做一个小结。我们这一节的主题是围绕食物地理学和管理学的结合。曾老师做了一个定量的研究，季老师做了一个定性的研究。从今天讨论的情况来看，我们发现，今天大部分的讨论都跟结论无关，我们大部分的讨论都集中在研究方法部分。我讲一下我对研究方法的理解。我觉得研究方法跟你要研究的问题有关，不管是定量还是定性，最关键的是在研究方法部分展示我的研究是有一个科学的依据和程序。不管是定性研究还是定量研究，首先要有可靠性，其次是要有可信度。除了研究方法外，我个人对两位老师的研究还有以下感触，第一个是他们两位老师给我们展现的是跨学科研究的魅力。曾老师是战略管理出身的，季老师现在还在攻读旅游管理博士，应该说都是管理学背景，而现在都在跟地理学做结合，研究饮食文化等相关议题。这就把我们以前的学科边界打破了。我们可以看到，很多新问题的产生都是源于跨学科的研究。在各自的主流学科都不关注的地方，往往能产生新的研究的火花，这是我的第一个感受。第二个感受就是，我觉得从他们两位那里我得到了一个直接的感性认识——生活就是学术，学术也是生活。当我们带着学术想象力的时候，生活中无处不存在着学术，很多问题都可以拿来进行研究。同样，我们的学术也是跟生活紧密地结合在一起的。在曾老师发言之前我就说了，我是很羡慕曾老师的，让学术变得如此有趣味，如此有亲和力，这是我个人的一个感触。另外，我还想回应一下罗鲜荣博士后。她提出来，希望用一些模型对数据进行处理这样的一种方法。其实，这个方面学界一直有争论，一派就说我们可以用打包法、平衡法包括改良模型或者 SEM 的自我修正法，去对数据进行修正，让拟合度更好，这就可以满足发论文的要求。本来 NFI 只有 0.8 多一点，我通过各种方法把它提高到 0.9 以上，那完完全全符合我们发文章的要求，而且模型也做得很漂亮，这是一派的做法，他们认为只有这样才能让我们的研究结果更加论证有力，只要我得到数据的方法是科学的。第二派的观点，则强烈反对这样的方法，认为我们的数据是怎么样的我们就让它呈现出最自然的状态，就像曾老师说到的，我的 NFI 可能小于 0.9，但是没关系，我不想对它做任何的处理。那这一派的观点就是，我的任何研究假设包括数据收集背后都是有理论的，如果我进行项目打包，比如把两个因素或者变量合并在一起，可能他们的影响因子、他们的系数会增大。但是这样子就破坏了我后面的理论基础，因为我测量的时候明明有很多个变量，现在就变成这么几个了，就只为了让这个模型更好看，这样的处理背离了我们研究的初衷，因为它打破了我们背后的理论基础。所以，这两派就一直处于争论之中，到现在也没有分出胜负。因此，研究者你自己想采用什么途径，想站在哪一派，其实是取决于研究者个人取向的，这是我们定量研究目前的一个基本情况。

第四节

学术与人生

- 开场白
- 扬长与避短：青年学者的成长路径
- 游历之外的学术人生：西藏探险旅游（1900—1949）及相关文本研究

张骁鸣
（中山大学旅游学院）

各位老师和同学，现在我们进入第四节"学术与人生"这一主题。我们这组有2位发言人，一位是香港理工大学的刘赵平老师，一位是华南师范大学的林清清老师。这个题目"学术与人生"可能初看起来有些奇怪，因为我们一般的学术研讨会估计也不会探讨这个题目，也就是说倒过来研究我们学者自身。但是，我们这个沙龙的目的更多地在于激发大家探讨的热情、交流的热情。所以这种题目反倒是我们特别喜欢的，至少是我个人作为这个活动组织者的一点私心。因为平常尽管我们听了一些四平八稳的报告或者规规矩矩的"八股"，但是其实有的很有创造性和想象力的东西不一定在那样的一个规范的报告中能够充分地展现出来，而往往是这样的可能带有点闲谈性质的研究，比起在数据资料收集或者思路的梳理上面比较严谨的那些研究，我觉得可能会更有意思。今天的第一位报告人刘老师去年带来了一个很有意思的报告"放养与圈养"，今年也是一个很有趣的题目——《扬长与避短：青年学者的成长路径》，有请刘老师。

第四节 学术与人生

扬长与避短：青年学者的成长路径

刘赵平

（香港理工大学酒店及旅游业管理学院）

首先谢谢骁鸣，他其实是对我的不严谨、不规范做了一些铺垫和解释，我想说它本身就不是一个系统的研究。去年的时候我就跟骁鸣商量过，看这样的一篇东西咱们沙龙能不能接受，骁鸣说可以。那首先感谢这个沙龙的宽容性，让我选的这样的一个题目也能在这个沙龙出现。

去年我说了"放养与圈养"，是关于博士的成长故事。我的博士读得比较痛苦，后来我发现不少博士生都跟我一样痛苦，或者比我更痛苦。但是一般而言，大家都喜欢请成功者来讲述成功的经验，失败者很少揭自己的伤疤说自己是怎么失败的。所以，去年我自己揭自己的伤疤，让大家看看这个不成功的博士读博士的过程是怎么样的，让大家尽量避免重复这样的过程。后来我又做了一些访谈，作为后续的研究。不过，今天我讲的不是这个后续研究的内容，而是讲我们博士毕业之后变成青年学者之后的情况。现在很多讲师、助理教授，就面临进入这个状态后的情况。像一个章回体小说，这次讲的是《扬长与避短：青年学者的成长路径》。

问题是怎么来的呢？我前段时间听到一个演讲，一位留美的博士回中国之后推广少儿教育。他说，中美教育的核心差异在于中国教育是补短式教育，美式或西方的属于扬长式教育。中国的孩子如果数学差，家长就要给他重点补数学；西方的孩子如果歌唱得好，家长就拼命地培养她唱歌的能力，让她成为唱歌这个领域的拔尖人才。我就在想，青年学者自己成长过程中也会遇到这样的问题，个人有优势也有劣势，开始进入青年学者的状态时，你是把时间全放在自己优势上让自己变成好中更好的人呢，还是把时间精力放在自己相对较弱的方面，以弥补自己的弱项？这就和前面关于教育体制的比较有一定的相关性。对于"牛人"来说，他既可以扬长也可以补短，两者可以兼顾，我们就不说这种人了。还有一些人，既没有长项也没有中项，全都是短项，到处都在防守。这两类人都不属于我们讨论的范畴。多数人都有一些优势，也有一些劣势。那你到底是像袋鼠练跳远一样，选择发挥自己的长项呢，还是"牛要上树"，一门心思地去补自己的短项呢？我是从哪个角度出发来分析这个问题呢？上次提到过一本书——*Academic Duty*，作者曾是个名校的校长。他说，一个学者进入高校以后肩负多项职责——要发现和创造新知识、要教书、要做服务、要带学生、要和业界建立联系、要创新，等等。那一名学者往往只能是擅长上述各项内容当中的一项或两项，在做战略选择的时候，从这几个方面考虑自己擅长什么和不擅长什么。我这里重点讲研究、教学和服务三个方面，就是说你在这三个方面发挥优势或弥补劣势的一个选择。人们选择扬长或补短，各自有各自的理由。为什么这两种战略能长期并存？就是因为有人选择 A，有人选择 B。

关于为什么要补短，这里有个典型的例子。比如说你家小孩高三了，马上要高考，她的分数分布是这样的：数学 66 分，英语 93 分，语文 95 分，采用的都是百分制。这个时候，一般的家长会选择怎么做呢？多数家长会选择补数学课，也就是大家说的补短。因为考 95 分的科目，你玩命补了半天补到 97.5 分，也只提高了 2.5 分；那个 66 分的科目，你稍微一努力它能变成 90 分的话，总分就提高了 24 分。所以说，选择补短的人是有他的道理的。如果成就是用总分体系来评定，补短的思路就是成立的。管理学上有个"木桶原理"，鼓励大家去补短，因为补短以后就更能装。装什么呢？装知识。以前在教育界有个很流行的比喻，作为教师你要想给学生一碗水，自己要有一盆水。也就是说，老师的水要更多。还有的老师说，你自己要有一缸水，这个自我要求更高；还有的老师说，要给学生一碗水，自己要有长流水，要不断地给学生补充新鲜的知识。但是，在根本上他们的思路是一致的，就是教育需要给学生装知识，给学生"装水"，这是教育的核心。

现在还有一种观点认为，中式教育就是给学生拼命地装满水，而比较领先的教育理念不应该是装水，而应该是点火。老师应该找到学生的兴趣点，然后把它点着了，剩下的事情它自然就开始燃烧了。你不用不断地给学生舀水、再加进去，而是要发掘学生自身的潜质，随后大火就烧起来了。希腊作家普鲁塔克（Plutarch）曾经说过，头脑不是一个需要装满的容器，而是一块需要点燃的木头。这就是"装"和"点"的关系。

第四节 学术与人生

那为什么有人选择扬长呢？著名管理学者德鲁克说过，企业需要发挥自己的优势，就必须把业绩建立在发挥自身的优势上而不是放在弥补自身的弱势上。只有着眼于发挥优势，才能取得可持续的竞争优势。从个体的角度讲为什么要扬长呢？因为当你做自己擅长的事或者是喜欢的事情的时候，个人的感觉会处于一种快乐的巅峰状态。我来放一段录像（PPT 内容略），大家可以看到一个穿红衣服的女子处于遥遥领先、率先冲刺的位置，那个就是我爱人，在参加我们女儿学校组织的运动会。运动会上设有一个鼓励家长参加的亲子项目——女子 100 米。学校里和女儿同年级的学生的妈妈们都盼着我爱人来不了，因为只要我爱人参加，第一名肯定就是她的。她以前曾受过短跑的专业训练。她在做自己喜欢并擅长的事情的时候，是非常愉快的。我爱人会在她的朋友圈里面晒这些照片，跟我聊好几天，她是怎么起跑、怎么加速。这个可以作为一个例子来解释人为什么要发挥自己的优势。还有另外一个例子，我女儿在 4×100 米接力的比赛中，她跑第二棒，也很爽，继承了她妈妈的风采，也是处于巅峰的状态。

中国社会科学出版社曾出过一本书，书名是《放飞你的优势》，是克利夫顿（Clifton）和纳尔逊（Nelson）写的。一上来先讲鸭子、鱼、猫头鹰、松鼠和兔子参加全能动物培养的故事，每种动物都要训练跑步、游泳、爬树、跳远和飞行等几个项目。像兔子跑步就不用练，"蹬蹬蹬"就跑起来了，但是你要让它练游泳就很费劲，你要让它练爬树、练飞行则花很长时间都很难教会。所以说，家长就不要逼着孩子一定要去怎样怎样。我女儿也像个兔子，让她训练游泳她就很难受，你让她跑步，教起来就很简单，她跑起来蹦蹦跳跳很高兴。所以，这本书建议正确的处理方法就是聚焦你的优势，然后管理你的劣势。

还有另外一个例子，提到中国乒乓球队跟其他国家的选手比赛时，为什么优势那么明显。书中说，有很长的一段时间，中国乒乓球队根本不需要研究任何对手。首先是因为自身很优秀，另一方面因为对手很多，球队就不方便把精力放在研究各国对手上，而是想办法拼命地发挥自己的优势。比如前三板，把自己的优势发挥到极致。不管遇到什么样的对手，都是前三板解决问题，然后把全部的冠军都包揽了。这段录像（PPT 内容略）是 1995 年天津世锦赛的男子乒乓球团体决赛，当时丁松打卡尔松那场，大家可以看得出来，丁松专注于发挥自己的优势，不管对方是谁，自己擅长削球，就一直削，削到对方无可奈何地认输了。

一般来讲，你怎么来分辨自己的优劣势呢？这些都是一些书里的说法，不是我做的研究。比如《放飞你的优势》这本书中说，你要倾听内心的呼唤，关注一些让你欢快的、满意的事情，这样可以让你快速学习和掌握一些东西；要经常感受一些完美时刻，就像刚才跑步冲刺那样的完美时刻。当你在做自己擅长的事情的时候，你不用想一个个的步骤，话筒怎么拿，这个笔怎么拿，你顺着直觉去做自然而然一切就都顺利完成了。然后介绍了一些寻找自身弱项的方法。第一就是你经常为自己的不佳表现找借口。比如我自己刚到香港理工大学时不愿意与同事谈论研究，别人一说起在 Annals 上发文章，在 TM 上发文章，我就回避这个话题。有类似的情况，你就应当意识到这是个问题，自己在为不佳的表现找借口。第二就是有时你会拼命地去弥补某个方面，这是另外一个极端。因为别人说你这方面弱，你不愿意让别人说你弱，接着就会刻意地、玩命地去补，这反而坐实了你的弱项。第三，学习进度很慢也是一个自身短处的信号。你花了很长时间，读了半天文章以后还是一句话也写不出来，如果你在某个方面多次重复仍没有长进，或者需要仔细地计划每个步骤才能完成你的行动，每次从事此项活动的时候都自信心不足，缺乏对相关方面远景的展望，等等，这些都是分辨自身弱势的方法。

总的来说，每个人都有自己的优势和劣势，你应该如何发挥优势、管理你的劣势呢？正如刚才那本《放飞你的优势》和另外几篇文献里提到过的，你要对劣项采取一些措施，比如说放弃，彻底地不干这一摊了，定量研究不擅长就不干了，定性研究不擅长就不做，只做自己擅长的东西。还有就是外包，像统计、翻译这些东西都可以外包出去，这属于学术圈允许的合理范围。或者你把统计的工作交给学生做，很多老师就这么做。或者寻求和互补者的合作，比如你比较擅长做某一类研究，而另一位老师擅长做另一类，你们就可以共同合作。有一篇文章[①]曾经列出现在西方一种基于优势的教育方法的一些基本的原则，如发现优势、进行个性化教育、多与支持你发扬优势的朋友交往、多创造让学生发挥优势的机会，等等，这样就让孩子们能充分地发挥他的优势进而变成一个成功人士。我还特意跟踪了这项研究和他们相关的测试，并借了相关的书。书中有很多创业、企业家的精神态度导向量表，测试你的各种能力，测试

---

① 参见：Lopez S J, Louis M C. The Principles of Strengths - Based Education [J]. Journal of College & Character, 2009, 10 (4): 1—8.

你有没有这方面的优势。例如，我一直在教创新和创业的课程，我就测测看自己有没有这方面的优势。一套问卷做下来，便可以得到详细的报告，告诉你擅长哪几项。在发现优势以后就可以扬长，即发扬自己的长项。

在个体经历方面，我访谈了很多老师，各种层级、各种类型的老师都有，但我没有来得及详细地把它列出来。因为这个沙龙有我的同事来了，如果背景讲得再详细点，就很容易认出来这是在说谁。比如说，第一位老师 A 提到自己的优势是语言和定性研究。我问 A 选择扬长还是补短，A 说"我选择扬长，我的长是语言和定性研究"。当被问及来了学院以后在教学和研究之间的平衡问题时，A 说，"因为对教学没有量化的指标，但是研究方面需要发表一定数量的论文，所以重点放在研究上"。我让 A 描述一下什么情况下需要弥补劣势，A 就讲了升学考试的例子，就跟我刚才讲的一样。另外一位老师 B，优势也在定性研究，然后 B 在定量研究方面也就是劣势怎么处理呢？B 说通过和同事合作。B 又讲了自己的一个优势，即之前有丰富的教学经验，所以不用在教学上花很多时间，可以把精力集中在发表文章上面。B 还对青年学者提出建议，要积极主动地找经验丰富的学者对你进行指导，和你合作，就相当于带着你进行研究工作，这样可以走得快一些。第三位老师 C，其个人优势是在计量模型方面，C 也是选择了扬长、发挥优势，并通过与同事的合作来弥补自身定性研究的劣势。但是，C 建议青年学者不要急着合作，要先建立优势，等你先独立发表一些文章之后，你自己的形象树立起来了，然后吸引别人主动和你合作，这样别人先看到你的研究能力，就更愿意和你合作了。

还有一位老师 D 也是说自己有语言优势，擅长定性研究，也强调应该发挥优势。D 的观点是，两者不可得兼，你若要花心思去补短，比如说你拼命去学一些定量研究的工具和方法的时候，有可能就把你定性研究的一些长项丢掉了。一个人怎么发现自己的长处呢？你若已经掌握了某种方法，就像有了一把刀，你就可以拿着刀到处试、到处砍，"duang"砍一刀，"duang"又砍一刀，直到砍到哪一刀入得比较深，这就相当于"柿子捡软的捏"一样的意思。你拿着刀到处试探，"duang"砍到旅游圈子，一刀砍下来入木非常深，那好，就在这儿干了，你就找到自己的落脚点了。在挑领域的时候，在旅游圈里面做研究的，有些人是带着优势来"偷菜"的，我不知道这个比喻是不是合适。就好比是保老师带着自己的地理学背景，有些老师带着经济学，或者带着一些哲学、社会学这些背景，自己带着传统学科的优势来旅游圈子这儿"收菜"来了。也有一些人是不喜欢自己原来的圈子，跑到旅游这里来了。关于青年学者的成长，D 提供的一个建议就是，青年学者在职业生涯早期的时候不要怕被退稿，每个人都要经过无数次被退稿然后不断修改的过程，慢慢地成长起来。这位老师尽管目前发文章如流水，很容易就在顶尖学术刊物上发一篇文章，但是他在历史上也经历过很多退稿、反复修改的过程。

虽然大部分人选择了扬长，但还有一个补短的例子。E 是我访谈过程中唯一一个旗帜鲜明地提到要补短的人。为什么他要补短呢？E 说，他不能忍受自己在职业生涯中带着明显的短板去过一生。也就是说，E 对自我的要求很高。还有，他说自己最怯于和别人合作，或者主动和别人谈合作。他现在的做法就是主动做自己最胆小、最不愿意干的事情，就是补短，不断地主动找人谈合作的事情。所以现在在我的眼里，E 反而是一个非常主动的人，刚到学院就在很短的时间内开始了和多名同事的合作。

还是讲讲我的故事。用一句话来总结，就是在鼓励扬长的西方教育体系当中，我在努力补短；在鼓励补短的亚洲教育体系里，我在努力扬长。这话听起来像是一个注定要悲剧的状态。仔细想想，大伙都在这样干的时候，我在选另外一种做法。有一本书叫《高效能人士的 7 个习惯》，是史蒂芬·柯维（Stephen Covey, 1997）写的。其中在讲到怎么做好时间管理时，就提出一个原则：要事第一。那么我是如何使用"要事第一"这个原则的呢？我每天把要做的事情列一个单子出来，比如说要完成一篇论文，要备下周的邮轮课、创新课，要和硕士生讨论论文，要和李咪咪老师一起吃饭，要参加教学工作坊，要安装什么新的软件，这是我的一个例子，要事总是排在第一。然后第二天就变成这样了，这个课备好了，跟硕士生论文讨论完了，饭也吃过了，教学任务也完成了。原来把写论文的要事排在第一位，但是没有完成，第二天，写论文仍然排在要事的第一位，接着往后排其他事情。到第三天、第四天，软件也装上了，创新课也备好了，新的事情不断加入。再过一天又有一些新的事，比如读书，请王丹老师吃饭，等等。我总是把"要事"排在第一位，但是总是不去做这件"要事"。这个过程就呼应了前面提到的如何发现自己的劣势的方法：在面对劣势的时候，你总是在回避一些事情。为什么有些人答应了老师，3 天或 5 天以后把这个东西写出来，最后却写不出来呢？就是有可能你做的不是你喜欢的事儿或者不是你擅长的事情，一而再、再而三就拖下来了。

我是怎么发现自己的优势的呢？其实是无意中发现的。我到香港理工大学

第四节　学术与人生

以后，学院安排我教一门课——"酒店与旅游业战略管理"。我没有行业工作经验，这又是我回香港以后第一次教课。那门课碰巧是整个硕士课程最后收尾的一门课。我想最后结尾的课应该由一名非常资深的老师来压轴，让我这个新入职的人来讲这门课，太为难我了。结果讲完课以后，学生给我的最后评价得分在学院排前 10%。大家知道，我们学院是藏龙卧虎之地，很多老师课教得非常好，我就在想我是不是在教学这方面有天然的优势。后来我一回想，这还真是有迹可循。以前我还在南开大学读硕士的时候，爱人就夸我说，我讲故事讲得特别好听。当时还在热恋当中，经常给她讲书和讲电影故事。后来发展到所有我给她讲过的电影她都不去看，因为她说每次去看电影，感觉都没有我讲的电影故事好听。我现在就不把精力全部放在写论文上，而是放很大一部分在教学上，努力地把我的教学再往上提高一点，做到精益求精。我教完邮轮课，班上的同学都叫我 George Cruise，因为我的英文名是 George，又是教邮轮（cruise）的。另外一个就是我获得了我们学院的一个最佳教学奖。连着两个学期，有一门课的学生对我的评分是满分，全班几十名学生全部都是打 5 分。所以，我是选择了扬长并把它发挥到了极致。去年我得奖的时候非常高兴，感觉像巅峰时刻。学校奖励了 1 万块钱现金，还给了一个 10 万块的教学研究基金。总的来说，在扬长和补短当中，可能选择扬长还是一个不错的办法。

我再用一两分钟时间，把刚才想说的补充一下。比如说我在想，严谨一点地去想，是不是每个人都要想扬长还是补短的问题？每个人或许都做了很多事情，但是他不会刻意去想我是要扬长还是要补短，有没有这种情况？我在访谈的过程中发现，确实会有人不做这样的比较。我还发现了一个比扬长和补短更高一级的目标，就是组织的评价体系。青年学者所重点做的事情，其实都是以这个如何才能评上副教授、拿到终身教职为最核心的指南。不管是扬长还是补短，首先要解决悬在头顶的这件非常大的事情，终身教职的评定就像一把随时要斩落的刀。还有就是非此即彼的两分法的逻辑，很容易把你带入到局限性的思维模式当中。换句话说，比如说你教学很好，但是你不一定非要同时说你研究很差，你的研究或许没那么差呢。你若非要两分法，这样一想的话，反而让自己陷入思维困境当中了。我教学好，所以可能自己研究就不好，这样想会误导自己。

当你作为个体，若你的选择和组织的评价体系有冲突的时候，你一般会做何种选择？刚才我有提到过，教学评价一般没有严格的量化指标，但是研究评价有明确的指标要求。所以说，如果你喜欢或擅长教学，你选择了扬长，继续在教学上投入精力，是要冒很大风险的。也就是说，我刚才只是说我是这样做的，但没有说我这样做是成功的。再过一段时间，比如说如果我没有评上副教授的话，大家就记住我这个做法是有风险的，你不要这样做就好了。还有就是这个扬长的思维，不能一想自己扬长就总想着如何打败别人，怎么打败同事，自己要变成最好。就像在赛跑的时候，也是总想着打败别人。其实我觉得更高的境界是通过扬长发挥自己的优势，以后通过帮助别人来为自己赢得合作伙伴，这是一种比较好的良性思维。你把优势发挥出来以后，别人一看，这小伙子挺能干，就可能找你合作做一些研究的事情，这样的话就是一种共赢的思维。而不是说我要比谁高，我要发挥优势打败谁。这样的话就是一个比较良性的思考模式。好了，我要补充的就这些。

主题讨论

张骁鸣：好，我们其实还有时间，因为我们提前开始了。刘老师的这个报告刚才引起了一些笑声，会意的笑声。大家有什么评论或者是你们有什么个人的分享？

赖　坤：我觉得扬长和补短这显然不是一个学术的问题。不要理解错了，我是说这个问题没有提出争执，没有对和错，只有我可能会、可能不会的问题。这是一个个人选择的问题，其实你没有办法说它的取值应该是什么，它没有一个取值在里面，所以在这个意义上讲，它不是一个学术问题。但是，它跟我们的研究者之间有很大的关系，我个人就面临这个问题。"扬长补短"它可以放到任何一个情景里面去，比如把它放到我自己的决策情境里面。比如说一个理科生，他需不需要补充一些文科方面的知识呢？比如我们在做定量研究的人，是不是也要做一些定性研究呢？我现在也面临一些这样的问题，好像我们都需要做一些选择。但实际上我认为，比起到底是要扬长还是补短来说更重要、更根本的一个问题是：我的兴趣是什么。把它放在研究情景上的话，他不仅仅是合作或者不合作，或者短与长的一些问题，而是你研究这个问题最佳的方法选择或者路径。如果你显然没有做这些研究的条件，又强制做这些研究，那你就必须要自己掌握知识点或者需要的方法,那就必须要去补。我个人感觉兴趣和问题比这个更基础一些。扬长补短这个话题可以放到很多情景中去,你把它放到你这个工作中间去,但我们也可以放到某个抉择中去,或者你具体在做的某个考虑中间去,我大概就是这样一个想法。

刘赵平:是的,我刚刚是有一点点把优势和兴趣混在一起说了。一般而言,你感兴趣的东西多数会做得很好或者你已经做得够好了,然后带着这样的一个假设来讨论这些问题。这个扬长或补短的思维确实是可以用在很多地方,尤其是用在教育方面。不仅仅是大学教育、博士生教育,以前美国的总统小布什,2001年他在位的时候推出来的《小学和中学教育法》(Elementary and Secondary Education Act, ESEA),即俗称的"不让一个孩子掉队法"(The No Child Left Behind Act),他运用的就是一种"补短"战略,他的想法就是,要把每一个落后的人都带着一起走,最后实际结果呢,就是把所有优秀的人全部拖慢到资质较差的人的节奏上去。所以,后来这个法案的效果是不好的,这就是所谓的重点用来补短的教育尝试。而扬长式的教育,现在得到越来越多的研究结果的支持。对小孩来说也是,小孩做自己擅长的事、发挥自身优势的时候,他的兴趣会很浓,大人不需要施加很多的外力去压迫他学习。我后面附了一个录像,大家认为美国采取的是扬长式的教育、美国的整个教育体系非常好。其实也不完全是,现在美国有很多人思考并认为美国现有的教育体系也是不能满足社会需要的。有创新者推出了一种新的模式,例如 Alt School 采用了一种独特的教学方法,核心就是扬长。它根据每个小孩的特点,针对每个人对不同科目的进度差异,给学生们提供一个自由的学习环境,发扬每个人的优势。大家有兴趣可以搜一下 Alt School,里边有很多视频。这个在美国而言也是一个比较领先的教育理念,它首先提倡的就是扬长式的教育。

李 军:其实,我想延续刚才提到的有关知识结构的说法。现在有一股所谓的热潮叫"民国学者热潮",为什么大家会对民国时候所谓的大师有一种景仰的、崇敬的感觉,因为那个时候的学者,给人一种感觉就好像知识结构更为全面。所以,我们不能够否定所谓的补短,这个例子可能跟你的扬长补短不是很契合。但是,我再举的另外一个例子就有关了,就是我们旅游学者,讲定性研究与定量研究之间,以定性研究为主的学者,如果他对定量研究毫无了解的话,他就不可能对做同一问题的定量研究学者的那一类文章做评价;而以定量研究为主的也一样,同一个问题,如果是定性研究做的,他也无法做评价。所以，我就觉得这产生了矛盾，就是说，知识结构很重要，不单单在于方法论体系。民国时期的学者和现在的学者没有差别，现在的研究是顶尖化，他只管往尖端走，不管别的，但是以前的研究没那么精细，它要兼顾更多。其实民国时期的很多学者，不像我们想的那样全面，比如钱钟书，数学只考了15分。很多民国学者，被我们认为是大师的，他们的数学都比较差。但我发现了一个例外——陈寅恪，他要求所有的学生数学必须要好，但他是历史学科的。我常常在想，钱钟书也算是文学家，但他肯定没法儿写数学的故事，他没办法写大学课堂里有关数学这一类的故事，因为他对数学没感觉。所以，我觉得扬长和补短他肯定有一个合理的结果，不管你是选择哪一个，除非你处在尖端上。

刘赵平： 实际上是这样的，比如定性、定量的问题，不是争执的问题，而应该是你中有我、我中有你，方法结合起来是最好的。刚才你提到的民国的问题，民国时期可能跟校园文化状态有关，多数人的知识积累、教育基础很有限，每个人的知识量跟现在比起来也很有限，所以一个能人就比较容易同时在两三个领域做得很好。但是，目前在知识爆炸的状态下，一个很小领域内的一个具体的小问题方面，可能一周就会有几十篇论文发表，所以你要想兼顾这么多领域可能就比较难了，这是我的理解。扬长和补短的选择本身也没有什么对错可言。

保继刚： 扬长避短，首先要承认个体差异，才来做后面的论述。可能我们刚出生的时候不会看到个体的差异，刘翔刚出生的时候可能不知道他会跑那么快，姚明刚出生的时候也不知道自己打球那么好，所以，只有到一定阶段之后，才会体现出每个人的特点和擅长领域。作为大学教育来讲，博士阶段应该扬长避短；本科阶段可能是通识教育，可能也有扬长避短，但是这个阶段不明显。硕士阶段，老师给你个题目你把它做出来，学会做研究；而博士阶段要创新。也就是说，硕士阶段以后你要扬长避短，因为这个时候你的知识结构已经比较完备，你应该有自己的判断，你对数据是不是敏感、是不是兴奋。扬长避短肯定是人的成功之道，一个人如果到了博士阶段还不会扬长避短，那你一定不会成功。因为一个人再怎么苦练，100米跑12秒到头了。到了一定的时候，有选择的时候，一定要扬长避短，选择你擅长的，没有选择的时候就要想办法避短。当年知识分子"关牛棚"的时候，那不是他们的长项，他们也在想怎么补短。作为博导，我不要求学生跟着我。这是我的老师教我的，不是我天生会这个。我读硕士的时候，我老师说：你想干什么都行，只要你告诉我觉得可以。你能不能干，分两个方面，一个是你的能力，一个是条件。老师给你的是条件，尽他所能为你提供条件，所以，你的能力能不能达到是关键。比如，我有学建筑的学生，听了社会学的讲座之后，对社会学的理论很感兴趣，回来跟我说要做社会理论的东西。我说不行，这不是你擅长的，听了一个讲座就热血沸腾的人多了，一个讲座热血沸腾就觉得你站在理论的前沿了，不是这样的。所以，我说你回到你自己读了7年的建筑学去，拿着那把"砍刀"来旅游学这里砍树，你不能说我去社会学借一把"小刀"来砍一棵大树。你手里有一把"大刀"你不用，你去借一把"小刀"就有用吗？所以，扬长避短就是，在博士阶段，我会让学生把自己的优势发挥出来，把你的母学科与我的研究结合起来。我再多说一点呢，作为领导，我做了两个学院十几年的院长，作为领导很重要的就是知人善任，这就是扬长避短。有的人适合做发动机，有的人适合做轮胎，有的人适合做方向盘，你如果把这些人的位置安排好了，或者你组队的时候请到了合适的人，那么这个机器就会运转得比较好。谢谢！

刘赵平：我一开始选这个题目的时候，咪咪老师就说这个题目应该让一个比较资深的人来讲，我觉得保院长讲得比我好多了。最近有一篇钱颖一教授的文章提到中国教育问题，说中国的教育体系在大规模的基础知识和技能传授方面很有效，因而中国学生在这方面的平均值较高；但方差很小，就是大伙在一起整体好像还不错，但是拔尖的人比较少。西方体系相对来说方差比较大，每个人都做自己感兴趣和擅长的事情，这也解释了中国在创新方面不足的问题。

孙九霞：刚才保老师在讲的时候，我觉得这涉及两个方面的问题。一是素质教育方面，这方面中国人的扬长是不够的，我觉得中国现在的教育不是培养人才，是淘汰人才。培养的是适合高考的，淘汰的是舞蹈好的，舞蹈好你不能上综合性大学，你得去上专科学校。在西方可能就是扬长。我们的专业教育，后来就变成了补短，专业教育本是希望你专业性特别强，所以，保老师说你在博士阶段可能都已经被扬长避短过了。我觉得，博士阶段可能是以专业教育为主的，所以那个长不一定被扬过，因此才使得刘老师只能突然发觉自己当老师这么优秀、上课上得这么好，他原先没有扬过。因为我们的衡量指标不是这个，这个没有被衡量出来。二是，保老师只说到了他作为领导的这一方面，他没有说到高校的生存，说到大家的这个生存环境，香港的体制可以这样吗？——你靠教学就可以吗？在大陆是不可以的。因为在这样的状态下，你面临的困境是，你要有长所扬，并不是每一个老师都像你教课评价那么好，这个可能大部分老师都做不到。另外，制度不允许你这样。这就使得我们在这个阶段补短非常重要，尽管补短是可以用扬长的方式来补短，就像你刚才讲的，别人为什么跟你合作，做定量研究的人为什么跟你合作，为什么跟定性研究合作？因为你定性研究做得好，所以他也在补短，这样才能达成合作。像保老师刚才说的，你不一定是短，你比一般人要长的，所以要有信心，继续扬长。

刘赵平：我做个简单回应。我发现，真正要做好教学，反而是需要把自己的研究做好了之后，才能把教学提升到更高的层面上去。比如在给博士生授课时，最好能给学生教你自己的研究成果。这样，我积极做好教学的努力不仅没有让我放弃研究，反而激发了我对研究的兴趣，让我把研究又捡起来了。

彭　青：我觉得刘老师的选题很好，但有一个哲学假设，就是我们每个人都是自由的，可以自由选择。但是这一点我们现在做不到，我已经算是过来人了，我是自由人了。

保继刚：我再补充一下，其实我刚才写下来漏了讲。我们一个学院实际上像是一辆汽车，所有东西配齐了才是一辆很好的汽车。但现在学校的要求是，每个人都得是发动机。试想一下，十个零件配在一起是一部汽车，十个发动机配在一起是什么？是一堆废铁。现在学校的要求是都需要做发动机，不需要其他东西。这是我们现在这个时代比较悲哀的东西，可能我们中山大学正在经历一个全部用论文来评价的新的时代，连文科都在强调论文、论文、论文。你们要去请人来专门做研究，三年要发多少。这几天全是这样的话题，已经没有人在讨论教学、教学、教学。但是每一个校长做报告的时候，都会说教学是最重要的，肯定要放在最前面。所以，我就说，什么最不重要就把它放在第一。

刘赵平：正好您提到了这个方面，本来是没有时间回应的。刚才彭青老师提到了您有选择自由的权力而青年学者没有，其实我们每个人都把组织施加给自己的压力给放大了。如果讲一个学者的成长路径，从青年学者、小有成就的青年学者到颇有建树的青年学者、功成名就的学者，大家有没有发现这种思维里边有一个自己编造的思维定式，就是你把自己仅仅限定成一名学者，这就把自己的选择范围约束得非常窄小了。其实，如果组织定的规则不适合你，你真是个人才的话，你可以选择放弃组织。我爱人一直在跟我说，以前你做研究的时候，我只看到你做研究的痛苦，看不到你做研究应该有的那种快乐，现在很高兴看到你在教学中找到了自己的快乐。她说："你当初读博士是为了到美国来陪我,现在做研究是为了拿到一份体面的工资给孩子们交学费,你完全就是拿着利他主义的借口来掩盖自己思维和决策的惰性,而没有挖掘自己灵魂深处的兴趣。"说得真好,深入骨髓。现在我虽然40多岁了,其实骨子里还活着一个老顽童,我还允许自己再犯一两次错误。不过,我现在已经找回做研究的乐趣了。

张骁鸣:谢谢刘老师,谢谢你骨子里的"老顽童"!我们现在进入下一个环节,由林清清老师带来的《游历之外的学术人生:西藏探险旅游(1900—1949)及相关文本研究》。

游历之外的学术人生：
西藏探险旅游（1900—1949）及相关文本研究

林清清

（华南师范大学旅游管理学院）

我去年跟刘赵平老师也是在一个分论坛，听完他演讲之后马上就变成他的"粉丝"了，没想到这次我们又被骁鸣老师安排在同一组。在刘老师后面讲是压力非常大的，因为他讲得特别棒。那我接下来就开始了。

这个题目是来自于西藏探险旅游及相关工作的研究，因为我2013年上半年去西藏工作了半年。对很多人来说，可能会斟酌是否去，比如考虑去西藏能不能适应，等等，但是当我知道有这个机会时是很激动的，不用别人给我做思想工作，自己就很期待去。我就在想，100多年前，这里生活的人是怎样的？因为我以前学历史学，所以对于宏观一点的西藏历史也有一点了解，比如说知道那个时期有一些西方的探险家用脚步来丈量西藏，试图对西藏有野心等。真的到西藏之后，我就借了一些这方面的书来看。这些书写得很形象，我觉得非常有趣，但是没有想到拿它来做研究，正好这次沙龙的主题是"学术与人生"，于是我就打了个擦边球，给骁鸣报了这个题目。

无论是现在还是100多年前的西藏都很吸引我们，所以，我把100多年前一些作者写的书甚至是图片跟今天的稍微做了一个对比。我先放几张我自己在西藏拍的一些照片①，后面还有一些是我翻拍书里面的。有必要说明的是，比如说西方人研究西藏，他们基本上都是懂藏语的，而且不仅懂藏语，可能还懂一些其他的语言。相比之下，我们这些汉族的学者是比较惭愧的，我读的全都是二手资料，而且可能还没有完全沉浸进去。因为我们看的是别人翻译过来的版本，不是最原始的文献，所以谈不上是真正的研究，虽然名字上有研究，其

---

① 本文的PPT内容略。——编者注

第四节　学术与人生

实只是一个感性的东西。

就在我读这些作者写的游记以及一些研究文献的时候,将他们描绘的西藏,跟我自己亲自看到的西藏一对照,我觉得仿佛就像发生在昨天的故事,觉得他们描绘的自然景观、人文景观和宗教景观都能深深触动我,而且仿佛觉得他们就在写今天的故事。所以,给大家放几张我拍的照片,这座山的那边就是不丹。当时我们开玩笑说:"哎呀,不丹不是世界上幸福指数最高的国家吗?我们翻过去到那边就好了。"景色确实很壮观。我这里放了张藏野驴的照片,为什么放这张照片?因为当时人的记录中间也有很多涉及跟动物的一些关系,我们也有老师在做动物旅游甚至野生动物旅游这方面的研究。那个时候,一些西方探险家会基于生存需要或者其他目的,直接猎击野生动物来作为食物。这一张是色拉寺,在拉萨近郊以辩经闻名的寺庙,辩经活动每天下午3点准时开始,有许多游客包括西方游客慕名而来。辩经让我期待了很久,最后去了之后才发现完全听不懂,因为他们全是用藏语在辩,但他们的认真执着、沉浸其中确实能感染人,前人的记录中也多涉及辩经。照片就放到这儿,仅供增加一些感性认识。接下谈谈这个不算研究的研究。

到西藏后,我就去西藏地区图书馆、学校图书馆借书,读到一些西方人写的关于西藏探险的书。当时有本书让我印象深刻,即一对新婚的白人夫妇,雇用了很多马夫,历时2年的时间,从北京出发,经西安、西宁,穿越西藏到达印度大吉岭的故事。路上人员有折损,马匹也有折损,等等。读的时候非常有感触,书中大量描绘他们当年眼中的西藏,我就结合现在的西藏,想做一些对照和关注。刚才大家讨论研究,说到了定性的或定量的研究方法,或者一个点的研究或历时态的研究。我用前人写的书跟今天作一个对比,对这个历时态视角进行一点回应。

我今天要提到的4位探险家,来自4个国家,他们代表的文化是不一样的,他们去西藏的目的是不一样的,他们在西藏的旅行方式也是不一样的。在西藏他们遭遇的故事、他们的目的是不是达到了、对他们后期的学术影响如何,也是不一样的。尽管我已经选了4位,还是远远不能穷尽所有探险家的类型,因为在19世纪中叶的时候,就已经有一些修道士以其他方式去西藏,很可能没有留下太多著作,或者是留下了著作,但是没有中文译本,我们没有办法获取资料,所以我这里仅仅选了4位。

第一位是大家一看名字就知道的一位日本高僧河口慧海①。他是去取经的，并且为了取经，在日本的时候就开始学藏语。他认为，汉传佛教很多文本已经遗失，而藏传佛教保留了佛教最经典的文献，所以，他学了藏语，准备取道尼泊尔到西藏去取经。他扮成汉人在西藏游历，因为他跟我们的长相很接近，他认为这是一种安全的方式。1903年左右的中国，地缘环境、政治背景是很复杂的，清政府已摇摇欲坠，英国又占领了印度，对西藏很有野心。总的来说，由于当时藏汉关系传统以来就一直比较友好，所以他扮成了汉人，直到后来担心被发现是日本人的时候才离开西藏。

第二位是非常传奇的一位探险家大卫-妮尔②，她活了101岁，有4次西藏游历的经历，而且是位女性。她不仅是藏学家，还是汉学家和东方学家，当然也是非常著名的探险家。因而在她的故乡，她被认为是女英雄。

第三位是意大利的图齐③。关于图齐，我印象特别深。为什么呢？因为我2014年夏天去古格王朝遗址看到很多壁画，还包括札达县托林寺的壁画。在古格王朝遗址工作的一个西藏大学艺术学院的研究生告诉我们，我们所看到的古格王朝的壁画和佛像被破坏得很严重，据说是在"文革"时候被破坏的。不过，很多珍贵的图文资料因为图齐当年探险时进行了拍摄、研究并著书而得以保留，否则人们无法想象当年的辉煌。图齐还有专著用以研究坛塔和佛像。

第四位探险家斯文·赫定④也是非常传奇的。因为他不仅对西藏感兴趣，而且对整个亚洲腹地也很感兴趣，他的整个一生都充满传奇色彩。斯文·赫定年轻时候的野心就是去找到北极点，后来一次偶然的经历让他去到了俄罗斯，之后他对高原、对西藏非常感兴趣。

由于图片有限，比如关于日本的高僧没有照片，我们就了解一下这位有照

---

① 河口慧海（Kawaguchi Ekai，1866—1945），日本佛教学者。生于大阪堺市，先后于1897年和1913年入藏，搜集梵语和藏传佛典，编纂《藏日大辞典》，著有《西藏旅行记》《请来西藏品目录》《西藏传印度佛教历史》《西藏文化与我国的关系》《释迦一代记》等。——发言人补注。

② 亚历山大德拉·大卫-妮尔（Alexandra David – Neel，1868—1969），法国著名东方学家、汉学家、探险家，一位神话般的传奇人物。——发言人补注。

③ 朱塞佩·图齐（Giuseppe Tucci，1894—1984），是意大利著名的东方学家，在藏学界、东方学界具有崇高的国际声望，他于1926—1954年间先后在喜马拉雅西部地区、西藏等地进行了8次卓有成效的科研考察。——发言人补注。

④ 斯文·安德斯·赫定（Sven Anders Hedin，1865—1952），出生于斯德哥尔摩，是瑞典地理学家、地形学家、探险家、摄影家、旅行作家。——发言人补注。

第四节 学术与人生

片留存的女英雄。她和她的义子一起探险，这个义子是一个藏族的孩子，15岁开始就跟着她，她们就扮成母子关系，一路以乞讨的方式去到拉萨。她除了对西藏感兴趣，对于汉学也非常关注，所以还有些她在汉口、成都、青海塔尔寺的照片。

这位是意大利的探险家图齐，他也是藏学家，著述颇丰。而且因为他的工作卓有成效，促使意大利成立了欧洲的西藏艺术中心，后面会展示这个中心的照片。这张是大昭寺，去过的朋友可能会知道，这张拍摄于20世纪40年代的照片跟现在经过修缮后的大昭寺样子基本上没什么变化。接下来这几张是壁画的照片，是图齐留下的珍贵的壁画资料。这张是古格王朝的宫殿，里面保留了很多壁画，虽然宫殿和壁画都有点残缺不全了，但还是很壮观。另外，远看的话，土林上的宫殿似乎很小，但你在海拔4000多米的地方再往上爬几百米，还是很吃力的。爬上去后，发现原来看似乎很小的地方突然变得壮观，视野也很开阔。古格王朝是以前吐蕃王朝后裔建立的。宫殿所在地是一个风水宝地，后面有金矿，前面以前是绿洲，后来因为环境变迁变成了现在的样子。这是现在拍摄的壁画，主殿已经被破坏并且不完整了，佛像也是七零八落，因此，图齐的资料就显得尤为重要。

这张是萨迦寺，被称为第二敦煌。萨迦寺曾经在历史上也承担了像布达拉宫行政中心的职能。萨迦派是著名的四大藏传佛教派别之一，曾经也是一个政教合一的派别。萨迦寺保留了很多梵文的佛经，据说很神奇，就是在发生大事件的时候经卷会自己凸出来，在藏经架上变得很显眼。藏经架在较隐蔽的一面墙里面，一般的游客没办法参观到。这张是图齐在1935年拍的，将可可粉和意大利面拿给藏族人去食用，这也算是某种形式上的主客互动。虽然图齐的旅行是一种很个性化的、很小众的旅行，就像今天的这个分享也是很小众的一个分享一样。

刚才陆续讲到了大背景，当时的西藏处于非常时期，印度，包括英国、俄国都试图在此产生影响力。1911年清政府政权解体后，中国开始进入军阀割据时期。那时中央政权对西藏的影响是比较弱的，所以这个研究截至1949年，因为之后西方人在相当一段时间里没有办法进入西藏，也就没有相关的专著可言。我想要说明一点，也是非常有意思的，即4位探险家的目的和身份各不相同。东方的高僧是去求佛的，而西方的3位探险家中有2位是人文学者，另有1位则是典型的自然科学家，下面还会有一些文本的分析。

我以斯文·赫定为例，说明他为什么有那种强烈的冲动要去探险。为了方便，我就直接从他书里面摘录了一段。他从小就有这样的梦想，而且周围也有激励他这样的例子，比如他的家乡有一些探险家成功实现了他们的梦想，他也希望能如此，他连做梦都非常希望自己可以找到北极点。但是有一次偶然的机会，使他最终将毕生经历献给了亚洲腹地的探险。又比如日本的河口慧海，他仅仅偶尔雇一下挑夫，很多时候是一个人。我觉得去过西藏的老师和同学都知道，西藏的自然环境是非常恶劣的，在100多年前，一个人大概真的是只有受到佛祖的感召，相信佛祖会保佑他，才有勇气这样去做。法国的大卫-妮尔，一直有喇嘛义子陪伴。图齐有一个小规模的考察队。斯文·赫定有比较大规模的考察队，比如这里有一些文字的说明，说他有20多匹马，还有驴、骆驼等，而且还有很多雇工。他们游历的形式不同，人员组成也不同。大卫-妮尔去过4次，图齐去过8次，他们去的时间都是20世纪初，这个阶段中央政府对西藏的影响比较小，西方人比较好进入。但斯文·赫定和河口慧海去西藏的时间比较接近于1907年、1908年，这个时候更敏感。虽然斯文·赫定一直想到达拉萨，但是却不停地被噶厦①政府驱赶，所以他到过扎什伦布寺，却始终没有到达圣城拉萨。

现在谈谈探险家们在西藏的游历经历以及他们后期的贡献。扮成汉人的日本僧人河口慧海在色拉寺潜伏了3年。因为大家都认为他是汉人，他就有条件生动地记录当时的各种法会和见闻，然后回到日本之后发表了一系列的文章，受到了民族学家、欧洲探险家、西藏学家的肯定。他最著名的书是《西藏旅行记》，写得非常有文采。关于大卫-妮尔，这里只列举了她的一部分研究，其实她的著述还更多，这绝对是跟她的游历紧密联系在一起的。

作为自然科学学者的斯文·赫定的游记里，涉及许多自然观测，比如他说如果没有测量海拔高度的仪器，那么要去西藏就绝无可能，以及他有很多任务，如测量湖水的深度及测量圣湖。现在看到的这张照片上的这个人是当地人。当地人以往没有见过天外来客一般的探险者，所以眼睁睁地瞪着他们，搞不清楚他们是真的人还是自己"一直处于幻想之中"。从这句话就可以看到当时西藏真的是秘境，只有很少人能够接触和了解到。这些探险家可以去到西藏，确实需要有非常大的勇气，因为每次去可能都是出生入死，真的不知道能

---

① 官署名。藏语音译。即西藏原地方政府。——发言人补注。

第四节 学术与人生

不能回到故乡。当然斯文·赫定记录的一些现象在西藏是比较普遍的，比如这个"晃着有魔力的神棒"，应该是指转经筒，转经乞讨本来就是一部分藏人的生活方式。下面这段文字记录了他看到的一位喇嘛，他见到这位秘修的喇嘛时，他已经秘修了40年，每天有人送饭给他，他只负责冥想。了解这个事后，斯文·赫定说，这个人是很伟大的。这样的修行者，直到现在，在色拉寺、甘丹寺以及很多寺庙里也都还有，也有让他们能够秘修的一些地方。而这是1907年发生的故事，现在看来仿佛就在昨天，因为即使在今天仍然有印度朝圣客会去到冈仁波齐以及圣湖这里，因为它是四大宗教的中心，包括耆那教、印度教、苯教还有藏传佛教，他们现在还有一些这样的朝圣行为。

当时也记录下一些很有趣的故事。比如圣湖中有个小岛，那时的拉萨噶厦政府对它有意识地进行保护，竟然能够派人专门保护岛上的鸟蛋不受狐狸和野狼的侵袭，这在当时真的非常难得。最后有人要把斯文·赫定赶走，因为我刚才也提到那时的政治环境是很复杂的，但是他说，他喜欢西藏也喜欢这里的人。但是，这里的人说，"如果你也喜欢，住在你自己的国家会更适合你"。所以，在最后离别的时候，他是非常伤感的，朝向西藏深情凝望，"在那片土地上留下多少喜悦多少悲伤，那片土地好像并不好客，不管是人还是大自然，都给旅行者造成了重重障碍"。这就是一个自然科学家的经历。

意大利的图齐是一位特别棒的藏学家，他有很多的成就，特别是他对西藏唐卡和宗教的研究都非常有影响。这是他在旅途中工作的情景。这是后来图齐在意大利建立的藏学研究中心，包括一些西藏的经文、坛城等。这张照片上的博物馆也是为了他的专门收藏而建的。

最后只是一些小小的感想。我在想，这么爱旅行、这么喜欢探险的一些人，他们其实一定非常sensitive（敏感），才能捕捉到这么丰富的东西。我觉得我们在研究的过程中，可能也不仅需要"敏锐"，还需要"敏感"。"敏感"可能也是一个很好的词。因为我发现，我在许多年前想考保老师博士生的时候，他问我："你为什么想转专业考？"我当时好像说："在历史学领域杰出的女性很少。"然而今天看来，越来越多的社会学家、文化地理学家，包括研究旅游的在座的很多女性，都是很杰出的学者，是不是因为女性天生可能比较敏感，天生在很多方面有丰富的感受能力？我觉得如果是这样的话，在学术研究方面是有一定优势的。所以，我觉得我们在做学问的时候，不仅需要敏锐，也需要敏感；不仅需要理性，也需要感性。我觉得对大自然那种畏惧、那种探索

105

的精神，应该也是在追求美，也是非常感性的；不仅需要逻辑，也需要想象；不仅需要有力度，也需要有温度。所以，我觉得游历一定是跟人生有关系的，因为我们在座的一些老师也是有很丰富的游历经历，我想这些对学术也一定是会很有帮助。这里我专门再提一下大卫-妮尔，因为我觉得她真的很让人佩服，她应该是西方第一个到西藏的女性探险家。准备得很不成熟，就讲这么多，谢谢大家！

主题讨论

张骁鸣：林老师这个应该是刚刚开始的一个研究啊！

林清清：其实不算研究。

张骁鸣：不算研究，因为最后这一组里面我们所邀请的发言都不算传统意义上的学术研究。刚才刘老师也很谦虚说他那个不是研究，但是其实像这两位老师做的东西，我们平常就比较少去思考，我觉得反倒是他们的话题可以敞开来，讨论的维度反倒是会更多，不知道哪些老师愿意分享或者是评论，都可以。我们在座的很多老师对西藏应该还是特别熟悉的，不知道有没有自己的人生或者游历可以分享。

保继刚：你怎么不选择那个洛克呢？但洛克不是在西藏的，只有一部分行程在藏区。洛克的东西是最多的。

林清清：因为我还没有穷尽所有的，这只是想到这个角度就先初步整理出来的东西，算是一个灵感，但真的不是很严谨。

保继刚：洛克的东西是最多的。洛克跟你这个主题很吻合的一个东西是，他是植物学家，他是带着植物学的考察任务来的，但是以一本人类学的书在世界上出名。

林清清：对，有很多传奇，其实我觉得我们中国学者有很多值得反思的。

保继刚：因为洛克以丽江为大本营，在那里住了26年，他所有的资料都在哈佛大学图书馆保存了。

林清清：对，我们其实不懂藏语来做这个研究是很胆战心惊的。确实，很多西方学者挺让人佩服，他们能够先把语言搞得很扎实。

保继刚：我再给你提一点建议，你应该把你的这个讨论放到"地理大发现"那一批人物里面去，因为地理大发现时代有相当多的学者是在旅行当中成名的。包括你在里面（文本摘要）提到的麦金德、德国的旅行家李希霍芬，李希霍芬也是到中国在山东半岛考察过，如果把他放在地理大发现时代可能会有更多的东西出来。

林清清：谢谢！

孙九霞：好，对于西藏，好像我应该是在座中最早去过的。我1996年用40天进藏区，它也是一个人类学的考察，然后跟调查组一起。从那时候到现在，我觉得西藏的变化特别大。2002年第一次跟保老师做那个西部旅游投资规划，是我第二次进藏；然后是2006年，后来就不断地越来越多了，它的变化给我的感觉是非常非常大的。旅游对它的影响蛮大的，尤其是基础设施的改善，改善得太快了，比如说青藏铁路的开通。我1996年进去的时候走的是青藏线，先坐火车到格尔木，然后再坐大巴，穿越唐古拉山再进去。藏区应该是一个非常神秘、非常有意思的话题。我们后来在做香格里拉规划的时候，那些辩经的场面随时都可以遇到，这是它的佛学教育体系中的一个环节，它的知识有效性，或者它内化到人的深度，是我们现代教育有时候都赶不上的。所以我1996年去的时候，有些牧区的牧民就跟我说，他如果有三个儿子的话，他一定要送一个去当喇嘛的，这是一种认同、一种强化，是非常强烈的民族认同。那刚才你谈的这个斯文·赫定最重要的考察经历不是在西藏，应该是在新疆罗布泊的考察更多。他首次发现了楼兰古城，算是地理学家，他有这样一个功劳。并且非常有意思的是，他好像十几岁就开始探险了。

我为什么要跟清清讨论这个话题呢？她其实很有那股劲，她有感性的那种情怀、那种热爱。那个赫定，他发觉他需要一个博士学位的时候，还是赶快回到了瑞典，用几个月拿到了一个博士学位，他也是有同样的热情去做一件事。另外我特别建议清清，我希望你把这些非常感性的东西用一种更加理性的、更接近于规范的方式来表达，因为感性是你触摸那个问题的一个基础，是能够敲开门的一个前提，但我特别希望你别停留在感性上。为什么这样说呢？我记得在去年的讲座中，你也是这种状态。还有在去年（2014年）10月，我在《旅游学刊》会上见到你,那个就更像一份研究,但是你依然是用感性的那一面呈现的。我也经常地跟一些年轻的同学讲,我们现在做研究可能少了一些情怀,少了些热爱,好像就是谋生,是一碗饭,很没意思。但是,你发现了很多有意思的事情,所以我希望你能够带着这样一个就像一个探险家的这种精神开启你的旅游研究之旅!

林清清:谢谢!

张朝枝:好的,说到西藏我稍微说两句。因为一直以来我想谋划一件事,想自己开车到西藏走一圈,我也正在计划,说不定这个暑假就自驾去做西藏的一个研究。只是因为兴趣,纯粹是兴趣,我没有其他的一些功利目的。因为谈到你说的学术与人生,我想到了跟你这个相关的话题就是,就像你说的那么多探险家的经历,然后他们的一些故事对我们的启发,所以作为研究的话,大家很多时候去西藏有一个动机就是去寻找自我,去寻找人生的意义。但是,他们去了回来以后到底怎么样,其实我是很想知道的。他们说他们现在很迷茫,想发现新的自我,很多人辞掉工作去西藏,因为前面很多人对"藏漂"的研究,有一部分人就是这个群体嘛!但这部分人回来之后是怎么样的?我觉得这个是可以做的研究。还有另外一点就是说,以一种感性的文字来关注西藏或者藏区,其实也可以走出一条自己的路,好像刘老师说的扬长避短的话,感性不是不可以,比如就完全用民族志的这个方法来做一些研究。关键是你的线索要很清楚,你的问题要很清楚。你不一定只用做文章的方式来做研究,但关键是你要目标明确、要坚持,不是今天要想这个、明天要想那个。并且,我觉得做西藏的研究,一定是一件别的人一般不敢挑战的事情。它不仅仅需要你的思想,还包括你的体力、精力、兴趣,有很多方面的因素。所以你要坚持,你有兴趣是可以的,但是你要考虑你到底有多大的勇气和毅力来干这件事情。

孙九霞:对,我接着朝枝这个再说几句。苗学玲好像在去年(2014年)"旅游科学"的会议上,讲了两个旅行故事,但是解读得特别透。当然,她的个案少了些。但我觉得其实你可以做个有心人,像朝枝说的这样坚持下去。

林清清:先借鉴一下刘老师这个思路,以后要"要事第一",不要被琐事缠住,把它贯彻下来。回应一下,我当时在西藏的时候他们就说,来西藏的人有三种:第一是失业的人,第二是失恋的人,第三是不正常的人。所以,我可能属于不太正常的那种,开个玩笑。所以,我讲的那个研究应该也是挺好玩的，但不同的人群，他们的收获可能是不一样的。去完西藏之后，我确实发现有些人是失恋之后去的，有些人是辞了职去的，真的还挺像的。

张朝枝：反正可以做一做，我觉得现在做研究也是鼓励做小众群体的，发现那些大家不知道的情况，来给大家说一说。每次交流的时候大家觉得很有趣，我想这就够了，没有必要把自己搞得那么大压力。

林清清：谢谢各位老师！

张骁鸣：因为时间关系，咱们就讨论到这里。作为主持人，我用一下特权，最后稍微点评一下或者稍微总结一下今天的这个最后一节，并对明天下午的"旅游与哲学"单元的话题做一点点预告。为什么这次会这样安排？有"学术与人生"单元这样看似不是很规范的或者是很常规的报告，然后明天下午还要安排"旅游与哲学"？其实，今天下午这两件事情摆在一起时，这个关键词已经出现了，就叫作"元分析"或者"元研究"。meta（在……之后或超出）原本的意思就是"……之后"吧，我们研究完了之后，再对自己的研究进行一个反思，但这种反思其实它也就是"……之前"，对我们未来研究有一种新的引导性，打开一个新的局面。这种元研究，我们今天下午展示了两种：一是对于学者的这样的一种元研究，由这些研究者自己反思他的兴趣、他的立场或他的观念，即他是怎么样展开研究的，怎样根据自己的环境再进行调整的；二是像林清清老师做的，可能她是对文本本身的历时化的这样一种解读。那我们明天下午的"旅游与哲学"单元，是纯粹落到了观念或是方法这个层面进行另外一种元研究。其实，我们还有些元研究，比如说很多人用社会建构的方法，来研究科学、社会学或者科学知识的建构，那其实也就是研究一种学术群体如何形成、如何发展的，这些研究我个人感觉还是特别有必要的。我觉得可能也就是这种沙龙才会给我们提供这样一种机会来讨论，然后大家可以尽量地敞开来谈，尽量地表达平常一些常规的学术报告中可能比较难听到的东西。像林老师的这个研究，我其实可以提供一个当代的研究对象给你，就是厦门大学的张进福老师。他每年夏天放假了之后就去西藏待着，哪都不去，然后也是比较闲云野鹤。但是，你要说他是失去了什么然后才去了西藏，好像也未见得。所以最后归结回来，我们这个元研究其实有很多种方式，做哲学可能是一种方式，像林老师这样做这个接近于历史的研究可能是另一种方式，或者用人类学的方法来做元研究也是一种方式。刘老师的这个研究可能会更复杂一点，可能交杂着社会学的、人类学的来展开都可以。我们不一定今后都是往这方面去做研究或去发文章，但是可能在我们的研究主业之外，经常思考一下或者我们碰撞一下这样的话题，特别有意思。我最后再讲一件趣事，那就是为什么对刘老师的这个研究我会特别感兴趣。今年也是强行把他拉过来的，他本来犹豫说不成熟是不是可以不讲，我说你最好还是来讲。因为我记得，保老师大概在2009年时组织了他带出的博士举办第一次后博士阶段的聚会。我们当时就在阳朔，那天晚上我自己异想天开请了很多师兄、师姐、师弟、师妹一起，在阳朔西街的一个小茶楼那儿坐一坐。我说，我想做一个研究，就是研究咱们的选题是怎么确定的，然后用人类学的方式一个一个地把你们给研究完了，我看最后能不能做出点东西来。结果聊完也就完了，到现在也没动手。在几年之后我突然发现，原来刘老师这边已经有比较系统的一个想法，而且他已经做成论文了。我就觉得这样的研究想法，可能大家平常都在琢磨，但我们要做的第一件事情就是真的要把它写出来，拿出来分享，我想这样我们的目的也就达到了。好，我们今天的沙龙就到此结束，谢谢！

视野与方法 II

第五节

- 开场白
- 数据精细化导向下的旅游研究命题
- 旅游与酒店业组织的新技术采用行为：社会物质性理论解释
- 我们的现代性：旅游发展语境下摩梭人文化身份的建构

开场白

陈钢华

（中山大学旅游学院）

尊敬的各位老师、各位同学，今天上午的这个环节由我来主持，我是来自中山大学的陈钢华。我看了一下今天的这几个选题，都是我不懂的，所以我想这也是为什么找我做主持人的原因，因为可以少讲话。这个叫作"视野与方法"的环节确实很多元、很前沿，方法多元、学科多元、视野多元。下面有请第一位来自中山大学的赵莹老师。

数据精细化导向下的旅游研究命题

赵 莹

(中山大学旅游学院)

各位老师早上好！我今天想跟各位分享的研究题目是《数据精细化导向下的旅游研究命题》。我原来写的是"新命题"，但后来觉得我对旅游文献掌握得太少了，所以还是把那个"新"字给去掉了。我今天讲的内容分为四部分：首先是大数据的背景，因为我是围绕着数据来讲的，所以回顾一下现在随着信息化技术发展的一些新数据源的情况。第二部分是我正在做的一个案例的分析，景区尺度旅游者的 GPS 跟踪的实证案例。第三部分是我在案例景区开展的两个主题分析。最后是与各位讨论一下这样的研究命题是否成立。

首先，我想说一下大数据时代的背景。我们，也就是研究者，现在张口闭口都会说到大数据，而我想说学者应该对大数据有一个冷静的认识。我在这里援引了《大数据时代》的几个观点。这本书不是一本学术书，而是一本很畅销的行业丛书，它里面的一些观点非常有意思。

它说道：我们作为研究人员或者是咨询分析人员，过去用的传统数据是小样本，即抽样样本，但获取的信息都是精确而重要的。而现在，如果是在大数据的背景下，我们拿到的数据是被动收集的，也就是人家已经收集好的现成信息。就样本范围来说，是偏向于总体，但是它所收集的信息内容是非常有限的。大数据允许不精确性，只能接受一些简单的算法的处理。数据内部也混杂着有价值的信息和没有价值的信息，包罗万象，全都在里面了。所以，当我们想把这种大数据拿过来做科学研究的时候，我们会面临很多的挑战。就像下边提到的：所有的大数据都是总体样本吗？它是不是一个有偏的样本？这种不精确性是不是能够被克服或者被接受？这种局限性是否与研究的初衷相悖？作为研究者，我们是比较希望知道"为什么"的问题，但这里只能给我们解答"是什么"的问题。同时，我们数据处理是不是有效的？有没有把那些混杂、干扰的数据去除掉？这些问题都还没有答案。

基于此，有学者开始讨论我们在做大数据的时候，应该给它一个多元的认识，可以叫大数据，也可以叫新数据，它有什么样的功能呢？通常，学者的眼球都被吸引到第一个功能上，就是"望远镜"的功能。"望远镜"的功能是说，大数据是跨学科的，例如用银行刷卡的数据去做旅游消费行为研究，这是一个跨学科的融合。然后，我们可以做尺度的转换，从全国、区域，到城市，甚至是景区，均可以掌握旅游大数据。但是，大家还应注意到另外一个功能，也就是"显微镜"的功能。为什么呢？因为它是借鉴了信息技术来采集的数据，它在某种意义上是一个实时精准的信息。

背景介绍完了，回到我的一个研究主题。我的研究主题是时空行为，所以我特别关心新数据源能给我的研究领域带来哪些新的视角和方法。一方面，我们过去对于行为的分析，多数都是基于人对行为回忆的信息记录，而回忆的信息是相对粗糙且可能存在缺失的信息。如果用这种信息技术来实现及时的采集，就会提高数据的时空精度。另一方面，我们做的调研大部分都是纸质调研。纸质调研的信息需要进行数字化的处理才能开展分析，这一过程使数据面临有一些错误或者遗漏的可能。而新数据源从产生之初就是数字格式的，可以克服这一问题。

在研究主题方面，我将从"向上的扩大"和"向下的深挖"两个方向，梳理全球范围内几个团队的最新研究。做"望远镜"式的分析中，也就是pattern（模式）分析，像塔图大学，他们就是用手机的数据去做整个国家的旅游客源地以及境外游客的季节性流动信息研究；MIT（麻省理工学院）有一个感知城市实验室，它在欧洲如米兰、巴黎，还有新加坡，用人们的手机数据看城市居民的流动特征，就是看居民怎么从郊区到市中心的，在市中心又怎样流动的，或者是在一个古城里是怎么扩散的。在国内，网络影响力较强的团队是BCL（北京城市实验室）。这是由一群城市地理学者、城市规划学者组成的团队，他们借助公交刷卡的数据、出租车的起落车的数据，来做城市里的出行时空特征分析，以期在了解居民行为规律的基础上，讨论城市交通可以怎样来优化。现在的数据也越来越泛化，比如可以采集微博数据，通过大家在哪儿发微博来了解一些城市区域里的情绪特点。上述这些就是一种pattern的分析。

接下来，像"显微镜"一样的分析是比较深入细致的研究讨论。研究主题包括线路的规划，例如耶路撒冷城里有个阿克古城，那里有一个研究团队就在研究古城里的游客是怎么走动的,他们用 GPS 来做游客跟踪,做下来就把游客的行为路径分析得非常的精准。另一个是比利时根特大学的团队,他们做拥堵控制的研究非常出色。比如根特音乐节的案例。在欧洲,很多城市都会定期开展音乐节、花卉节等活动,其间,周边城市的人口会扎堆式挤到这个小城市,在短期的几天之内使一个小城市的人口爆发式地增长。城市的空间容纳能力是有限的,公共资源供给也比较有限,所以,他们就研究外来人口在小城里是怎么流动的。德国的一个研究团队专注于移动速度的监测,信息技术支持的数据采集在每一分每一秒都会提供一个速度的信息。如果对这种速度信息进行细致的分析,那可能发现:因为人的生理原因,比如老人或小孩的体能差异,限制了他们实现正常的移动速度;旅游过程中一些吸引物的驻足观赏也会影响速度。这些研究告诉我们,信息技术支持下的新数据,又可以克服掉一些问题,为我们提供一些更为细致地去观察旅游者行为、时空行为的途径。

我在这样的背景下,尝试开展了一个研究。我更关注"显微镜"的视角,即对行为特征的细致挖掘。因为像前面这种 pattern 的分析,应该说它有点像我们过去做人口普查的数据,大学者们很早就把 pattern 做完了,后进学者可能就比较难做。所以,我通过精细化的研究,更为关注对于原因的解释。我用了 GPS 设备去跟踪一个景区里的旅游者,看看他们在景区里是怎么流动的。

我选择了香港海洋公园作为案例地,这是一个非常有名的主题公园景区。调研的开展得益于山东大学的黄潇婷老师和我共同组成的科研团队,受邀参与香港海洋公园教育部门对于游客情感体验的研究。2014 年 7 月,山东大学和中山大学的调查团队共 10 人,进驻香港海洋公园,进行为期 5 天的问卷与 GPS 结合的调查。针对每一个被调查者,要分为三步来进行调查。第一步是 GPS 发放,调查员在景区门口看见游客问:"你愿不愿意拿 GPS 参与我们的调查?"如果他愿意,就会把 GPS 放进包里,正常进园游玩,不会影响到什么。这前后就是一个简短的对话。第二步在电脑里监控游客游览的过程,这个界面实时地让我们看到,GPS 是不是在稳定地运行,游客是不是快接近景区的门口了。如果快接近门口了,我们就会在景区出口位置布置几个调研人员,举牌提醒游客,以免他把我们的设备带走了。第三步是被调查者还 GPS 的时候,会被要求填写问卷。问卷内容包括个人的基本属性、消费信息、游戏和场馆的参与情况;同时要求他在景区地图上画出游览路线,并提供每次停留的起止时间、满意度等信息。完成这样一份问卷大概需要半个小时,我们的调查员基本上是一对一地辅导填写。经过5天的调查,我们采集到了这些样本。这里PPQ(Paper-and-Pencil-based Questionnaire,用纸和铅笔完成的问卷)有1000多份,而完整的GPS轨迹有500多条。在5天调查期中,2014年7月6日是周日,其他是周一到周四,每天的进园人数基本是比较稳定的,大概为25000名。

这是调查数据,采集回来后做了将近半年的数据清理,直到2015年3月才能进入分析阶段。分析中发现,整个景区的范围是比较大的,总体分成两片,一片是南区,一片是北区,中间是一座山峰。两片区域之间是靠一列穿山的海洋列车和一个高空的缆车来相互连接的。在整个园区里有20多个动物展馆、20多个器械游戏。调查信息是把游客的游园信息全部概括的,分析中发现数据量很庞大,每一个游客的GPS轨迹点平均有1800个。因此,亟须研究问题的聚焦。

今天跟大家分享的一个主题是聚焦到海洋公园里的一个特殊的场馆,它叫海洋剧场。它的位置是右边的红星位置(PPT内容略),大概能容纳3500个人,每天有4场循环表演,应该说它是海洋公园的一个主打产品。调研的样本显示,样本的到访率大概为25%,已经是比较高的了。我们所有场馆里到访率最高的是百分之四十几,主要在门口区域。所以,我就先围绕着海洋剧场的游客是怎么到达的、在这里是怎么活动的、它前后的关系是怎么样,开展一些实证性分析。分析中我大概有两个视角。

在时间维上,我想做的是一个关于海洋剧场表演的研究,例如,游客到没到过这儿,他对这个地方的表演有怎么样的一个记忆程度?

在空间维上,因为海洋剧场的表演在时间和空间上是很固定的,游客可能会改变行程计划来适应并保证参与到表演活动。

最后就到总结阶段。第一,从景区游客GPS跟踪数据的时间和空间维度去提炼研究问题,符合了我对GPS数据能力的一些预期,它能够给我提供一些通过传统问卷无法得到的信息,可以通过这些信息来挖掘更深层次的行为规律。值得讨论的是,现在的时空行为研究需要用这种精细化的数据来做相对明确的因果关系或者是相关关系的分析,因此我需要拿到的是被调查者的非常精确的行为数据。GPS跟踪信息满足了这一点要求,但同时也存在一些不足,例如在穿山的隧道里就没有轨迹信号了,常会出现异常的漂移点,需要去做数据噪声的处理。第二,在时空精确数据和传统问卷数据的结合中,能发现一些我们之前没有做过的主题,如旅游记忆差别。第三,时空行为研究一定是基于游客的、基于对人的理解。调查背后是要了解每一个游客的个人属性:他是陪小孩一块儿来?推着车来的吗?陪老人一起来?这些调查数据都是有采集的。但目前还没有做到这一部分信息的研究,就是我还没有将游客特征纳入分析,现在只是就行为本身做挖掘。因为我的旅游研究是半路出家,所以可能对旅游问题的把握和切入仍存在诸多欠缺,希望能跟各位老师一起讨论。

主题讨论

陈钢华: 谢谢赵莹老师的精彩汇报,我们进入到讨论和点评的环节。

徐红罡: 赵莹,我觉得你这个主题挺有意思的,我就提几个建议吧。第一个,游客活动范围的分析是不是可以结合周边的一些 attraction(吸引物)进行一个分析?也就是说由于景区空间的特点、attraction 的特点、游客线路的特点,才会造成这样一种情况。你可以在大数据的后面继续挖掘一些故事。第二个,如果后面能够结合一点儿问卷或者是访谈,那么得到的结论就可以对主题公园的局部的这些设计,特别是空间的设计,有一些 implication(应用性)启示,对吧?特别是研究在表演等待时间里的访谈。第三个呢,针对很多人的记忆和实际的 conception(概念)是有差异的。我是觉得这个主题可以做很多讨论,是人们的时空 conception,特别是空间认知可能和时间认知会是不一样的。过去关于地理认知空间,像凯文·林奇不就研究过意象地图吗?我认为你可以做空间认知和时间认知的对比,也就是为什么会有这些时空上面的 conception 和这个记忆的差别。第四个,我对你的假设还是比较认可的,就是人们会记忆的是什么?也可能是 satisfied(满意的东西)。你也可以有一个 hypothesis(假设),就是大家在时空的记忆或者是忘却的心理活动,忘却的东西可能会和不满意的东西是相连的,因为心理上面有一个假设就是人们愿意忘记掉那些不愉快的事情。所以,我觉得这个 hypothesis 倒是可以建立起来的。对于游客来说,特别是当他是去寻求快乐体验的时候,使他记住的是引起他快乐的内容,而不快乐的就会忘记。我记得我们学院的 Jong – Hyeong Kim 做过一个研究,研究人们去餐馆的时候对于抱怨的一个记忆。如果说顾客有抱怨了,但是经营者及时地来弥补以后，他后面会不会记得。所以，我觉得这两个的 hypothesis 你可以看点儿文献，应该是可以建立起来的，还是蛮好的。

赵　莹：谢谢徐老师！现有研究的文献的那一部分，现在还做得不是特别完好，还有后面的测量也是。

李咪咪：赵老师，这是很有意思的研究，然后我觉得你的数据也收得很丰富。你们应该是跟海洋公园合作的，是不是？

赵　莹：对，跟香港海洋公园董事会合作的。

李咪咪：我有两个问题。第一个就是因为我们也做一些关于香港旅游者在城市旅游中一日游的研究，看他们的移动情况。但是，我们就很难去劝说人们来参与，我想问一下你们是怎么找到参与者的，是提供了很好的 incentive（奖励品）还是怎么样？

赵　莹：对，调查最后要提供一个礼品，由海洋公园给我们提供的一个主题礼物，因为是跟董事会合作嘛，他愿意提供这个礼物。

李咪咪：那个价值是还蛮高的吗？

赵　莹：其实也没有，就是笔一类的礼物。在主题公园里面买可能比较贵，但是其实实际的制造成本没有多高。

李咪咪：那你们劝说那些人参与难吗？

赵　莹：第一步派发 GPS 并不是很难，因为他不需要做什么，只要放进包里就可以。最难的是留下他把这半个小时的问卷填完。所以有几个层次的礼物，还有一些贴纸，调查员轮流地陪着小孩子玩，这样家长就可以在这儿填问卷了。

李咪咪：哦，谢谢！然后我还有一个建议。GPS 调查数据能不能找到游乐项目前面的等候时间，因为我知道在主题公园的限时管理中，会看排队的等候时间是如何影响游客的体验的。GPS 跟踪数据可以精确到他们在每一个停留点的时间，比如说你可以计算他坐一个过山车其实是只要两分钟的，但是他在这个地方却停留了半个小时，那么就可以大概计算出他的等候时间是多少。然后如果你数据多的话，我觉得可以看一下等候时间长的那些人，他们的空间游览的范围是不是会比其他人小或集中。部分成果还可以结合其他数据，找到交叉性的发现。

赵　莹：好，谢谢！你刚才的建议非常好，我用这个表演场馆做研究就是有这个意图，其实含有一点测量等候时间的意思，因为我知道这个表演是半个小时，他如果在这儿待一个小时，那前半个小时就是等候。后面对其他的机动游戏也要再挖掘一下，这样是对的。

李　军：你后面讲到一个它的因果关系跟相关关系，我觉得你可能要做一些控制。其实做这种实证非常难做到的一点就是控制。我觉得看一个研究做得好不好，就看它的控制做得好不好。如果你只是一般地说通过问卷的这种形式，那种分析数据已经是定型了的，是没有办法去改变的。如果你在样本选择之初就能够做出控制的话，那个研究结果会有很大的一个提升。如果实在不行，也有一种方法，就是进行问卷的筛选，但这个就要成本，要花很大的成本。比如我举个例子来说吧，你说的有些参与者，比方说家长，其实你没有办法排除一些情况，比如他是因为小孩而移动，还是因为就是没有看、不想看而移动。所以，面对很多无关因素你无法准确地去归因。所以，我觉得你用这种只做一个小样本方式进行分析，其实得不出太多的结果。因为如果你做一个科学实证，它最终的目标就是希望得到因果关系，相关关系是没有意义的。所以，这个控制的关键应该集中看它的实验法。在做数据测量之前，就要做一个很精细的控制。如果实在不行，再用样本的筛选，因为样本筛选有个很大的问题就是有样本选择偏误。最终你分析的时候，不能只用通常的这种方法，而是要用比方说五分法，数据分析模型就应该是受限因变量模型。你可以考虑一下。

赵　莹：对，好谢谢李老师！

余晓娟：我觉得赵莹老师这个论文非常有意思，因为我最近也读到一篇论文，它用的就是网络上面游客自己发的照片，然后每个照片都会附带一个地理信息，就是经纬度，同时有它的时间信息，所以做出来的结果可能就是跟你的差不多的。在他的那个研究里面，他其实就是先批判了一下用 GPS 以及用 GIS 这种让游客携带设备去获取的那种数据，因为可能样本获取会比较难，然后同时可能代表性有限而且成本又特别高。我觉得你的研究做出来应该是非常昂贵的，可以与网络数据进行一个对比，有助于这两种方法彼此之间的验证，然后也有助于促进这个研究方法本身的发展。

赵 莹：好。

保继刚：确实是挺好的一个研究。因为我在1986年开展了颐和园的研究，应该算最早的旅游行为研究。现在这个研究的确从根本上提升了精度。因为当时做的是，比如说每15分钟一次，清点进去多少人、出来多少人，将这个数据和门票收了多少做对比。当时布局了很多点去数，划出一个比如说在长廊中的20×20或者10×10的样方（400平方米或100平方米），当中在某一个时段里面有多少人，再将每个时段的情况做对比。然后，接着从问卷看他们到达的点。那个时候只能做到这些，以后就没办法再突破了。那现在用了GPS，时间跟到达地点的信息和问卷结合的这样一个数据的获取，已经是提高到一个很高的精度了。刚才李咪咪也说这个很难，确实很难，如果没有公园方的配合是做不到的。你想在那里摆个桌子都不可能让你摆的，你无论说有没有钱或礼物，他都不会让你做的。你说，我也想到迪士尼去做调查，迪士尼根本不会让你在那里发问卷。所以说，这样的工作首先能做起来，贡献就很大。针对这个工作，我就有两点建议。赵莹在一开始的部分讲到了大数据的精确性，实际上是现在大家都在用大数据，首先就必须要去辨别。就是说，我的大数据到底厉害在哪里？比如说我们现在能用到身份证信息，大家留意你们身份证前面6位数，我们中国人的身份证的前6位数的信息是地理信息，可以做到县或者区。比如说，"440105"就是广东省广州市海珠区的信息。所以说，可能我的身份证只要看前6位数字，不需要我的出生年月日的那些数据，就知道这个身份证是在广东省广州市海珠区发出去的。如果说在某个城市今天晚上登记住宿的人用了身份证，假如你拿到这样的大数据，也就是说住宿客人很快会出现在他们自动生成的这个地图里，哪个地方哪个点。认可这一研究的前提是不在乎偏差有多少，因为可能现在有一部分人持有的身份证跟他的居住地点、工作地点是不一样的。这个偏差我能不能接受得了？这样的数据是有偏差的，但这个偏差程度我现在还不知道，还没有更进一步地进行这种抽样调查，只有经验数据。比方说我周边的人，可能有50个同事，50个同事里面可能有10个人的身份证信息跟他的工作地点是不一样的。在高校，这种偏差可能就更大。反过来，越是工作流动性比较小的地方，他们的偏差可能就越小，对不对？所以说，我们对大数据确实需要鉴别。如果这个部分不去做合理的估算，也就是提出不确定性或者说不精确性的校正方法，那我们数据越大，偏差也就越大，得出来的错误结果就越可能会是不精确导致的错误。这是第一个。第二个很有意思的就是，可以挖掘一个东西，就是在这么短的时间内都会发生激烈的偏差，就是说才进去玩，平均在园的时间6个小时，我们就可以发生一部分的记忆偏差。那用这种情况来推断，我们现在用游记、用攻略、用网络博客来做研究的太多了。这个可以用来反推或者去 challenge（质疑）一下现在的各种大数据，这也是很有价值的。我们做6个小时的记忆都会出现偏差，那我们过后的那种日记会是什么样呢？所以，包括今天我们去研究的蒋介石日记、胡适日记，可能里面都会有偏差。为什么呢？他会把他隐藏的一些信息故意地省略。你们可以去看看余英时研究胡适日记的成果。余英时是历史学家，能把胡适的蛛丝马迹都一点一点地考证出来，那是需要历史学家去考证的。很有意思的一点就是，我们现在有很多这样的研究，大家都说我用的是大数据，但是就连6个小时的记忆核实都会发生偏差，何况我们所利用的其他数据呢。那我觉得这是一个很有意思的角度。另外一个是，我没有听到报告里面讲，这份行为数据有没有区分是来自本地的还是外地的游客。

赵　莹：对，有这样区分，67%是内地的，21%是香港的。

保继刚：对，就是这样的信息有没有分开，专门地分开研究？

赵　莹：目前还没开始。收集有信息，但是还没开展研究。

保继刚：这个研究题目是一定要做的。因为主题公园里面，像香港的主题公园大概有30%是本地游客，60%~70%是外地游客。可能有一些距离主城区一个小时、两个小时车程范围内的主题公园能达到60%的本地游客。像深圳的欢乐谷能达到60%~70%的游客是本地的，30%是外地的。那这个行为就可能是不一样的。对本地的游客，我们就还要关心重游率的问题。

赵　莹：这个也记了，就是说你第几次来海洋公园。

保继刚：OK，像这些事情都要分开做。你分开做的话，像行为这一点肯定是不一样的。这也是一个有意思的东西。第二个，就是明确边界的问题，因为我们什么游览区都有明确边界。一种有明确的自然边界；一种是由人设计出来的、高度人工化的一个地方，比如做一个主题公园。实际上，在所有的设计里面，现在都已经有很多的经验数据，即多大空间范围内我要做一个 main attraction（主要吸引物），然后中间能配合一些什么东西让人不枯燥，等等，这些都会有的。但是数据精确以后,可以反过来验证这些设计原理,这是一种。那这样的一个研究跟那个自然景区就会不一样,因为自然景区里的 attraction 不是人设计的,是老天爷给的,它不可能移动,它就是已经在那里了。比如黄山,我们很关心黄山内部的这种拥挤,但是黄山的 main attraction 不能移动。所以,就在这个方面,两者之间可能还是有个很大的区别。做这样的一次调查真的很难,在香港更加困难。

赵 莹:这个直接成本10万多元,不算前后的官方联系和数据处理。

保继刚:不不不,不光是说直接成本,而是说有时候给你20万元你也做不出来。

陈钢华:我可以问一个问题吗?因为等一下我担心我没有办法总结。就是刚才您谈到,本身这些人用你的GPS去参与你的研究就很困难了,然后回来又填你的问卷,我想问大概有多少的百分比是他愿意用你的GPS但不再愿意参与填写问卷的。

赵 莹:10%~20%吧。还有一些就把GPS带走了,就是带回宾馆了,然后我们再追回来。有些情况是遗忘,有些情况就是没有时间了,就直接还给我们就走了。

陈钢华:我还有第二个问题,因为我知道你那个师姐黄潇婷也在做这个,应该跟你们是同一个团队。你们是不是有不同的分工?

赵 莹:对,我俩一块合作做的。

陈钢华:你们如果要发论文的话,可能需要在文中交代你们是一个大的project(项目),然后说明你们的分工。你们的数据来源是不是有些是共享的?

赵 莹:就是整体数据库都是共享的。我主要是做时空行为模式的挖掘,她是做旅游体验的挖掘。两个人的学科背景不一样,我们在整体上就做这样的一个大致的分工,那在中间如果她做体验需要我的分析的话,我也会配合,我们是一种学术合作的关系。

陈钢华:因为她最先发表出来的在《旅游学刊》的这个文章是独立作者?

赵 莹:她自己的。

陈钢华：独立作者？

赵　莹：对，独立的。

陈钢华：这个很重要。好，谢谢赵老师！

旅游与酒店业组织的新技术采用行为：
社会物质性理论解释

王 丹

（香港理工大学酒店及旅游业管理学院）

  大家好！我是香港理工大学的王丹。昨天开始听了旅游与社会的、哲学的、想象的地理学等很多议题，还有学术与人生，我突然就觉得任何关于商业的研究在这些研究面前都显得特别俗。不过，我没有以很简单粗暴的方式来解释商业问题，我今天介绍的是一种新的社会物质性理论解释，我不知道翻译得对不对，英文对应的是"social material perspective"。我用它来解释在旅游企业或者是酒店业当中的科技采用问题。

  我们知道，客户关系管理在现实当中是非常重要的。客户关系管理是一个过程，一个复杂庞大的工程，它的出发点是你如何去吸引客户、去积累可能的客户营销资源。比如说，你做一个市场营销活动，积累了一堆人给你登记了邮箱地址，那么就为你以后用这些邮箱地址来完成广告通讯做好了准备，这是一个前期的客户关系管理，也就是与你潜在的客户建立关系。到后期，它可以帮助你扩大你的销售，通过各种邮件分析来完成精准营销，向合适的人群推送合适的宣传信息，以吸引他们来购买东西。旅游是一个体验过程，要在体验的过程当中取悦你的客户。比如说我们住过一间酒店，它已经记录了我所有的信息，就像威斯汀酒店，它可以记录到我在它那里租用过多少码，例如37码的跑鞋，在下一次我再入住它任何一间酒店的时候，它就可能主动地询问我是不是要租一双37码的跑鞋。这也是客户关系管理的一个部分。当前，客户关系管理更多地转到了移动设备上，通过移动设备跟客户交流。总的来说，客户关系管理是一个如此复杂的过程或者说涉及这么多的方面，我们现在就会使用很多的信息技术来帮助我们实现它。因为客户关系管理的实现需要涉及很大的数据量，所以我们需要采用数据储存的设备和信息系统。信息系统具体是指，从数据库里面调取数据这个过程，以及我们的终端设备，我们把这整个体系叫作客户关系管理服务的科技系统。一个企业采用科技的行为，特别在客户关系管理方面上的采用，就不只是单一的对某一个设备、某一个模块的采用，而是通常所说的对一整个系统从存储设备、分析设备、分析软件及硬件还有终端设备的采用。比如说，服务员手中用的移动设备，还有给顾客提供的 APP，这些软件设备采用的是一个整体系统。在这里，我就想先强调说：我们这里理解的"科技"并不是某一个个体，如一个控制器、一个简单的设备，而是一个整体的管理信息系统。

那么研究问题也就来了。我们现在的科技真的是变得非常快，管理信息系统也在不断地推陈出新，比如以前或者是现在大多数酒店都还是在用 Opera System 这个信息系统来管理 Property Management System（PMS，资产管理系统）。但是，现在已经推出了基于云端的 PMS。这只是一个例子。那么，还有很多酒店在数据处理存储的设备上还使用着以前的传统的 IT 构架，例如有服务器在酒店里面。对于组织而言，这样管理起来太费时了，又费人工，那我们是否可以把它移到云端去？这些都是新的技术带来的一些冲击。那么对于酒店业或者是对于旅游业的一些组织来说，像旅游航空业还有主题公园也都涉及这个问题，在这种不断快速更新变化的科技环境当中，组织如何面对这些科技？这些不断变化的信息科技如何改变了酒店业的客户关系管理以及组织自身？就以前来说，我们都知道科技的采用往往会导致组织自身的改变，组织的最后的结果、人员结构都会改变的，那么我们的研究问题就是：既然现在我们的科技是那么复杂，科技系统又变化那么快，我们就想看这个变化那么快的科技是如何整体地影响着我们的客户关系管理的。

这里就涉及一个和科技与组织改变相关的理论。这个理论出现于 20 世纪 80 年代，从时间上来讲分为两个阶段。第一个阶段就是我们所说的对立论，从整体上认为科技与组织是两个不相关、完全分开的个体，它注重的是影响。当时学者们关注的研究问题包括了个人对待科技的意义与态度，也就是很著名的科技采用模型。这是特维斯在 1989 年的时候提出的很著名的理论，认为人采用科技主要基于两个原因：应用性和有用性。那么很多研究就是在发展这个模型，研究人对科技的态度与意义，还有由科技所改变的交流与决策，即在采用某种新的科技手段或者是新的软件来辅助我们之间的沟通的时候，一个组织、一个团队会发生怎样的改变。然后，由科技所带来的生产效率的促进，所带来的公司结构的改变还有普及科技带来的市场的转变，那就是另外一个很大的研究区域。有的研究当技术在整个市场行业都开始蔓延，比如说酒店业以前都是手动，现在全部采用 Opera System 来管理它的资产的时候，整个行业发生了什么改变。这个阶段的焦点在于认为科技一定会改变我们，因此它是一个科技决定论。

在第二个研究阶段中，我们慢慢发现其实不是上面所说的那样。现实中，第一阶段研究的许多观点没办法解释很多问题，比如发现采用了同样的信息科技，有的组织达到了某种效果，有的组织却没有达到这种效果。后来就发现，其实并不存在科技决定论，不是说你采用了科技就一定是好的。我们发现，科技跟组织之间是一种交互的关系，但是本体论上还是把它们分为两个个体。当时出现了一个很主导的理论，就是 Social Constructive Result Structuration Theory（社会建构式结果的结构化理论），这个是从结构化理论发展而来的。它主要是想看组织或者个人与科技之间如何相互塑型。这个理论影响很大，从 20 世纪 90 年代初期开始一直到 2000 年前，甚至到现在都还有很多这方面的研究论文发表出来。它围绕着如下这样一些课题：科技与组织之间如何相互适应，公司文化如何影响科技的使用，科技的设计与使用如何改变了工作的性质，然后科技如何重构组织之间的关系。组织里面的人，他基于自己的需求，可能会用这个功能，不用那个功能，或者他以创新的方式去用一些功能，总之，新观点承认了人的能动性。也就是说，人与科技之间并不是科技决定人的行为，而是由人做主导，依据科技的特性来实现科技的最后改变的结果。例如，在组织结构中，组织文化、领导阶层特征等因素都会影响这些问题。有一个很著名的组织学家叫作 Wanda Orlikowski（旺达·奥利可夫斯基），我一直沿着他的理论工作去看这方面的研究。他大约在 2000 年的时候提出了相关观点，最近 10 年的时间开始推进这个观点，越来越坚定地认为：从本体论上来讲，我们要看的结果是什么？应该是"组织在多少程度上被改变了"，即整个组织的现实，包括组织构成的方式、组织运营的方式，如何被改变了。我们不应该把科技与组织看成两个单独的个体，它们是一体的，就好像 Orlikowski 说的：人坐在这里，这是一个事实，这个事实是由什么构成的？是由一个有这样形状的椅子和你的坐姿构成的，你坐在这里就是一个事实；那么，我们要正确地看这个事实，就是要把椅子和你的行为看成一体的。具体来讲，我们就想看组织和科技之间是如何互相融合在一起以造成最后结果的改变。他把这个情况叫作"缠绕"。

　　我想进一步说清楚这个问题。前两个理论的范畴有明显差异。第一个就好像你喜欢上了一尊石像，然后你单方面地爱它，没有交流的，科技就是那尊死的石像，它决定了你的感情，但是它不会跟你有交流。那么，第二个理论呢？就好像你一开始找到了个活人，于是可以"情歌对唱"了，就是得到回应了，两个人总之是有交流的。那么，第三个呢？就好像一个 DNA 模型一样，有两条碱基缠绕起来，你知道其中一条碱基的序列的话，就会知道另外一条碱基的序列，但是 DNA 的功能是需要两条碱基一定要缠绕在一起才能实现的。就像一个家庭，两个人结婚以后就会互相影响。平常我们总开玩笑说某两个人有夫妻相，实际上任何家庭的行为很难单纯说是由丈夫还是由妻子的行为而决定的。这个比喻说明：组织和科技之间要相互缠绕，它就不再是一种简单互动，得看它们怎样缠绕在一起，以及会产生怎样的结果。举一个具体的例子，它里面有几个关键的概念，一个是叫作"有动能的人"和"有动能的物质"。人是活的，这个好理解，就是说我们会在组织环境下不断提出新的目标。而有动能的物质就是说，科技有它自己的特性，就比如说你用 Word 软件打两个字进去，你点"保存"，后台把你的数据储存下来的这个过程你就不能干预它了，它有它自己的能动性。还有一个概念叫作"契合重叠"。这是个什么概念呢？相关文献里描述说，你要盖出房顶就要呈现出特定的形式，就好像我们最后要呈现的组织现实一样，那么组织和科技就是两块这样的瓦片，它们两个契合在一起，然后不断地层叠，最终呈现出现在的组织现实。

　　我想用一个模型来解释一个组织如何考虑去用新的科技，新的科技又如何改变这个组织现实。在组织里面，有员工在工作，也有各种各样的科技。员工就是有动能的人，这个人是活的，他能够根据环境做出判断、提出要求等。我们也有动能的科技，举个例子，就是酒店在采用 Opera System 之前，发现手动登记每个客人的信息很慢，那么后来这个有动能的科技 Opera System，它用一系列自动功能来帮助我们，我们就形成了一种利用科技创造的现实。也就是说，整个登记入住的程序变了：以前"我"是手动登记的，现在"我"是在 Opera System 这个程序里操作，然后它被存下来，这样的组织的现实就改变了日常的组织形式和相关活动。对酒店而言，以前一个登记入住的排班可能要 5 个人才够，因为我们总是手动登记客人的信息，那么现在转用 Opera System 后只要 3 个人就够了。以往每个人做的事情还要放在某个地方，再由某个人送到另外一个部门，现在都跟以前不一样，传递的这一步可以省掉，那么整个组织的日常活动也就改变了。那么，有动能的人呢？现在组织效率提高了，我们有更大量的客人信息储存量在这里，而环境又需要我们做更好的客户服务，那么这些有动能的人就会提出新的目标，而新的目标要求 Opera System 提供更强大的功能，酒店意识到已有科技也还存在不足，也就会继续采用更新的科技。

今天的汇报中我省略了研究案例的背景，总之它就是在澳门的一个公司，它要管理很多赌场，其中客户关系营销是一个很重要的部分，因为赌场的经营重点就在于抓住以前的 VIP 客户，去给他们提供合适的奖赏。我们收集到了一些数据，因为我们有一个同事在那里工作了 7 年，让我们能够回顾公司在过去十几年当中 5 次更新换代的客户关系营销管理系统，从而发现组织和科技之间不断的互相纠缠造成了下一代新科技的采用。我们总共发现了 10 个过程、4 个阶段，但这里我就只介绍其中一个阶段的具体例子。在 1997 年的时候，公司成立了一个"骏景会"，因为当时赌场在澳门的话还是针对有钱人阶层的，所以他们就把它搞成一个面向有钱人阶层的形式：你一定要成为会员，他们才会为你提供服务。当时，他们就采用了一个叫作 CSR 的系统来登记客人信息，因为以前它不是会员制的，所以科技和这样的目标愿景就让他们有能力去管理会员。第一步，在有能力去管理会员之后，他们就改变了一些组织做事情的方式，例如每一次会员来了就请他出示会员卡，通过这个系统，一刷卡公司就能知道这个人是什么等级的会员、应该怎样招待他。作为组织的公司还为此而开设了一个新的部门，专门衡量针对这些不同的客户应当如何提供不同的服务和反馈。

人作为"有能动性的人"，在这个组织现实当中基于外部的环境而提出了新的要求。这是什么要求呢？大概是 2003 年，开放港澳自由行之后，做赌场生意不能再只是面向特权阶层了，要转成大众市场，那么，当时所用的这个支持他们的小规模会员服务的系统就不再能满足他们为大规模的游客市场服务的要求了。他们觉得，应该更好地经营拓展管理，需要登记会员个人信息，需要有照片，不但需要记录每一次客人到来的信息，还需要记录包括平均赌资是多少钱之类这种信息，只有这么多的信息才能满足他们对大众市场的分析。赌场感觉到原来的系统不再能够满足他们的要求了，于是，很快就采用了一个新的科技信息技术系统。以前很多的研究结论都是说：你们去看看这个管理层，他们采用这个系统是不是因为他们觉得这个系统有用、好用，所以才用。这种考虑现在看来太单一。我们发现，科技在一个行业里的采用并不是一个基于简单因素的一次性决定，它有历史因素在里面。科技和组织的不断融合造成一个我们所称的 Infrastructure（基础结构），一个基础阶段为下一个阶段做好了准备，由此一个个阶段依次实现。

相关的研究我们还在做，这里只是先提出一些议题。CRM（客户关系管理）在行业里面那么重要，而且科技辅助的成分非常大，因此我们想通过这个案例来看一看，在信息科技、储存数据科技不断变化的过程当中，CRM 的一代代更新跟它们组织的融合状况，而这种融合又如何促进了新的组织模式。整个案例研究过程显示出：组织既会因为新科技而设立新的部门，也会因为新科技的改变而去除一些部门，设定一些新的功能。这个研究的意义在于——如果完全做完之后再来看的话——首先可能是我们引用了社会物质理论来解释科技与组织之间的关系，这是一个新的方向；从行业角度来看，我们想从科技和组织契合的角度理解现有的客户关系管理，为什么会有现在的组织现实？这样的理解，也是为了服务对未来的预测。眼下"云"、"大数据"都讲得很火热，结合以前的这种一段一段的历史来看，我们或者有可能在未来的云科技到底如何影响我们的客户关系管理方面做出一些预测。谢谢！

主题讨论

陈钢华：谢谢王丹老师，因为我第一次当主持人，时间控制得不是很好，所以接下来讨论问题的时间会少一点，希望点评精简一点，谢谢！

曾国军：王老师，我觉得这是很有意思的题目，是非常有意义的一个现实问题。很多的酒店或旅游企业都面临一个"技术来了，我们要不要变革"的问题。还有一些信息技术提供商，它主动管理技术，我有这代技术了，要不要投到市场里面去以避免对企业造成太多困扰，因此它会一代一代地管理这个技术，这是非常重要的一个问题。这个案例也非常好。但是我有一个建议：其实在 20 世纪 60 年代，钱德勒就已经在讨论一个问题，就是他用战略与结构来阐述环境变化、企业组织战略以及跟组织结构的一个关系，那我想，在你这个文章里面涉及的这种技术是一种环境的变化，那环境和组织结构变动已经有一个互动关系,这是大家都公认的东西。我想如果说让你谈研究贡献的话,你是不是可以把组织结构这一部分暂时给去掉,我不需要公司的确认,在我们这个社会里面,这个环境就直接引起我们组织结构改变。

王 丹:对,有人也曾经问过我类似的问题,就是说你这个有什么意思,在组织研究当中,这个环境跟组织之间的这种互动与战略影响,已经被研究了很多年,有很多有贡献的文章。当时我也仔细想过这个问题,Wanda Orlikowski 这个理论主要是一种针对内部的探讨,就是说科技跟组织它们如何互相缠绕契合,最后形成一个新的生命、新的组织体。他也考虑了环境的因素,但是,因为以前有人从环境方面去研究这个组织与科技的问题,只解释了一个部分,就是说环境怎样影响到组织,让它去考虑是不是要采用这个科技;这只是考虑了其中一个简单的点,就是组织是不是会做出决定来采用科技,但没有解释科技采用了以后组织会怎么样。因为很多时候的情况是,组织是在采用科技相当长一段时间后才发生了组织形式的改变。那么,他就是关心后面的这个过程,这个理论会提供一些新解释的理论维度,但是对环境来说还不够。我在另外一个场合跟人讲这个研究的时候,他们也说应该再好好地去看一下组织与环境的这一部分的文献是到底怎么样解释这个问题的,谢谢!

彭 青:很高兴还有一节是讲酒店的。而且,我觉得这个选题很好。我想讲两个问题,第一是贡献一个案例给你,我觉得你这个研究还是要继续做下去的。因为据我了解,喜达屋集团之前也是在用 Opera 这个软件的,后来他们就发现了一个问题,什么问题呢?就是说这个软件基本上可以告诉他们,你的客户进来之后他们的行为规律是什么,对吧?然后,比如说这个软件确实分析了之前很多客户管理或者经营收益管理等这些东西,但是具体客户在做选择的时候,他们没有办法知道,这是他们的第一个困惑。那另一个困惑就是,喜达屋集团觉得现在 Opera 这个软件实际上让他们所有的信息和资料是被一个软件公司控制了,所以他们想摆脱这种状况。所以,喜达屋集团在过去的几年中就开始研究他们自己集团本身的管理信息系统,已初步完成了,而且他们也在广州 W 酒店做过试点,W 酒店就是使用新的系统,并负责培训他们整个喜达屋集团其他使用这个系统的职员。我觉得这个案例是很有意思的,就是他不仅仅是基于客户的。从管理的"端口"来说,它是从后端然后往前端进行分析,从决策开始,从选择开始,我就要去了解客户了,我的客户管理不是说他们进来之后我才开始管理的,而是在此之前我就应该管理了。这是第一点。第二点就

第五节 视野与方法Ⅱ

是，作为一个比较大的集团来说，我所有的信息应该由我自己专享，所以这使它对科技有了新的要求。然后，第二个问题呢？我就在想，组织就像一个人一样，它选择什么往往是由很多因素决定的。组织中的这个管理者是什么样的人，对科技的接受程度在不同的人那里也是完全不一样的，所以，他对组织的选择的影响也是很有意思的一件事情。一个人可能选择华为，也可能选择三星，也可以选择别的，那为什么呢？其实背后有很多故事，我觉得这是可以继续做研究的东西。还有一个就是组织中间对于科技的选择来说谁才是最关键的人物，这也是个很有趣的问题，我觉得后续还可以做很多研究。

王　丹：对，因为还在做采访，所以有些问题我们还没提炼出来。我现在还想到一个维度就是，它一共换了5代，我就想看这5代是基于前面一代变成这个结果的，还是基于环境变化提出新的目标的，而当时做这个决定的又是谁，他是怎么想的。对，我们也很想知道这些，好在我们这个研究者，实际收集数据的研究者，他就是在这个公司里面做过的，所以他就可以追溯到历史，可以倒回去看，可以找到人去问。

彭　青：非常重要。因为在组织管理中，我们经常会感觉一个组织的文化是有一个决定人的。一个人本身的经历，他的知识结构，又是很有趣的东西，所以你可以把这些东西最后和你的科技选择联系在一起来研究。

王　丹：谢谢，谢谢！

陈钢华：再允许一个老师发言。

刘　逸：感谢王博士的这个报告！我很感兴趣的是，在用了科技之后组织发生了什么变化。用了科技之后，组织会发生很多变化，这些变化可能只是效益的提高、时间的缩短，但是没有从本质上改变我们做事情的方法，改变我们组织的运作模式。那么，像赵老师之前说的大数据时代，我听了以后想明白一个问题就是：我们用这种大数据、这种软件高效率地解决问题只是一个量变的过程，但是近些年在发生质变。例如，我们以前要解决的是数据收集的问题，这个数据收集问题的背后本身就是一个信息不对称的问题。就是说，我们以前是信息高度不对称，因为技术的应用我们解决了这个问题，所以，所有企业的商业模式的核心以前是针对信息不对称而做出的各种博弈，现在情况却变了。所以说，很多以前靠信息不对称赚钱的网络科技公司现在已经活不下去了，它必须改变。酒店以前通过掌握大量市场渠道来获取客源的这种方式，现在也必须做出相应的改变。所以说，如果我们来关注这个科技应用改变组织的话，我就很想知道在这个案例里，这家公司用了这个科技之后，它的组织模式本质上发生了什么改变？还是说只是提高了它的效率？如果说只是提高了它的效率，我觉得好像……

王　丹：它不只是提高效率。因为我没有时间去把全部研究发现介绍完，它实际还造成了很多组织部门的调整，这个换代的过程中加了新的部门，后来又把新部门撤了。

刘　逸：我很感兴趣的是，酒店业在这种数据跟高效率软件应用之后，整个产业模式有没有发生重大改变。

彭　青：我讲一个例子。例如最早的酒店开业的时候，大概有250个收银员，当它全部自动化之后就降到20～30个人，整个组织结构就发生了很大的变化。

王　丹：对，因为我们研究的要不是一个东西怎么被组织起来，就是人怎么被组织起来，还有资源怎么被组织起来。我想回到前面那个理论讲一下。最早那个理论对科技的理解就是说科技到底有没有能动性。因为其实第二个研究路径和第三个研究路径的提出，也就是结构化理论的路径和后面那个社会物质理论的提出，就是因为我们"现在"不能解释以前科技的概念。以前的科技的概念是什么？就是一个 Office 软件，或者比如说一台电脑我用了就是用了，我用的就是整台电脑。但是，我们现在的科技就变成一种 flexible technology（灵活的科技）。比如说 Opera system，有很多 model（模块）在里面，有很多功能，但是我们只会选择性地使用其中一些功能，然后我们还会选择性地让 Opera 公司发展一些新的功能来支持我组织的实际需要。所以，这个理论的提出就是因为以前的理论不能解释科技的变化了。因为现在我们组织对科技的采用是对现实系统的采用，这些系统是由不同模块和功能组成的，它就有了一种很灵活的采用方式，这个组织的采用方式和那个组织的采用方式可能就不一样。而以前只是单纯地讲这个科技是有用的还是易用的还是怎么样，这样的解释已经不能满足现在科技的变化了。所以，这个理论是在这个背景下提出来的。不知道我有没有讲清楚？

我们的现代性：旅游发展语境下摩梭人文化身份的建构

魏 雷

（华南师范大学）①

各位老师，大家好！目前这个研究还不是非常完整和成熟，在各位老师面前汇报，多少有些紧张，如有不足，还请大家多多指教，提出建议和意见。我的研究题目是《我们的现代性：旅游发展语境下摩梭人文化身份的建构》，我是来自华南师范大学的魏雷。

我大概介绍一下这个问题的理论背景。关于发展的理论当中，常常会引入一个假设，会认为现代性和传统之间是二元对立的。在这种假设中，迈向现代就是要遵循一种普适的、单一的现代性模式。我们把现代与传统的二元对立放置在旅游发展，尤其是少数民族社区旅游发展的语境下，可能就会产生新的对立，就是民族旅游社区和游客之间的对立。民族旅游社区对应的是一种"他者性"，人们认为民族社区应该体现出原真性，其文化是需要被传承的，文化特征应该是稳定的、不发展的；而游客则是对应现代性的发展，是处于现代性语境下一种不稳定、焦虑的状态中，处于过程当中，始终在变革、变迁的。在这样的二元对立下，产生了游客对民族社区的向往和凝视。

对游客来说，到达那些"他者的地方"就可以寻找到他们日常生活中难觅踪迹的原真性。原真性的概念通常与远离现代性的"原始他者"相联系，这个"原始他者"在我们的研究中，指的就是旅游凝视之下的少数民族社区。少数民族社区被建构成拥有原初与差异化的文化传统而固定不变的他者。这种对少数民族社区的表征存在什么问题呢？它会进一步将少数民族社区固化在一种古老的、不发展的、欠发达的状态之下，使得主流社会基于文化差异而产生的一个群体对于另外一个群体的文化消费进一步地合理化。在这样的旅游背景

---

① 发言人目前为中山大学旅游学院博士后。

之下，少数民族文化内在的多样性、生活状态和他们不断发展的诉求很多时候被忽略，甚至被否定。

若我们换一个看待地方的态度，用一种动态、联系、开放的观点来看待民族社区的话，就可以为现代性与传统之间建立一种联系。比如唐文明强调一种传统的现代性，他说现代性是一种意识，这种意识可能是和传统有分裂的，但是这种分裂并不是彻底的决裂，两者之间不是对立的。通过现代和传统的分裂，把当下和过去这两个时间点联系在一起，使得过去也从属于整个时间的历史长河，然后在当下产生过去的意义。

在这样的理解之下，旅游研究当中提到"新增的真实性"的概念，认为真实性是处在一个变化的过程中，真实性并不意味着原始的或者原初的状态，每一种真实都处在不断地被社会建构的过程中，我们所认为的真实可能并不是产生于过去，它可能就是产生于当下的某一个时间点。或者引用 Hobsbawm（埃里克·霍布斯鲍姆）的"传统的发明"来解释，传统一直处于社会构建的过程当中，过去与现在之间存在复杂的互动，甚至传统与现代之间的区隔也是被发明出来的，所以我们在主张传统和地方经验的同时，仍然可以获得现代性的主体身份。Oakes（蒂姆·奥克斯）通过对贵州民族社区的长期调查，认为旅游发展可以使东道主积极地参与到现代性发展的过程当中，并且成为现代性的主体。Giddens（安东尼·吉登斯）是怎么看待现代和传统之间的关系呢？他承认在现代，传统依然是可以被传承甚至不断被发明出来的。他认为，即使在现在最现代的社会发展中，传统也并不是完全消亡的，在一些特殊的情境中，传统还是十分兴旺的，因为传统在多元的社会中有其本身的价值，但是由于地方受到外部力量非常强烈的重塑，传统风俗的意义也随之发生改变。他更加强调现代与传统之间紧张的关系，认为在晚期现代到来的时期，传统占据主导位置的状况可能就会结束。

我的研究讨论少数民族主体怎么应对传统与现代之间这种紧张的关系。我的研究问题是，在当前的少数民族社区中，在旅游发展所主导的现代化情境中，东道主的文化是否能够在传统与现代之间进行协商，发展出一种基于本土文化身份认同主体的现代性。尝试探究的两个具体问题是：在这种旅游发展的语境下，在游客的凝视下，少数民族旅游社区的东道主是如何处理传统与现代之间的关系的？东道主是如何在具体的现代化情境当中调适自己的文化身份的？

第五节　视野与方法 II

　　研究的案例地是在中国云南与四川交界处的泸沽湖区域。泸沽湖是一个位于云贵高原和青藏高原交界处的高原淡水湖泊，也是一个跨界湖，一边是云南，一边是四川，这幅地图（PPT 内容略）显示了它的行政归属。泸沽湖所属的县，以及周边的县，历年都被列入我国的贫困县，加之周边自然环境，我们可以很容易地先入为主地认为它是一个贫穷、闭塞、欠发达的区域。而生活在这里的族群，会更容易强化我们对这一地方的想象。在泸沽湖周边生活的族群主要是摩梭人，摩梭人在国家的民族识别中是被划分为两个民族的，云南这一侧被识别为纳西族，四川一侧则被识别为蒙古族。但是有一部分摩梭人获得独立族群身份的愿望一直以来比较强烈，所以云南通过省人大出台政策，允许他们在身份证上标识自己"摩梭人"的族群身份。可是在四川一侧的摩梭人，依然是蒙古族的官方身份。

　　摩梭人被称为中国最后一个母系社会，其最广为人知的风俗是走婚。摩梭社会是依照母系血缘建立家庭的，一般孩子们都是跟他的母亲、母亲的母亲生活在一起，家庭当中父系血统的成分较少。摩梭人没有非常硬性的婚姻约束，男女双方不需要同住在一起。走婚的男方晚上可以去到女方伴侣的住处夜访，第二天早上离开，去做他自己的事情，回到他所在的母系家庭进行生产劳动。但是，随着旅游业的开发，很多男性白天可能去从事旅游接待、运输等工作，就像我们上班一样，下班后回女方家过夜。因此，如今越来越难界定走婚男女双方是否同住在一个家屋之中。这张照片（PPT 内容略）是摩梭人 13 岁成人礼的场景，13 岁的男孩、女孩都穿上自己民族的传统服饰举行仪式，意味着他们已经成人，可以有自己独立的生活。在以往，女孩子 13 岁之后就可以有自己独立的房间。另外一边照片中的摩梭老爷爷是家中唯一的成员，他的孩子们生活在孩子母亲的家庭中，但因为老爷爷年纪大了，没有人照顾，他的儿子就搬到他的家中和他住在一起。为了兼顾养猪、农活、家务等，他儿子的走婚对象也在他们家生活，而他儿子的后代都住在儿子伴侣的母系家屋当中。由此我们发现，摩梭家屋文化的要义是延续一个家屋的根基和人脉，而不是像我们汉族传统那样旨在延续父系血统。

　　研究的主要案例地是泸沽湖当地最主要也是旅游发展最成熟的村落——洛水村。就像保老师刚才所说，洛水村为什么能够被那么多学者关注，能够在这么长时间内一直是泸沽湖最主要的接待点，是因为它的交通区位。洛水是在从丽江方向来泸沽湖的第一站，视野非常开阔，风景优美。为了对洛水村发生的故事做出更好的解释,我还选择了其他可以进行比较分析的村落。泸沽湖位于"大理—丽江—香格里拉"旅游线的支线上,未来丽江到泸沽湖二级公路的开通,会使得原本8小时的车程缩短到2小时;同时,今年(2015年)的"十一黄金周"期间,泸沽湖宁蒗机场将要通航。这些天丽江轰轰烈烈地召开了泸沽湖旅游发展的工作会议,当地政府将通航视为泸沽湖旅游开发的重要机遇,并预测游客数量会呈现数倍的增长,泸沽湖区域还没有机会发展旅游业的村落也都兴奋地觉得自己的村子可能就要投身到旅游发展当中了,认为"我家的地马上就值钱了,我们马上就可以从一个穷人变成富人了"。

我的研究内容包括以下三个方面。第一部分向大家介绍现代摩梭文化变迁。旅游发展为泸沽湖带来了巨大的经济改善,但是他们对经济变化有着深刻的反思。他们认为,现代性如果没有被利用好,那现代性就是一个坏的东西。他们在发展的过程中深切地感受到旅游开发或者普遍的现代化进程使得原本比较传统的一个社区变得开放,传统被不断解构,还有人际交往模式和社区联系也正在发生变化。但是本地人更加意识到,只有经济发展了,才有文化的立足之地,这是他们比较强调的一个主张,但也有可能是他们为合理化自身参与到经济发展进程之中的一种话语。比较明显的一点就是,在旅游发展比较成熟的洛水村,村民的文化自豪感有明显的提升,一些村民可以借助旅游带来的文化资本、经济资本,出国参加文化研讨会,把自己民族的文化、环境理念带到国外去进行交流等。通过与外部的互动,他们的主体地位也得到了提升。比如摩梭人是一个很小的群体,只有4万人,以往可能很难获得代表丽江市去参加全省的民族运动会的机会,但如今摩梭人会受到专门邀请,代表纳西族或者丽江去参加重要赛事。

第二部分尝试说明摩梭人获取现代人身份认同的实践。这张表(PPT内容略)是Inkeles(阿历克斯·英格尔斯)提出的衡量人的现代性的量表,我在调研当中主要是提取了消费实践、企业家精神、教育和公民性、婚姻意识、家庭5个方面进行考察。

在消费实践方面,由于经济和旅游的发展,当地提供了很多进行现代化消费的机会,很多看似为游客提供的现代化消费空间,其实主要依靠当地人的消费来维持,比如说酒吧、美容院,基本90%以上的客人都是当地人。在西餐厅,普通的一套菜品需要200多元,游客都会觉得很贵,不愿消费,但是当地人会去吃。而且本地人也会通过网购来弥补物资消费的不便,我们在快递公司的配送网点当中查不到洛水村，但一些转运公司会去县城的快件站把发往泸沽湖的快件运送到洛水村，这些转运公司认为，发往洛水村的快件比发往乡政府的还要多。很多游客觉得，作为一个少数民族，怎么可以进行这么多的现代快消？一位受访者说，有一天她听到游客在议论："你看，那个人穿的是淘宝爆款，她还拿着一部iPhone。"她听到之后就很生气，觉得很受屈辱。一方面，她觉得人家说的也对，不知道怎么反驳，"我们是农民，怎么能这样呢？"但同时，她又觉得，"农民为什么就不可以这样？"本土的少数民族与游客一样拥有获取现代性带来便利的权利，游客不应该用对民族社区的"他者性"的凝视来规训东道主的行为、规定东道主社区不能发展。

在企业家精神层面，当地有很多创业的年轻人。在谈及他们的创业理念时，他们非常强调他们的企业和民族文化之间的关系，强调他们利用企业去发展民族的目的。

在教育和公民性方面，洛水村是泸沽湖周边出大学生比例最高的村落。洛水村居民在环保、公民参与等方面的意识也最强。

在家庭方面，尽管存在家庭小型化的趋势，但洛水村在云南一侧的11个自然村里，家庭规模最大，平均每户5.45个人。婚姻方面，现在也有很多人选择更加现代的结婚仪式，但双方举行结婚典礼后，还是依然生活在各自的母系家屋里面。那么为什么需要这个现代化的仪式呢？一个现实的原因就是收礼，"我送出去的礼钱我要收回来"；另外，也将这种结婚典礼看作对摩梭族群文化进行保护的方式，告诉别的族群的人，摩梭人的婚姻也是严肃的、正式的，防止外人对摩梭的走婚妖魔化。一位受访者说："我们结婚之后还是维持走婚，但是外面的人认为，我们走婚的姑娘很乱，不结婚，可以随便找。那么我们结婚的话，就说明我们不是你们认为的那种原始的、色情的社会。"

第三部分是，我们的现代性："我者"的文化身份的协商与重构。本地社区在旅游发展中，希望通过重新阐释自己的文化内涵来彰显自己的文明属性，并且特别强调一种多样的发展观。当地摩梭人讲了一个很有意思的例子，他说："你们的汉文化就要求有大学文凭什么的，我们的达巴——原始的祭司，是我们摩梭人里面最有文化的，但是在身份证、户口本上面写的是文盲，你们为什么要用你们的标准来套用我们的东西？"他们一方面觉得这样不公平，另一方面又特别想在主流社会特别是在文化和政治上获得一席之地。本地人觉得旅游发展给他们带来的名声不太光彩，他们最想要的是文化和政治地位。所以，洛水村村民非常强调在藏传佛教上面的成就，他们也会借助旅游发展的资源来发展当地的宗教事业，比如用建造旅游景点的名义来建造他们的宗教设施，而且他们村里面的所有喇嘛都曾在印度修行、学佛。

我的基本结论是，摩梭人通过本地文化实践来获取现代性身份，获取一种"我们的现代性"。"普世的现代性通过教会我们如何使用理性的方法来确定我们自己的具体的现代性"，那么摩梭人也是在现代性所提供的材料和传统之间进行协商和调适的，他们主张本土的文明观，利用宗教身份来调适现代性的一些负面因素，并且不断反思传统与现代之间的纠结和冲突，力图走出自己的现代化套路。在旅游发展和现代性的语境下，这种自己的套路正是通往一种适应时代不断发展的地方与文化真实性。

谢谢各位老师，希望大家多提宝贵意见和建议。

主题讨论

陈钢华： 谢谢魏雷老师的汇报，那么我们现在进入下一个环节。

保继刚： 你在那边待了多久？

魏　雷： 我是在2008年第一次去的，去了五六次，加起来应该有3个多月的时间。

保继刚： 有没有看过周华山的，以及20世纪80年代初出版的50年代的一些调研记录？

魏　雷： 我看过，包括他拍的纪录片，以及出版的对20世纪五六十年代调研的资料的总结。资料方面我收集得相对全面，因为我还想继续把这个案例做下去，所以还希望各位老师能够提出宝贵建议和意见。

陶卫宁： 大家好！我是来自华南师范大学的陶卫宁。谢谢魏雷！你刚才在讲到摩梭人的走婚习俗时，提到它是母系社会的一种残留或者延续。之前我在《中国国家地理》看到一个婚俗专题，有一个专家认为走婚不是母系社会的一种遗留，它应该是中国历史上存在的一个女儿国的政治文化的缩影，从而被保留下来的。在这种文化中，女人处于主导地位，男人处于从属地位。很多的旅游者、学者可能认为到现在还是这样的。不知道你在分析这种民俗文化背景时，有没有去了解这些观点？或者你自己是怎么想的？对这些民俗背景的分析，对你研究现代性有没有影响？有多大影响？如果没有影响的话，你也可以忽略这个问题。

魏　雷：关于摩梭人为什么还有这样特殊的婚俗习惯，学界一直存有争论。目前大概有三种观点，我自己比较支持的是，母系家屋文化是受到比较特殊的文化和自然环境影响而形成的。他们认为他们的文化是先进的，有比汉族文化优越之处，主张说，他们几百年前就有一夫一妻的制度，但是走婚是他们在时代背景下自主选择的结果。他们觉得这个是先进的，所以选择了这个。我个人认为，当地由于条件闭塞，周边环境比较动乱，出于自身保护的目的，需要维持一种强关系的家庭联盟。只有不分家，才能在这么一个多民族、自然条件恶劣的环境下生存发展下去。所以，摩梭人以前确实是有结婚的，但怎么样的人才能结婚呢？是那些家庭比较富裕的才可以。穷的家庭要将自屋的财富一代代积累下去，如果结婚的话，家屋逐渐小型化，人也少了，没有办法进行恶劣自然环境下的农业生产。但是经过现代发展，家庭也逐渐小型化，因为之前的那些大家庭生活的优势减少了。三个人去发展旅游业，搞旅游接待，就可以比你们一大家子生活得要好。对摩梭人历史文化的分析对我的研究非常有帮助，以往的文献通常是由民俗学家、人类学家来完成的，我对他们的研究也是非常关注的。

×××：我听了以后还是不是很理解，你的研究是指在旅游语境下，那么是不是不发展旅游，这种现代性就没有？传统的摩梭人到底跟具有现代性的摩梭人区别在哪里？有没有时间段的划分？因为现在很多地方没有发展旅游，同样是一个传统的少数民族，但也会往现代性发展。我就想问，你这个研究跟一般的全球化、现代化研究有什么区别？

魏　雷：我很想回答这个问题。单说泸沽湖这个小区域，它内部多样性是十分丰富的，同样是发展旅游的两个社区，一个社区里面的家庭结构破碎得非常严重，但是在洛水村，母系家庭结构就保存得非常好，这也引起我的好奇。我进行了一些了解之后，发现很多外来的产业、外来的经济，还有民族国家这种权力结构的置入，对他们的影响才是最为深入的。比如说在另外一个发展旅游的里格村，现在很多都是小家庭、核心家庭，为什么呢？因为他们要占地，因为要分家才能去占地。为什么里格村有这种情况而洛水村没有呢?当初政府把里格村选作改造工程的试点,将村子整体向后搬迁80米,政府承诺搬迁之后给所有的房子办理产权证,还会对新建房进行补偿。房子是最值钱的东西,大家抓住了这样一个机会就开始疯狂地分家,只是为了获得更多物业的合法权益和经济补偿。他们分家以后还认为和老家是同一个大家庭,亲情什么的都还在,可现实情况是,各自在各自的房屋里面做饭、生活,长此以往,对于传统的一些习惯就会有很大的影响,所以很多东西慢慢地就无法延续下去。在一些没有发展旅游的村落,他们主要依靠外出打工维持生计,导致只能在特殊环境下坚持的习俗,无法在外面得以延续。

孙九霞:我觉得这个题目可能最核心的诉求是要回应在旅游发展的背景下,少数民族的现代性的获得,或者说如何适应现代生活的问题。从这个演讲里我发现,在旅游发展的背景下,一方面是族群需要对现代性进行迎合,因为他要过上现代人的生活,这是所有人的诉求,这是对外的。但是另一方面对内的,对自我的,他又要实现对传统的传承。还有一个我觉得很重要的是对传统的再造,重新造一些传统。他要穿上传统的外衣,穿上这个外衣是为了什么呢?为了在现代性的语境中被识别出来。他通过自己的传统来实现他的现代性,这是他这个族群的生存策略和生存法则。不发展旅游行吗?我觉得可能不行。不发展旅游,他只能迎合,他的传承受阻,并且再造也没有动力。这也是旅游的发展道路使得这些少数民族获得显示自我的路径,他通过旅游来传递他的传统。这可能也是一个地方、一个文化、一个地区应对全球化的一种策略。在这里,它的价值观一方面认同现代化,另一方面认同自己的传统,并且还在让外界也来认同他的传统,因此他还需要再造一些传统,这里可能也会涉及传统的发明这样一些话题。你看了蔡华的文献了吗?他的文献有英文版,还有纪录片,他的题目跟周华山很像。(魏雷:是的,周华山是批评他的观点。)这个案例很有意思,它集聚了世界性的目光。我们在做案例研究的时候要追求案例的典型性,魏雷的这个研究从硕士开始就在跟踪。

陈钢华:谢谢魏雷,谢谢各位老师的点评!这一节的讨论到此结束。

第六节

旅游管理

- 开场白
- 旅游市场与行为研究：聚焦中国
- 基于网络志方法的幼龄儿童度假行为研究
- 旅游景区限流分配的原则与方法

开场白

刘 逸

（中山大学旅游学院）

我们每个演讲的时间是 20 分钟，讨论时间是 15 分钟，严格控制时间。保老师刚说要有执行力，接下来我要"下狠手"了。接下来，我们第二环节的演讲马上开始。首先，有请我们第一位嘉宾，也是刚刚加盟我们旅游学院的陈钢华老师。陈老师在今年旅游学院学生选导师的过程当中，人还没到，只是报了个名字，就有 20 多位同学选他做本科生导师，足见他的魅力是很大的。有请陈老师分享他的研究。

第六节 旅游管理

旅游市场与行为研究：聚焦中国

陈钢华

（中山大学旅游学院）

谢谢刘老师！原来的这篇文章是英文文章，我是从中文的东西里归纳总结写成英文的文章，所以我就没再翻译成中文的了。这个题目，感谢组委会帮我翻译，翻译得很好：《旅游市场与行为研究：聚焦中国》。这是我和南澳大学的黄松山老师一起做的研究。实际上，这是一本书中的一章，是黄松山老师带着我，我们一起写的一本书，不是编的一本书。其中一个章节就是对旅游市场和旅游行为做一个总结，做一个 critical review（批判性回顾）。这是 Channel View（英国某学术出版社）的一个新的系列。它是非常鼓励年轻老师去申报一些选题的，他们很支持。这家出版社原来出版的 Aspects of Tourism（《旅游的视野》）系列都是重量级人物写的书。所以，我们抓住这个机会去写了一个 proposal（方案）。当写完这个 proposal 后，审稿的专家就说，我们在国际上看到的中国人的研究或是关于中国人的研究，更多的是从供给的角度来做的，比如说，保老师他们做的旅游地理学的研究和旅游人类学的研究。那从需求的角度来说，这帮中国人到底做了些什么研究，其实他们不是太了解。所以，他们想从需求的角度来看这帮中国旅游学者对中国的旅游市场到底做了些什么研究。所以，我们就新增了一章。这本书已经在做第二轮的校稿。我最主要的是要汇报两个方面的研究。因为时间的原因，我只对旅游市场的研究做一个概述。我们选取了 4 本杂志来做回顾。但后来我们在一些会议上汇报时，有些专家就指出，选择这 4 本可能是有偏差的。像今天赵老师提到的，关于游客的很多研究，实际上是发表在《地理科学》、《地理学报》等更高级别的地理刊物上。当时我们选择的一个标准就是选 C 刊（CSSCI），就是希望能够跟国际上的 SSCI 来做一个比较。当然《地理研究》现在也是 C 刊了，但时间还不长。

一共有 208 篇文章被纳入分析范围。我们的第一个发现是：目前中国的旅游市场研究大部分还是对市场特征、市场细分的研究。比方说,我们可能对所有市场的特征都进行过分析,这是论文数占第一位的研究领域。第二个是客源市场的结构。比方说,全国有30多个省份,可以写100篇文章出来,对每个省份的路径、时间都做一个刻画。这些研究大部分都是描述性的研究。然后,就是关于市场规模、产业政策的研究等。其实,在旅游市场的研究方面,大部分的还是描述性研究。同样地,我们看研究方法。我们抱了很大的希望来看在过去的8年里,研究方法上是否有一些进步。结果我们发现,对一手数据的统计分析排在第一位,对二手数据的统计分析排在第二位。但我们还是很遗憾地发现,有13篇文章是没有任何有关研究方法的表述的。这是一个方面。第二个方面是对旅游者行为研究的分布做一个概述。排在第一位的是对旅游的感知或认知(对旅游安全的感知、对旅游目的地形象的感知等)的一系列研究,排在第二位的是行为倾向研究,排在第三位的是满意度研究。当然,满意度是行为意向的一个非常重要的中介或前置变量。如果是把满意度作为中介或前置变量的,我们都把它放在这个行为意向的研究分类里面;那些专门来谈满意度的构成、满意度的测量以及概念的界定的,我们就把它单独挑出来归为满意度研究。当然,也有关于目的、动机、期望的一些研究。然后,关于旅游的跨文化研究相对会少一点,国外的可能会多一些,像李老师就做过一个meta - analysis(元分析),但在内地,这方面做的研究比较少一点。再有,就是关于旅游及旅行所能给我们带来的好处的研究。比方说,我做的有关背包客感知到旅游对个人发展的影响的研究。其实,这一系列的研究关注的是,到底旅游能给我们带来怎样的好处?我们原来讲旅游给目的地带来什么东西;然后,通过旅游能给我们自己带来什么东西?——这样的研究,还是相对比较少的。关于旅游者之间互动的研究也比较少。另外,关于目的地决策的研究会相对多一点。关于旅游者权利的研究也有,关于地方感的研究也有,当然也有关于时空行为的研究。接下来,我们对研究方法进行简单的判断,大概把它们分为7个类型。可能越来越多的人觉得结构方程是一个很主导的、很快速变化的方法。实际上,在过去的8年中,这些非结构方程模型的、复杂的统计方法的运用是最多的。结构方程并不是排在第一位,而是在第二位;用结构方程的复杂统计模型来做研究的论文数量排在第二位。我们很遗憾地发现,纯粹的、描述性的以及简单的统计,比如算一下百分比、平均数的研究,也占了24篇。此外,我们也看到一些概念性的研究,比如探讨旅游者权利的这些概念性的研究或者基础理论的研究也有 13 篇。当然，也有做定性研究的，有 4 篇。在文中汇报他们用混合方法的也有 15 篇。

今天我想要汇报的，不只是简单地告诉大家"谁研究了什么"，当然这些我们也有分析。实际上，我们想要反思的是，在这么多年里，中国的旅游学者在中国旅游市场和旅游行为研究方面到底做出了怎样的学术贡献。我们把贡献分为两类，一类是理论贡献，另一类是非理论贡献。我们借鉴了发表在 Academy of Management Journal 上一篇很经典的文章。它提出了一个分类的模型，认为任何研究（我们只谈实证研究，不谈概念性研究）的理论发展可以分为两个维度。一个是理论的检验，是对现在提出的一些解释、一些新的命题的检验过程；另外一个是新的理论的发现、提出。这一模型从这两个维度来对理论贡献进行划分。我们原来选取的研究旅游市场的文章有 62 篇，我们认为 49 篇是在探讨某个理论问题，或者有这个方面的潜力。我们从 208 篇文章里面选了 181 篇文章，这些是我们觉得初次筛选后可以进入下一轮分析的。经过进一步的分析，我们在 181 篇文章中发现，有 49 篇是没有理论贡献的，45 篇是可能有理论贡献的。接着，进入到我们下一环节的评估。这个图（PPT 内容略）是我采用的一个分析框架。我不知道它是否适用于其他理论，但在管理学里面、在消费者行为学里面、在营销学里面，它是一个用得比较多的分析框架。我们举一个简单的例子。有一种论文的命名很有意思，叫 reporter（"报告型"论文）。其实，我们很多的研究就是一个 report。为什么呢？任何一篇文章，我们都会对它进行打分，对它的两个维度都进行打分。当然，对这两个维度的打分是我和黄教授交叉完成的。在理论检验的这个环节上，如果你的研究假设的提出只是简单地基于你自己的逻辑臆测，那么你的理论检验的贡献就会很低。比方说，我们经常会看到国内的一些很好的刊物上面所登的文章，在它提出假设的时候，只有一条参考文献。简单地加了几句话，然后说本文提出如下假设，"哗哗哗"，翻到第二页时发现有 10 条假设。所以，你这 10 条假设验证了又 so what（又怎样）？又到底干了什么？你的这些假设都是你自己的一些主观臆测，你是在"自娱自乐"而已，没有在和理论对话。所以，你在理论的检验方面可能就是拿 1 分而已。当然，做得好的可以拿 3 分，你可以在理论的框架或争议方面拿 3 分，即现在的理论是存在争议的，有的学者认为这样，有的学者认为那样。学者们认为这件事是有分歧的，也是有共同点的，所以我提出我的假设，这样的贡献会相对大一点。那如果你能真正地把你的假设建立在现有的理论、现有的解释之中，比如在我们昨天讲的布劳的社会交换理论或者消费者行为研究的计划行为理论里面，你去发展出一些假设，你在理论检验方面的得分就会更高。在新的理论的提出、新的理论的发展方面，如果你只是验证，比方说之前用的是美国样本，我这里用的是中国样本，但是得出来的结论是一样的，只是 A 影响 B，那你这个研究就只是一个重复性的研究，没有新的关于过程的解释。如果你想要做一个"合格型"（qualifier）的研究，那么至少在理论方面你要引入一个新的变量。比方说，我们原来认为旅游动机会影响游客的满意度，但是我们后来发现这个过程并不是简单的 A 影响 B 的过程，我们发现目的地的形象会中介这样的过程。我们如果引入一个新的中介变量或者调节变量，会对这个过程的了解更加清晰。当然，如果你能做得到像昨天保老师讲的巴特勒的生命周期理论，你提出了一个新的概念或者你重新概念化了一个构想，能够在后来的研究中让我们不断地去发展它、检验它，那你在这个新的理论方面的贡献要更大。

做了这样一个分析之后，我们这个模型也就分了 5 类。我们就用这个 5 类的标准。当然，能达到其中最高标准的论文在我们的这个研究里面还没有发现。这 45 篇文章里面，有 33 篇我们认为它们是 reporters（"报告型"论文），就是一个报告而已。另外，我们认为有 12 篇文章是基本 qualified（合格的），在两个维度（理论检验和理论建构）上的得分都是 3～3.5 之间的。很遗憾的是，我们认为，没有一个研究能够单纯地在理论检验方面有很高的建树，更谈不上在两个方面都有很大的拓展。另外，我们分析了非理论贡献的研究部分。原来我写初稿的时候比较批判一点，后来改成 alternative knowledge contribution（替代性的知识贡献）。我们认为，那一部分的研究也是有贡献的，但是它的贡献不是理论的贡献，没有增加我们关于现象的新的解释，只是告诉了我们这些现象是什么。很遗憾！但这也是很有用的，特别是现在中国有这么多新现象出现的情况下，很多东西需要我们去描述，不然我们根本不知道是什么。当然这只是一个初级的阶段，但我们不能否认它们的贡献。还有一部分研究，我们把它归为"应用型"论文（appliers）。比如说，我们有一个新的统计方法、新的公式、新的模型出来，我们用它去测量了森林公园，然后我们又去测量国家风景名胜区，去测量重点旅游城市，这样的话我们至少可以发表 10 篇文章。然后，过 5 年之后，数据再变化一下，原来是 2005 年，到 2015 年，我们再测一遍，这样一来我们可以再发表 20 篇文章。大部分这样的文章都是"应用型"的,我们认为它有贡献,但它的贡献不是理论意义上的贡献。从很有名的 Journal of Consumer Research(《消费者行为学刊》)所反映的情况来看,其实在消费者行为研究领域里,他们也在反思,我们原来传统的"从理论到理论"的研究到底有多大意义?其实,我们在这些"从理论到理论"的研究过程中,忽视了这些很重要的现象。所以,现在我们新的研究必须要打破原来单一的从理论到理论、没有发现重要现象的研究"瓶颈"。所以说,我们对很多现象的描述也好,分析也好,可能会是下一步理论化的基础。

我的汇报就这样,很简单。虽说我们的研究已经发表了,但并不代表已经结束了,我们还在做很多工作。所以,希望老师们能够多多批评指正,好让我们知道,下一步我们该做些什么。谢谢大家!

主题讨论

刘　逸: 好的,谢谢陈钢华老师,还给我们节省了些宝贵的时间。现在进入讨论环节,请大家踊跃发言。

李咪咪: 我想问陈老师一个实际问题。您这个研究太宝贵了,我很想赶快去拜读,但是您这个书是不是要几百美元一本?

陈钢华: 我们会送一些书,你报了就肯定会送的。

李咪咪: 太好了!谢谢!那么,我想问下你们有没有做关于作者的分析?

陈钢华: 没有。其实,我们在文章里面举例的时候,就觉得很敏感。我选的这些负面案例的作者,都是跟我不怎么熟的;而且,我觉得他可能不会审我的论文。原来我们想发表一篇中文的文章,但觉得可能会比较敏感。所以,我们选择用外文来发表这个研究。我们没有做关于作者的分析。

王　丹: 我想问一下,好像你们的素材全部都是来自旅游或者人文地理的期刊。不知道在国内的管理学、市场营销学的期刊上有没有讨论关于旅游的或者酒店业、人文现象的理论发展?

陈钢华: 我想应该会有,但是不多,因为我们持续地在关注《管理世界》。其实《管理世界》到目前为止只发表过少数几篇和旅游以及酒店管理有关的文章，而在中国大陆实际上还没有 A＋的关于市场营销类的期刊。目前，做主流营销的人实际上是不做旅游研究的。我们选的时候可能存在某些偏差，很多好的研究没有放在里边，实际上它们是很有贡献的。

季明洁：陈老师，您好！我想问一个问题，就是您刚才提到 phenomenon–driven research（"以现象为导向的研究"），这个不禁让我想到了我写 introduction（引言）的时候经常遇到的困惑。就是我们在论文开头的时候，我们是应该以理论开头，还是先以现象开头呢？如果是从理论开始写的话，很容易发现只有 gap（差距），但是论文的研究问题其实就是我的这个情境、我的这个案例、我的这个实例。如果往这个语境来写的话，就会觉得它本身具有独特性，它能解决问题。所以，这两个路径是挺让我困惑的，但可能这是非常基础的。所以，我想问下您的意见，就是我在写 introduction 的时候，是先从理论入手还是先从现象入手？

陈钢华：其实，我觉得不是由你来决定应该从哪个入手，我觉得你应该听从审稿人的意见。因为你不管从哪个方面入手，不同的审稿人会有不同的看法。所以，审稿人的风格也很重要。我一般都是这样的，比方说，我们原来做的一个研究（我们做"背包客"的研究），你讲那么多的"背包客市场多大多大"，没用，你应该从理论入手。然后，关于你说的如何来提一个研究问题，其实看你想要对哪个领域做贡献。

保继刚：我有一个评论，是关于一开始你说的很遗憾。你为了只针对 CSSCI，把《地理学报》、《地理科学》的研究给忽略掉了，但实际上我们过去的20多年，引用率最高的文章是发表在《地理学报》的。你把那几篇给忽略掉了，尽管总量不大，但《地理学报》在整个旅游期刊里面影响力是最高的。你做这个是为外国人介绍中国的研究，你把那几篇文章忽略掉了以后，就等于你把可能最好的几篇文章给忽略掉了，这会留下比较大的遗憾。

陈钢华：我们当时在做研究的时候，其实已经意识到这个问题了。我们说了，在做研究的时候最怕审稿人的问题，就是他想要你非常精准地对搜集的范围概念化，所以我们就定义好 C 刊。所以，有时候一些审稿人对学科的发展是有阻碍作用的。这个是为了迎合审稿人而一改再改。我上次那篇文章，光写给审稿人的回应就写了5000多字，我得给他讲好话，说点什么。接下来，我们会继续做研究，我们会把《地理学报》、《地理科学》的研究放进来。

赖　坤：我听到你说在选这个文章的过程中感到很遗憾，有些文章是评论性的，但它会是这样子可能只是因为是在中国的语境下。但实际上，我们看这个 conceptual article（概念性文章）也是非常重要的，而且我不觉得他们这种研究应该受到歧视。好像就是说，我随便谈的一些东西就不能算研究。我以前也存在这样的偏见。可能是因为在中国的语境下，我们太随意地谈论一些东西。但是，在我看来，我们现在有些重要的文献，恰恰是这些人经过他们多年的观察和整理，然后产生的一些判断。其实，它的价值可能大大地超出 empirical article（实证性文章），因为它其实不是一个具体问题，它是对一个领域中有一个深入的探究或者说 reborn（重构、重塑）式的 comment（评论）。我觉得，这些概念性研究发挥着非常重要的作用。这是我提的一个看法。

陈钢华：我的观点和您是一样的。其实，我刚才说，很遗憾地发现 conceptual（概念性）的研究其实不多，才那么一两篇。其实，我们认为，非常规范的概念性的研究的贡献是非常大的。保老师经常提的巴特勒的生命周期那篇文章，最早应该是概念性的研究。在 *Annals* 上面有过一篇文章，专门来回顾旅游研究中的概念性研究。它列举的一些经典例子中的第一个，就是旅游地生命周期理论，那个理论影响了我们很多年。我们很遗憾的是，很少看到这样高质量的、概念性的东西。所以，我们后面的分析实际上只基于我们认为的实证研究。

刘　逸：好的，谢谢各位老师！我们还有点时间，我是主持人，还可以多说两句。第一点，我认为这个研究你已经发表了，这是一些很重要的工作。所以说，我们可以确保有了这些东西，以后再做什么就很容易了。陈老师所说的关于审稿人的这个问题，确实很严重，我们很多的时候没办法，要这样子迎合。审稿人就是撒旦，但是当他审完这篇稿，他又变成神了，都是这样的。所以，我们只能在这当中求生存，这倒是没有办法回避的。我最近有一篇文章收到一个很离谱的评论，他拒绝我的理由就是"杀鸡不用牛刀"。但我就在想，我能把鸡杀好就好了，用什么刀有什么大的问题吗？但那也没办法，我只能又改。我觉得下一步研究中，赖老师刚刚提到的一点很重要，我有很深的感触，就是读国内的概念式研究论文，需要做一个很清晰的鉴定，有很多是"水"文。作者没有做深入的研究，就是从他生活中感受到的点滴，然后就开始谈畅想、谈建议、谈发展的构建，但谈的很多都是没有重点的东西。我看了很多文章，但是我挺想看一些让我"醍醐灌顶"的，这样的文章还是很少。好的，谢谢陈老师的精彩发言！那么，下面有请来自香港理工大学的李咪咪老师来给大家讲《基于网络志方法的幼龄儿童度假行为研究》。

基于网络志方法的幼龄儿童度假行为研究

李咪咪

(香港理工大学酒店及旅游业管理学院)

各位老师,大家上午好!这是我第二次参加这个会议,非常感谢中山大学给我们提供了这个交流和学习的机会。我上次讲的是《跨文化旅游行为研究》,而我今天跟大家汇报的是我最近一个新的研究兴趣,是对儿童旅游行为的研究。我想先跟大家讲一下我为什么要选择这样一个主题进行研究。

我的朋友都知道我是"晒娃狂人",经常会在微博或朋友圈贴出小孩的照片。我有2个小孩,每年都会带她们出去玩。2012年的时候,我跟2个朋友,一共带了4个小孩,最大的是4岁,最小的8个月,一起出游。我们当时去的是巴厘岛,我就在想,作为父母,到了巴厘岛,那里是海滩嘛,你对小孩在旅游目的地的行为的想象是什么呢?就是这个孩子愉快地奔跑在蓝天白云下,在沙滩上玩沙子,在大海边跑来跑去,应该是这样子的景象。但是我们后来发现,我的孩子一整个假期都在游泳池待着。你看,我们飞到巴厘岛,花了很多钱在里边,那儿的游泳池还不如我们小区的好,我就觉得很郁闷了。后来我们回来之后,就让2个4岁的小女孩画一下,她当时在目的地的时候,她最感兴趣的、印象最深刻的东西是什么。我的女儿就画了游泳池,另外一个小女孩更离谱,她画的是酒店的房间和电视,为什么是电视呢?因为平时在家的时候,家长都不允许她看电视,到了酒店之后,就随便她看电视了。所以我在想,我们站在成人的角度去想象儿童在旅游目的地的体验与他们自己的实际体验是不一样的,你想象当中他们应该是什么样子的,或者按照我们过去的这种对成人的研究成果,再去揣测儿童的旅游行为和体验的时候,其实是有很大偏差的。

这个就是我现在要做的一些研究(报告人展示照片,PPT 内容略)。这个是我去年圣诞节的时候去泰国的照片,当时也是带了4个孩子,1个11岁,2

个 7 岁，1 个 4 岁。回来之后，我们让 11 岁的孩子和 7 岁的孩子画出他们整个旅途过程中最感兴趣、印象最深刻的是什么。这个是 11 岁的孩子画的，大家看，这就比较合理了，这是我们当时在清迈玩的"丛林飞越"，确实印象很深刻，另外就是一个景点。这个是我女儿画的，她印象最深刻的是我们当时住的别墅房间和她的朋友，她认为整个旅途中最重要的是在一个有楼梯的房子里头，跟她的朋友一起玩。另外一个 7 岁的小孩画的就是这个飞机，因为我们当时到达泰国之后的第二天，就发生了"亚航空难"，所以孩子对这件事情印象非常深刻。在这个背景之下，加上我本身比较喜欢小孩，自己也有孩子，所以我想看看小孩的旅游行为是什么样子的。

那么研究儿童行为的重要性是什么呢？不管是看社会学的研究，还是心理学的研究，我们都会发现，其实把儿童作为一个独立的、有能动性的个体来研究，是一个比较新颖的做法。在过去，科学家或者研究者都认为童年阶段是成人的准备阶段，我们提出的这个"社会化"的概念其实也就是说儿童的整个成长过程，是在逐渐地学习成年人的社会规则，最后变成成年人的过程。但是，这个概念忽视了儿童的主观能动性，忽视了儿童作为一个人，他对环境的改变的能力。所以说，过去的研究是把儿童作为一个被动地学习和接受成年人社会的个体。在我们的旅游研究中发现，对儿童的研究更多的是将其放在家庭的背景下进行研究。换句话讲，我们更多的是看到儿童的存在对父母旅游行为的影响，以及从家长的角度去看待儿童的旅游行为是什么样子的。其实对于小孩来讲，社会化过程不仅仅是一个简单的、被动的学习过程，根据童年社会学的理论中提到的"创造性再现"的概念，小孩在成长的过程中，他是先去学习和模仿，接下来他会内化学习到的东西，最后他会用一种创造性的方式把他学习到的、模仿到的东西再现出来。所以说，我们把儿童作为一个独立的个体来研究，把他作为一个有主观能动性的对象来研究，我认为是非常重要的。

我今天要跟大家讲的是关于幼龄儿童的研究。根据联合国《儿童权利公约》的定义，18 岁以下都是儿童，但其实在 18 岁以下是分为不同阶段的。根据皮亚杰的发展心理学理论，儿童心理的发展可以分为四个阶段：第一个阶段是 0~4 岁，这个阶段是幼龄儿童阶段；第二个阶段是 4~7 岁；第三个阶段是 7~11 岁；第四个阶段是 12 岁以上。0~4 岁这个阶段的儿童的特点是他们会对父母的行为产生反应，但是没有办法用一种合理的方式去完整地表达他们的感想。比如说，有一个孩子在那里哭，他其实不是捣乱，他是想要什么东西，但是没办法表达出来。

我们可以把对儿童旅游的研究放在"儿童与玩耍"的研究框架下面。对儿童玩耍的研究认为，在一个没有结构的玩耍的情况下，对儿童的情商和智商的发展是很有帮助的，但是在我们现在这个社会当中，很少能够为儿童提供这种"没有规范地玩"的机会。而在旅游的时候，尤其是在度假的时候，我们可能有这样的机会让小孩在没有 structure（结构、规范）的情况下"傻玩"。另外，小孩自己没有主动出游的能力，所以我们现在在一些文献当中，涉及儿童旅游的，都主要放在家庭旅游的框架中去研究。在家庭旅游的研究文献中涉及的主题有：父母带孩子出去旅游的动机，儿童在家庭旅游决策中的地位和作用，以及儿童对这个家庭旅游体验的影响。但是，所有的研究都是从父母的角度去诠释。另外，我们现在研究得最多的是儿童在家庭旅游决策当中的角色，儿童虽然不会主动地表达自己的旅游意愿，但是他会通过对比，比如说"我的同学去年去了埃及，玩得很好……"，或者说我们上回去了哪里玩得很开心，等等，他会通过这样的方法，或者说"要挟"去影响父母的决策。但是，这种研究还是面向有独立思考能力、能够完整地表达自己想法的儿童，而对 0～4 岁这种幼龄儿童的研究基本上还没有看到。另外，对于儿童旅游的态度和动机也有一些研究，但基本上都是从成年人的角度来做的。所以，在这样的背景之下，我就想去研究"带着幼龄儿童出游"的家庭，他们的小孩在目的地的行为是怎样的，以及有幼龄儿童存在的家庭，他们的家庭旅游决策存在什么样的特征。不过，这个对儿童的研究涉及研究伦理的问题，我们必须获得家长的同意；另外，我们还很难做到直接去研究幼龄儿童，只能通过观察的方法，但是观察需要耗费我们大量的时间去搜集数据。

在初始阶段我运用的是网络志的方法，这种方法分为三个层次：第一个层次其实是我们在旅游研究当中运用得最多的，就是把网络社区作为搜集数据的平台；第二个层次是研究网络成员之间的互动；第三个层次是把网络社区本身作为研究对象。我本来是想做第二个层次，看他们之间的互动，但是后来发现互动不是特别多，所以又沦为第一个层次，只是将其作为搜集数据的平台。这个方法有一个好处是我们去做这个观察，不会说人家在度假，我在那儿观察，显得很奇怪的样子；第二个好处是如果只是我一个人去做直接调查，数据的量会很小，但是通过这个方法，我可能会搜集到更多的数据，对下一步的研究会有更多的帮助，所以我们选择了这样一种方法。根据一个学者对这个方法的定义和界定，我们最后选择了"蚂蜂窝"作为中文数据搜集的平台。关于英文数据，我们本来打算在"TripAdvisor"上面来做，但是它上面没有详细的关于亲子旅游的数据，所以我们最后找了5个博客来搜集数据。数据搜集的时间是去年（2014年）11月到今年2月，因为博客和"蚂蜂窝"都是开放式的平台，所以我们的研究者都是非参与式的，也就是说，我们的研究对象并不知道我们在研究他。我们选择的"蚂蜂窝"和5个英文博客的博主都是经常带小孩子出游的，我们最后选择的帖子都是在2011年之后发表的，并且出游的时候孩子都是在0~4岁之间的文章，最后一共搜集到了97篇文章，其中中文50篇、英文47篇。这里就是一些信息（PPT内容略），包括博主是谁、孩子的性别，及其当时出游时孩子的年龄。

这里有一个有意思的发现，即孩子出游的博文绝大部分都是妈妈写的。出游时的同伴，国外的博文显示基本都是核心家庭（nuclear family）出游，就是父母带着孩子出游；而国内基本都是大家庭出游，大家庭出游当中，妈妈永远是不会缺失的角色。另外国内的博文还显示，大家庭出游时，姥姥也是一定在的。有一篇博文写道，为什么要带姥姥出去呢？第一是可以享受大家庭的氛围，让老人高兴；第二是姥姥不在，搞不定孩子。接下来我们再看这个目的地的选择，我们把它分为4个维度：第一个是距离，一般最远的要坐6个小时飞机的距离；第二个是，他们在选择目的地的时候会考虑以往旅游的经验，比如说，我们谈恋爱的时候去过三亚，感觉有很浪漫的回忆，所以我想带我的孩子去重新回顾当时的感觉；第三个考虑得很多的是目的地的设施，比如说日本、新加坡、中国的台湾和香港地区都有这种对儿童友好的旅游目的地，所以很多家长在带幼龄儿童出游的时候会选择这样的目的地；第四个是一些功利的原因，比如说儿童在2岁之前不用买机票、护照会不会过期等，这也是目的地选择的原因。

我们把家庭出游的动机分成了4个维度。一是促进家庭和谐，创造美妙回忆。二是帮助儿童的学习与成长。这两个维度都是过去的文献当中提及的带孩子出游的原因。另外是过去文献中没有发现，而我们发现的比较独特的两点。一是自我补偿，例如有人提到，在小的时候就很向往拉着爸爸的手去外面旅游，但是从来没有实现过，所以当有了孩子后就下决心一定要让孩子有这样的回忆，这是对自我的童年的一个补偿。二是减轻对孩子的愧疚，例如有人提出有一次自己出去玩，没有带上孩子，回来的时候感觉非常愧疚，此后就一直带

第六节 旅游管理

孩子出去玩。以上就是我们了解到的旅游动机。

那么讲到小孩在目的地的活动，我当时主要是想研究这一块的内容，但是发现家长对这一块的描述不够丰富，所以信息比较有限。根据现有的信息，我们可以发现儿童在目的地的活动大概可以分成两类。一类是与自然的互动，看了他们的博客就会知道，小孩一旦到了目的地也好、景区也好、度假村也好，他们对这种小的东西特别在意。比如说我带我自己的孩子出去，我会给她一个照相机，让她自己去拍照，回来的时候看她拍的照片，我就发现她经常拍一些莫名其妙的东西，比如说一块石头、一棵不知道什么地方长出来的小草，这些东西比较容易吸引他们的注意。比如说我们去吴哥窟，到了那里之后，几个小孩就在门口的石堆上玩了2个小时，所以对他们来讲，与自然互动才是更加主要的东西。在我们研究的博客当中发现，这些小孩在玩沙子的时候会看小蚂蚁这种东西，另外就是与同龄人会有一些简单的互动。所以根据这些分析以及我的个人经验，我总结出这些小朋友在出去玩的时候，他们在不同地方都要做经常做的事情，而我们成年人则是要追求变化。对孩子来讲，他们需要在不同的地方做熟悉的事情，这是第二类活动。

我现在做的这个研究都还是些很基础的工作。接下来我还想做些东西，第一就是从孩子的视角来看他们对空间的感知是怎样的，即这个地方对他们来说意义是什么。第二就是我刚刚讲的，在整个旅游过程中，母亲都是存在的，我们要研究的是在这种非惯常环境中母亲和孩子的互动。第三，就是看父母过去的旅游的记忆对他们带儿童出游的这种家庭决策的影响。第四，就是我们可以从不同的年龄组来看。比如说，现在我们还在做的一个重要工作就是，看7～11岁的小孩在旅游者行为研究里面，相关理论例如计划行为理论是否适用于这个群体。大家都在问孩子对父母的出游决策到底有没有影响，我们就会让孩子在放假前讲他们要去哪儿，不爱去哪儿，最后看到底去了哪儿，探究为什么会产生这样的变化。我们现在正在做这样的研究。另外从方法上，我刚刚一直在讲，我们一直都是从成年人的角度来讲，其实我这个研究还是从成年人的角度来做的，最重要的还是真正地以孩子为研究对象来做这些研究。从方法上来讲，我想到的第一个就是 participant observation（参与式观察），第二个就是让孩子画画，这个在心理学上已经有很多研究了，让他们去画自己体验出来的东西。以上就是我的汇报内容，这是我的 E-mail，如果大家有什么好的建议，也欢迎大家和我联系，谢谢！

主题讨论

刘　逸：好的，下面进入讨论环节。

孙九霞：我觉得非常有意思，特别有趣，因为在座的很多女老师可能都是你们的第二研究对象，因为她们的孩子都很小。她们一直在忙自己的研究，好像也没有怎么带孩子。在这里，我有一些建议。首先，我觉得目前在分阶段分了0~4岁和7~11岁，那么中间还是有一个遗漏，五六岁的孩子去哪了，为什么要这样说呢？因为你前面那个问题的线路挺好的，其实你可能是在想，在孩子不太能表达的时候，或者弱表达阶段的时候孩子会怎么办。那么，这里我建议，因为让2岁以下的孩子来画画，他未必画得了，所以只能通过观察，其实更多的时候他可能就只是一个纯粹的日常生活的延伸，你后面这个结论便是日常生活的延伸了。那么他更纯粹，吃饭和睡觉对他而言是最温暖的，吃好和喝好，然后随便玩一下就可以了。我反而觉得是不是用学龄前的、幼儿园阶段这样的划分可能会更好一点？因为孩子一旦上学，父母对他的要求也会不一样。在这一阶段上，是不是也可以尝试着用多维的方法？其次，我觉得这个研究还可以跟你去年的那个话题对话，你去年讲的是跨文化，这里面也涉及跨文化，例如中国父母如何看待教育，即旅游中的教育问题。我们为什么不带孩子出去？是不是中国父母太功利了？觉得你还那么小，带你去那么多地方你还记不住，这不白带你去了。另外，父母就是想让孩子学东西，这样想也太功利了。最后，还有一个问题，我们的父母，即使你反对他们做的决策，他都会以一种为了孩子的名义去做这个决策。所以，我觉得这里面存在一些很有意思的跨文化的话题需要深入的挖掘，这个可能值得去做一下研究。这里就联系到你所用的方法，你刚才说可以让孩子画画，我觉得这个很好。另外，还可以配合父母进行访谈，让孩子单独画画，另外一边得问父母为什么做这个决定，当时是希望孩子获得什么，你认为事后你的孩子获得了什么收获。然后，再把孩子画的图给他们看看，看了他们就知道是怎么一回事了，我觉得这个特别有意思。接下来我建议你们做追踪，因为你们这4个孩子可能都是4岁以下的，明年就5岁、6岁了，所以你可以做他们的生命周期的研究。不光做自己小孩的追踪，还应该做别人的，多找些不同类型的小孩，一路追踪下去，我觉得你接下来的研究就很有趣了。最后，我再给你提供一个案例，我觉得你可以去做一下巴厘岛的地中海俱乐部的研究，这个地方你应该知道的。它非常有意思，你说这样的一个企业，它是以全包价的形式经营，但是它收获的成效非常好。这是为什么呢？因为它的儿童俱乐部做得非常好，而且在那个俱乐部里面，抱着的小孩可以托管，1岁以下的孩子可以找保姆，而有自理能力的那些小孩呢，他有各种各样的俱乐部。我观察了很久，觉得特别有意思，因为中国的父母带着孩子怎么度假？又要孩子能玩得很好，你又能很放心，这个俱乐部正契合了这样的需求，而且小孩在里面玩得非常快乐，记忆也会非常深刻，所以带儿童去那里度假其实是一个非常好的体验。大陆有3家地中海俱乐部可供研究，因为这里面也体现了跨文化的差异。

李咪咪：好的，谢谢孙老师！

余晓娟：我觉得李老师这个研究非常有意思，虽然我自己还没有小孩，但是带外甥女、侄女的体验也是差不多的。因为我以前上过一些心理学方面的课程，留下了非常深刻的印象。小孩在3岁之前，大脑结构里面负责记忆的那块其实还是没有发育完全的，所以他3岁之前的记忆其实是没有的，我们大人想给孩子留下深刻的记忆，其实是不科学的。我觉得这个时候大人其实不太需要带孩子出去旅行，因为他对周边的环境还没有探索完，还有很多好玩的东西没发现。而且有一回我带人家孩子出去玩，结果他生病了，整个人都不好了，所以如果小孩生病了，可能大人负面的压力会更大一些。

徐红罡：我提两个建议。我觉得你这个研究挺有意思的，但是你研究的视角不太清晰，你研究的视角是什么，有点混乱，所以后面你必须非常清晰地界定你是从哪个视角进行研究的。比如说，我觉得如果是研究幼儿的话，可能你的 starting point（逻辑起点）是发展心理学，就是你要先去研究现在小孩玩耍的行为特点是什么，就像刚才余晓娟所说的，孩子可能还分不清这个度假地跟日常的那个游玩有什么区别。所以在这种情况下，你研究出来的儿童的度假行为，会对我们一般研究出来的他的日常行为，到底有什么样的贡献？我觉得这个方面其实发展心理学已经研究得非常深入了，它有整套的方法。所以，我觉得这个研究可能做得还是不够。

李咪咪：我觉得贡献就在于他做的都是在他惯常的环境下所做的日常事

务,但在换了这个不同的旅游度假地的时候,在一个不寻常的环境中可能会有所不同。

徐红罡:我觉得这个 assumption(假设)首先是值得质疑的。因为小孩在进入惯常的环境,比如到了白云山,其实对他来说都差不多了,他还分不清楚,所以我觉得你要很好地论证,明确视角。研究小孩,脱离不了发展心理学。其次,我觉得需要回到社会学去看待家庭与小孩的关系,也就是说小孩在旅游的时候牵扯小孩在家庭里面的 power(权力),他的角色,他是如何影响的,这块其实是社会学的内容,所以我觉得这个研究可能比较混杂。而且从前者来说,包括你刚才所说的这个观察,其实都不是我们的长项,是要通过做实验的。而且小孩他也不能够自己跟你讲 meaning(意义),所以你还是从外在进行观察。所以,像刚刚孙老师讲的,从家庭社会学的角度去研究,我估计可能会更有贡献。这是我的一个建议。

刘赵平:从一个父亲的角度,我提醒一下您这个研究方法。您研究过自己的女儿,您有很多便利条件研究自己的女儿,一旦把女儿作为研究对象之后,会不会影响到你们母女的关系?我认为整个发展过程中,自然的关系是最美好的关系,可是一旦你把她变成你的研究对象以后,有时候你就会干涉她的行为,或许在放任不管的情境下做实验,这个时候即使你这个课题做得很好,但是影响到你们母女之间健康发展的关系,我就觉得需要深思了。

彭 青:我说一点题外话,我觉得这个研究很有意思,因为我今年春节的时候,带着小孩——其实已经很大了——去度假,我在飞机上就发现,飞机上有很多家庭,最大的家庭有二三十人,就两边的父母亲和亲戚,而且还有拿轮椅推着的。那你说我们做旅游的,一旦看到这种情况,肯定两眼发亮,赶紧跑过去做访谈了。我就问人家这是怎么一回事呀,然后他们就告诉我情况,他们每一年春节都会出来,我就问他们如何选择出游目的地的,他们认为出游的决策应该以老人为主,比如说空中飞行的时间、天气状况、设施必须完整,等等。儿童其实也是家庭决策里边非常重要的因素,我非常同意刚才孙老师说的一点,你可以把儿童的这种行为放在家庭里面去研究,还可以做跨文化的研究,刚刚孙老师说的这种地中海俱乐部,其实在法国等很多欧洲国家也有很多这种专门为儿童开设的俱乐部,他们已经市场经济化到很高程度了。

孙九霞:我是想给她一点信心,刚刚刘老师说可能会影响到母女关系,我觉得没那么严重。之前有一个人类学研究拍了一个叫《儿童教育》的片子。这个摄像师本来找了一个研究对象，结果孩子的奶奶死活不让拍，她觉得你拍了我的孩子，岂不是把他的毛病都暴露出来了。后来这个摄像师拍了他女儿和妻子，叫《我妻我女》，那是非常好的一部纪录片，是对他们家庭教育的一种记忆，所以我觉得问题不大。

  刘 逸：好的，谢谢各位老师！接下来我们有请余晓娟老师来为我们汇报《旅游景区限流分配的原则与方法》。

旅游景区限流分配的原则与方法

余晓娟

（中山大学旅游学院）

我的研究题目是《旅游景区限流分配的原则与方法》，这个研究还处在一个非常初期的阶段，所以，还有大量的内容需要请大家指教。

为什么要做这个研究呢？大家应该都非常了解相关背景，就是中国的旅游拥挤现象。拥挤一方面会造成景区资源的破坏，另一方面会造成旅游体验质量的下降。这样就需要对景区的游客进行一个数量上的限制。关于景区最大承载量的研究已经非常丰富成熟了，比如在《旅游学刊》上发表的一系列论文，从20世纪90年代到最近2013年的论文都有。我觉得理论上面已经发展得比较成熟了，接着就是看怎么样去计算最大承载量，应该计算哪些值。在实践上面，2013年10月1日开始施行的《中华人民共和国旅游法》第45条规定了旅游景区接待旅游者不得超过景区主管部门核定的最大承载量，同时在今年（2015年）的4月1日实施了国家旅游局制定的景区最大承载量的核定导则。所以，在实践上面和理论上面，像承载量怎么确定、如何确定，也是比较成熟的了。所以，接下来的问题就是如何将有限的景区接待量在旅游需求者之间进行一个合理高效的分配。这就是我要研究的问题。

今天我所汇报的是一个概念研究，所以也没有经过实际的调研，主要的分析方法是参考国外的经验。重点参考的一篇论文就是1977年的美国林业部Stankey和Baden发表的 Rationing Wilderness Use：Methods，Problems，and Guidelines（《荒野使用的理性化：方法、疑难与指南》）。为什么选择它作为一个主要的参考文献呢？主要是因为在2011年曼宁（Manning）的综述性专著里面——这本专著对美国户外游憩研究做了一个非常全面的梳理和综述——对于怎么将景区承载量分配给游客这个问题的分析框架仍然是采用了1977年的这个文献，所以现在我也用这个文献作为主要的参考文献。这个文献对承载量怎么分配的论述已经非常成熟了。比如说，它的 rationing system（定量配给系统）有 5 个分配方法，后面我们会再回顾一下。那么看这个横轴（PPT 内容略）是包括 evaluation criteria（评价标准）对这 5 种分配方法分别进行了非常细致的探讨，可见理论上是已经探讨得比较成熟了。

那么我接下来做的研究的贡献在哪里呢？其一就是在中国的实践和学术讨论当中，还没有涉及这个问题，我就引入进来继续我们关于这个承载量的研究。但是如果要做得有贡献一点，不要变成像陈钢华老师说的那种，完全是一个重复性的研究，这就要结合当代中国的国情。就要考虑中国的国情和美国的国情有什么区别，相应地，我们的分配方法会有什么不一样。第二个是关于中国研究的文献。

接下来看一下 1977 年的这个分析框架。它这个定量配给系统一共是有 5 个方法：第一个是预约法，第二个是抽样法，第三个是排队法，第四个是价格法，第五个是优选法。这些红字标注的（PPT 内容略）就是我们国内用得比较多的，特别是价格法这一块，就是用价格来控制。很多景区会说，它提高价格就是为了把游客数量限制下去。这是国内比较普遍采用的方法。但是，我觉得还应该对国内文献做一个很好的总结和综述（以考察价格法的效果）。其实，排队法国内用得也比较多，我们中国的排队设施应该是全世界最完善的一种吧！预约法也是我们现在开始提倡的一种分配方法。

对这 5 种分配方法有 8 个评价的标准。我觉得评价标准是非常值得我们借鉴参考的。因为在国内比如说执行预约制的话，目标就是把数量限制下去就行了，我觉得这是十分简单粗暴的，需要用更多评价标准对它进行一个全面的评估。比如说第一项和第二项的客户群体角度，就是在每一种分配方法下，都会有一些人是受益的，另外一些人会被置于不利地位。分析这两个问题有助于我们达到公平分配的目标，这是一个基本的公平原则。第三项和第四项是使用者经验的角度。在中国分配体系中，对分配方法使用的经验以及游客的接受度，有必要先做一个总结。另外一个难点是，有一些分配方法，比如说预约法，可能本身在中国使用时间就不长，经验也不是那么的丰富，对于游客来说，他还没有感受到它的好处和坏处，所以它的可接受性不是那么好评价。第五项是管理角度，涉及具体的方法和技术的操作。第六项涉及效率，就是每一种方法都会有一些"次优"的问题，有些问题出现的时候应该怎样把问题减小，需要对每一种方法进行具体的分析。第七项就是控制旅游影响的首要方式。我们进行限量分配，目标最终还是控制过多的游客对资源、体验造成负面的影响，应该关注分配方法在这两个目标上面是如何达到的。第八项就是配给方法如何影响使用者的行为。

我现在的分析当中，以 4 个标准作为分析角度。在这里，我用 2 种方法来作为一个例子。这 4 个标准是：配给方法的具体操作、公平性、效率性、操作难度。预约法要求游客游玩之前预约门票，先到先得。《中华人民共和国旅游法》也提出来可以采取门票预约的方式，对景区接待游客的数量进行控制。从今年（2015 年）的 3 月、4 月开始，上海也开始实行一个景区门票预约制的改革。这就有点像中国出现一个新东西的话，就会在很多地方增设试点，总结经验，等等。上海提出的改革采取了三种方式：第一种是全预约的，就是所有门票都要提前通过网络或者电话来预约，顾客不可以通过现场买票；第二种就是限额预约，一部分是预约的，一部分是现场买票的；第三种，不限额预约，就是对预约数量不进行限制，剩下的量就可以在现场进行销售。

我觉得如果按下面这个分析，根本就没有必要进行这样的试点。如果进行一下理论分析，其实就可以避免当中可以预见到的会出现的问题。比如说，预约意味着我们能够而且愿意提前安排未来的旅程。这首先是能够。但是从生活方式、工作方式来讲的话，有些人其实就没办法提前安排自己的生活，比如说消防员或者医生，等等。根据职业特征来看，有的人他可以安排，对他们来说这种预约方式就是有利的。而对于那些不能提前安排自己生活的人来说，这种预约方式就给他带来一种很大的困难。另外一个就是看个人的性格与其旅行方式。比如说，有的人很喜欢提前安排一切，事无巨细都安排好，到时按部就班去走就好了。那么这种预约就符合他的行事风格。但是有些人，喜欢现在非常流行的"来一场说走就走的旅行"。但是这样的话，你到达景区可能会发现没票了，被拒之门外了。所以，从公平性上面讲，预约法可能对有的群体有好处，而有的群体则会被置于不利的地位。这是公平方面。

效率性方面，具体到预约法，有可能会面临"放空"的问题。假设有一个免费的游览——《中华人民共和国旅游法》规定博物馆、公园等是免费参观的，如果一个人预定了，但却"放空"的话，对他来说是没有任何损失的。而这个游览的机会就白白被浪费掉了，那些想要游览的人就不能游览了。要提高效率的话，景区就要能够让那些被"放空"的机会放到市场上面去供潜在的旅游者使用。这是效率的问题。

操作难度方面，我觉得应该结合现代信息化趋势，比如说使用网络和信息技术。对游客来讲预约是一件便利的事情；对景区来讲它管理也很容易：已经多少人预约了、还剩多少名额，是很容易看到的一个数字信息。另外，现在的旅行都是多目的地的一个旅行，还有就是多景点、多景区的一个旅行。对于游客来讲，如果每一个景点都要到不同的平台上面去预约的话，要浪费掉很多的时间。这个时候应该制定一个统一的预定平台，给旅游者更大的一个便利。另外一个就是可以公布预订的人数和实时在游的人数，有利于潜在的旅游者做出一个明智的选择：来还是不来。以上是对预约法的一个分析。

下面再谈价格法。国内目前还是主要使用这种方法。价格法在市场经济里面是一种非常正常的方法，通过灵活的价格对有限的资源进行灵活的配置。如果是旅游需求大于供给，就提高价格来减少需求。但是，其实我们现在的门票是处在比较高的一个水准的。比如，现在在网络上也经常看到跟其他国家的门票相比，然后除以我们的国民平均收入，等等。其实在世界上，我们的门票价格已经算是排在很前的一个位置了。这个时候如果我们还用价格法来调节，我觉得其实是已经到头了的感觉。

分析价格法的公平性的话，就是它会把不能支付高价的人拒之于门外，这对低收入者来说就是不利的，有损分配的公平。

但价格法是比较有效率的。第一，出高价的人意味着这个旅游机会对他来说是有高价值的，通过价格把这个机会分配给他其实是有效率的。但这只是考虑到能力的问题，还有一个意愿的问题。支付不起高价但是这个机会对他也很重要的人，这个时候他就不能得到这个机会了。从这个方面来讲，价格法就是没有效率的。第二，通过淡旺季的不同价格来调节客流量，可以达到资源更合理的配置利用。第三，旅游者出的价格会成为旅游景点的一个收入，比排队法更为有效率。我后面不会再分析排队法，这里就结合起来简单说一下。运用排队法，排队者付出的是大量的时间，但这个时间并不会成为另一方的收入。但是，付出的价格就会成为景区的收入，这样来讲的话，价格法是更加有效率的。运用价格法的前提，是需要价格和需求量的关系非常明了。比如说，我希望达到最大承载量这样一个量的话，那我应该知道什么样的价格刚好对应这样一个量。这个关系应该非常明了。但是，这还是有难度的。

最后，就是景区限量分配的指导方针，有 5 条。

第一，限量分配应该建立在准确、充分的知识和信息基础之上。这就包括景区每天的信息，像生物、物理空间信息，根据这些信息来制定它的最大承载量，以知道它的客流量。另外就是游客本身有游览行为的信息，在这个信息基础之上再进行限量分配。

第二，只有其他约束性弱的措施没有用处的时候，才使用直接控制方法。所以，我们来强调一下初衷，我们要进行限量的话，目标还是为了资源保护和提高游客体验质量。如果其他方法能够达到这个目标，应该使用其他方法，而不是使用这个直接控制数量的方法。另外一个就是管制最小化的原则，就是要对游客越少管制越好。因为旅游体验就是要自由自在、无拘无束的，如果管得太多的话，就破坏了旅游体验这个本质了。

第三，应综合使用各种分配方法。比如说预约法，如果游客没有践约的话，把预约的这个机会给放弃掉了，对他没有任何损失。这个时候应该设置一定的价格，让他预约就要付一定费用，如果不去的话就要损失这个预约的钱。这样对游客会有一点约束。接下来是使用排队法，因为预约法会造成那些实际安排不能那么灵活的人没有办法预约，这个时候就用排队法给那些人机会。这就是综合使用各种分配方法。

第四，就是限量分配方法应该促使游客对旅游机会的价值做出一个判断，要把旅游机会分配给那些特别看重这个旅游机会的人，这样做是最有效率的。游客怎么判断价值，以及我们怎么判断游客判断的这个价值，要通过游客的付出来判定。比如，排队法就要看游客付出的时间；价格法就要看游客付出的金钱；优选法就是说比如你去登山，上山的名额是有限的，这个时候你满足一定的资质，受过一定的培训，具备相关的知识和技能，你就可以上，也就是说让你付出时间和努力来获得这个机会。所以，怎么样把资源分配给那些最想要这个资源的人，这个是分配的时候应该注意的一点。

第五，要对限量分配的实时效果进行一个监测和评价。考虑到管理的需要，要注意对限量分配的实时效果进行监测、评价和改进。

以上就是我所讲到的限量分配的方法和指导的方针，当然最后的目标也是改善我们旅游体验的质量和我们的环境保护。请大家多多指点，谢谢！

第六节 旅游管理

---主题讨论---

彭　青： 晓娟，你这个问题实际上是一个服务与管理的问题，所有这个方法在十几年前甚至二十多年前都已经提出来过了。那我就想问这个问题，你这样研究的贡献是什么？

余晓娟： 其实，我也不知道该怎样去定位这样一个贡献。我觉得从实践的角度来讲又有必要引进这个东西，有必要讨论这个东西，然后分享给业界。但是在学术上来讲，我确实还没有想到这个贡献在哪里。可能对国内的实践会有点促进。而且从文献这个角度来讲，国内研究确实只确定了一个承载量，但是对于承载量之后该怎么分配又确实没有研究。所以，我感觉确实是与中国跟美国、发达国家和发展中国家之间的差距有关。最终是提供我们现在实践所需要的东西、回答这个实践的问题呢，还是说我们就只追求理论上的突破，我做这个研究的时候也是挺困惑的。

彭　青： 我们学院的本科生和研究生上的服务与管理课程里，这个问题全部都已经解决了。

余晓娟： 啊？都已经解决了。我回去再好好看一下！

赵　莹： 晓娟，我现在的感觉，可能作为研究设计来说，具体的那个问题还没有深入到那个层次。因为我也在景区里头做游客流动的研究，但是我只做行为研究，也就是时空行为，只有这些信息我才能做。那我看到你前面就是提到一个比较大的你想要解决的问题，后边可不可以从那个问题一起集中来说，因为在这个问题里头是有供给和需求这两方面的关系，但我觉得在你后边的梳理里对于供给和需求好像都是混到一块来说的。我在想，你是不是可以按照这个思路把这些做一下？我总体的感觉是，你在设计里头是想把供给控制住之后，就不用去管供给了，接下来还是主要去看需求，去合理地分配游客的需要，所以你是要把需求搞清楚才知道怎么来分配，是这个感觉吗？

余晓娟： 对于现在的分配，可能我那个文献综述就像彭老师所讲的一样，做得还不是很充分，就是还不知道它的供给和最大承载量，所以它到底是怎样分配的还不清楚，这里就是提供一些分配的方法和原则。在考虑这些方法跟原则的时候，是应该考虑到游客的需要的，而不仅仅只要把量控制好就行了。谢谢！

赖　坤：我延续一下之前说的，其实也就是一点小小的建议。如果是这样的一个研究的话，总结的思路的确没有什么学术价值。可是我们是否可以换个角度：那么多不同版本的管理方案，它们在不同情境的适应度如何呢？这个问题有没有讨论过？比如说在中国的长城，什么管理方案更有效呢？因为长城是一个很狭窄的空间。又比如九寨沟或者西藏？如果把西藏作为一个整体的目的地呢？它的尺度还是挺大的。还有，不同的时间节点，比如黄金周期间和平时、淡季，这些管理方案又如何呢？我觉得这些管理工具对于情景化的适应度，可以作为研究的一个切入点。但你这么简单地去比较，而不结合一些具体的情境，我觉得很难谈。因为管理方案是很多的，但不是所有的方案都适应所有的情境。你能不能找几个具体的例子，比如景区什么的，然后去评价这些方案的有效性？

余晓娟：对，这个是可以探讨的，谢谢！

杨　云：其实我觉得这个旅游景区限流的话题，虽然国外有那么多方法，你比较了那些方法，但我觉得我们中国现在的景点，没有人能告诉我们，现在什么样的景点用什么方法。或在一个区域之内，某个景点它是采用哪种方法，或者是多种方法结合，或者采用这个方法是怎么演变的，演变的时候决策者是怎么决策的，我觉得这些你都可以去做的。第二个的话，你可以从顾客需求的角度去研究，比如说我去到那个地方，我预约了，我没有预约，那这两者之间，他们有什么样的不同感受，顾客是怎么样感受的。就比如说，我们很多中国人去了旅游地之后都是随心所欲的，你要用预约制，我不一定能接受。那经过多长时间我们才能去接受这个制度，或者是在哪些区域的人能够先接受这些制度呢，这些都是可以讨论的。关于客流的这一块，也可以去深入地做一个小众的研究。或者从景区的管理者出发，也可以从顾客层面去出发，对各种制度，比如说可以对票价涨价的过程去做研究。比如说有好些景区，你票价再怎么涨，人流还是拥挤的，那这时你该怎么样去分配？比如说中国人这么多，好的景区是非常少的，你不让国人在国内旅游，国人就都出国旅游了，所以这几年出国游旺了，这些都是可以去讨论一下的。

余晓娟：是，好的，谢谢杨老师！

徐红罡：通过杨老师发言的启发，我觉得要做一些实证的研究。比如这些景区的管理措施，这些是很早就提出来了的，但是在运用这些方案的时候，限制性因素是什么？管理者他会列出来说采用这个方案考虑的是什么因素、这个又是考虑到什么，我觉得这就可以探讨在其背后到底是什么样的理论。我刚刚就想到，比如有人说这些方案我都见过、都可以有，因为这个话题是很早就有了，但为什么到景区，管理者总会是另外的一套，说这些都不可能，我觉得这个蛮有意思的。但是光探讨到现在这个程度还不够。我们去黄山，就会有人讲到，限制是不可能的，他们也不愿意，就是因为黄金周的时候就是游客量最大的时候。所以做一点实践、实证，像杨老师说的，如游客排队的时候他是怎么想的，这其实蛮好的。

余晓娟：这些就自己先学习一下，后面继续接着做，谢谢徐老师！

曾国军：我觉得现在这个题目很有意义，是管理实际的问题。从实际问题出发也是我一向主张的，也是我们要解决企业面临的比如利润、利息、效率等等这样的问题，我觉得是非常好的一个出发点。但是就像彭老师说的，技术早就进步了，我们现在技术可以做到灵活定价。包括你说对一些预订方案的评价，因为有预订所以有浪费，其实根本不会出现这个问题。例如我们有一百个舱位，可以跳过预订，用各种手段来保证实现准确性，能够使得将来的实际销售量跟我们预计的量是完全一致的，能做得到。我不是说这个题目该不该采用这个方法的问题，我们应该更多地探讨现在景区为什么不采用这种办法。其实有很多时候是顾客不愿意，景区也不愿意。长城你说没有办法限制承载量吧？完全有可能限制。有没有这样一个机制可以做到让长城的管理者愿意去限制，我觉得这样一个问题才是应该去讨论的。我们将来应该设立一个机制，让供求双方都能够接受，比如说预订制度、价格浮动，这是目前景区最重要的一个问题。

余晓娟：谢谢曾老师，我觉得确实这个应该继续做，本来就是一个国家自然科学基金的项目，所以现在一定会把它做下去，各位老师的话让我觉得"脑洞大开"了。

第七节

旅游与哲学

- 开场白
- 做旅游哲学研究？
- 旅游与哲学：翻译与分享
- 什么是旅游：定义、理论阶段和原则
- 流动范式与旅游
- 旅游研究的知识论视角的反思
- 旅游中的哲学研究议题
- 开放讨论
- 特邀评论

开场白

赖 坤

(中山大学旅游学院)

各位在场的老师、同学,我们的第七节是"旅游与哲学"部分。跟前面六节可能会稍微有一点不同,我们这一节不是要每个老师讲一个内容、讲一个研究,而是我们围绕着同一个主题来讨论。现在我就简单讲一下,为什么要把旅游和哲学这两个东西放在一起,带有什么样的考虑,给大家一个热身,以免太突兀,由我来做一个铺垫,作为第一个环节。我知道在座的老师和同学们对这话题可能不一定都感兴趣或者不一定都了解。接下来,我们会谈一下我们翻译的这一本书——《旅游中的哲学议题》。在保老师的倡导下,我们做了一个翻译,由6位老师来讲一讲翻译的心得与体会,这是第二个环节。第三个环节是"旅游哲学之我见",我们采用开放性的讨论,不限于我们6个做翻译的老师,包括在场的所有人员。如果你感兴趣都可以参与讨论,但是这个讨论是引导式的——由我提出一些问题来引导这个讨论。尽管这样会部分地限制大家的讨论,但是我觉得有一个框架还是好的。那么我的任务就相当于做一个访谈,我来问一些问题,大家来尝试回答它们,然后我再来引导二次或三次的讨论。这个过程比较弹性,但是时间安排要把握好。第二个环节老师们要多发挥一些也可以,但是总体上还是要控制时间,希望在下午4点之前结束前三个环节。第四个环节就是由保老师做一个总结性的评议。

简单说一下这个开场白——"旅游研究的哲学视角"。实际上我们是要把这个概念提出来,就是说旅游研究的视角很多,其中一个视角就是哲学。那么,为什么要探讨它呢?我们只能做一个简单的但不是很完整的回答。我们都知道,大家对这几个字有认识,但是你们仔细想,旅游相关学科涉及很多,有心理学、地理学、人类学、法律、农业,但就是没有哲学。这是一个有趣的现象,但是它反映的这个问题是什么?在整个旅游研究中,哲学这个视角总体上是缺位的。

第七节 旅游与哲学

然而，还是有几位开拓者、倡导者，比如说约翰·特莱布，这个人现在是《旅游研究纪事》杂志的主编，他主张在旅游研究中间考虑哲学视角；还有就是我们国内一个叫作曹诗图的老师，他也出版过一本书叫《旅游哲学引论》；还有我们的保老师，也是倡导者之一，当然还有其他人。所以，虽然旅游哲学是缺位的，但是我们发现有人在倡导从哲学的角度考察或进行研究。曹诗图老师的《旅游哲学引论》这本书我这次不去细讲它。特莱布这个学者写的一系列文章，我想给大家简单梳理下。从1997年的"旅游学科性"、2002年的"旅游伦理行动教育"、2006年的"旅游本质"、2008年的"旅游艺术"，到2009年他编的那本书《旅游中的哲学议题》，特莱布从20世纪90年代末期以来就一直关注哲学角度，用它来进行旅游研究，是一个从哲学的角度看待旅游的引领者。

然后，我们保老师也是一个积极的倡导者。其实，保老师也在不同场合说过，旅游的高等教育目标实际上是培养有思想的实践者；也阐释过包括在科研方面，在中国大陆这个群体里面，是否有必要探讨哲学与旅游的话题。在保老师的倡导下，出现了这一项翻译的工作：对这本《旅游中的哲学议题》，我们做了一个翻译的尝试，希望引入到中国的旅游研究中来。这个工作一共有6位老师参与，从2014年下半年开始，我们就一直在做这个翻译，到现在只完成初稿，还未完成统稿。出版社将会是商务印书馆。

我简要把书的内容说一下。正文首先是导论。接下来，实际上这本书是按"真、美、善"的框架来组织的。

第一部分就是旅游之"真"。在旅游之"真"中，提的是概念性问题、本体论的问题，问的是"旅游是什么"等简单的问题。然后还有一些知识论的问题，因为"真"预示着知识，讲的是人怎么样获得知识以及学科，因为学科和知识的关系是很密切的。甚至还有问"旅游是不是终结了"，当然这个是批判的视角，然后还会提出新的范式去替代，这些都是在旅游之"真"下的问题。

第二部分是旅游之"美",涉及旅游与审美的关系。讲述旅游带来什么样的愉悦,对自然和人工环境的审美,以及更抽象的方面——旅游和艺术。主要讲的是人文学科的问题。现在我们一般认为旅游是社会学科的范畴,那么旅游和人文学科与艺术之间的关系是什么呢?这也值得探讨。

第三部分就是旅游之"善"了,就是伦理方面的内容,就是旅游与人类的关系。比如由于旅游带来很多负面问题,我们是否要反对旅游呢?当然这里有很多争论,其中有位作者就不同意这种提法。待会儿其他老师在介绍各自翻译章节的时候会提到这些。

最后一章是一个总结,提出了一个新的旅游范式,叫作"旅游的跨现代性"。以上就是简单的一个铺垫,为大家提供了一个思路。接下来,我们这个翻译的分享就由每个老师结合自己的翻译做一个小的展示。

第七节　旅游与哲学

做旅游哲学研究？

张骁鸣

（中山大学旅游学院）

我翻译的三章分别是第九章"旅游与自然审美"、第十一章"旅游与艺术"、第十六章"旅游的跨现代性"，我这部分涉及"美"的内容多一点。因为一开始我以为自己是最后一个讲，所以在这部分个人的发挥会多一点，对这本书的内容本身介绍不会很多。这本书已签了合同，基本上一定会出版，如果大家对具体内容感兴趣可以到时候看看书。我今天分三个方面来讲，题目叫作《做旅游哲学研究？》。刚才赖老师已经介绍到了，这本书以"真、美、善"为核心框架来展开。这三个议题从两千多年前古希腊的哲学开始就是非常经典的哲学话题，所以这本书也是典型的西方人组织哲学话语的方式。那这几章说了什么呢？我的内容因为只涉及"美"和"跨现代性"的最后这一章，所以我不可能去介绍"真"和"善"，这是其他老师的翻译工作，我只打算从作者的写作风格、背后可能的立场来进行一个简单的说明。

我大致把这三章总结为三类风格。第一类，第九章是非常典型的类似哲学思想史书写的风格，比如这里出现了美学、美学价值、审美之思、审美观、"无兴趣的愉悦"——这是康德的原词——以及欣赏、判断、形式主义等美学词汇，所以这本书有这样一些文章是比较接近于哲学史或者说哲学思想史传统的，它把这些东西包括这些概念应用到了对旅游现象的分析上来。第二类，就是最后的第十六章，根据我的感觉和个人判断——因为我读得也不是特别懂，虽然翻译出来了——我把它理解为一种新马克思主义风格。最后这一章实际上是想要进一步加强旅游和与之相关的社会现实的联系，所以它提到了我们应该如何来认识或重新使旅游产生一些积极的影响力，这便是为什么说它是一个新马克思主义风格的原因所在。在文章的开头，作者就说她有一位老师，是个信奉新马克思主义的人物，而文章最后的结论又是希望通过旅游来改造世界，所以我把它理解为新马克思主义风格。第三类是尼采的存在主义的这样一个风格，也就是我翻译的"旅游与艺术"这一章。这一章翻译得我"死去活来"，你们可以看到它里面的部分内容有一些像微博段子，或者像我们的博客文章，非常汪洋恣肆，看英文原文会感觉很爽，但是要翻译的话感觉很难。我念一小段。"无论形式如何变幻，难道幸福就是一种旅游动机吗？至于说什么来自内心……也算是吧"，或者"扪心自问……有钱的时候可以干任何的事情"。大家可以想象，它背后的英文原文表达得非常自由，它抛开我前面讲的传统哲学思想史风格，而是有一点像尼采，像一颗炸弹一样，扔在某个时代，"我"要把你们这些结构性的东西、系统性的东西炸开一个大口子，"我"不管那么多。所以，我觉得这本书的内容非常包容，大家到时可以再看一看。

参与这次翻译让我得到的一个启发就是：我们今天来，就是想来探讨这个旅游哲学的话题，大家不用担心，并不是学哲学的人才会弄哲学，其实所有人都可以参与。这本书的原作者来源非常广泛，例如除了英国之外还有来自埃及、荷兰、印度、澳大利亚的学者，作者们的学术背景也非常多样，但是当中只有2个人真正获得过哲学方面的学位。而且，引入哲学的一个好处就是，它作为历史相当悠久的这样一个学科，其实已经提供了非常丰富的思想资源。如果我们要做哲学视角的研究，完全可以在非常广阔的思想资源之中找到一种来与你的心碰撞出新的火花。这里给大家看到的西方哲学思想演化图（PPT内容略）肯定很不准确，因为当时只是为了去华南师范大学做个"旅游与现象学"的讲座，要想讲一讲现象学的思想渊源，就希望能够把整个西方哲学视野做个大致展示。在图上，这些有线条联系的人物和思想倾向、流派之间，有的时候并不是直接继承，而是在颠覆的情况下继承，或者有新的发展。到现在，哲学思维或哲学思想还是处于异彩纷呈的年代，很多东西都在碰撞，所以我们得反思一下：我们老在说要有一个统一的范式，但当进入哲学领域一看，谁知道现在最好的范式是什么。从我个人的理解来说，大家真不用担心，哲学的内容太丰富了。如果你从思想史的角度切入，或者你可以尝试去走那些"旁门左道"，比如说走走尼采的路线；或者和我一样"陷入"现象学；也可以从语言逻辑的概念入手；也包括刚刚李咪咪老师讲的民族志，也可在这张图上的某个思想流派中找得到一些认识论根源。所以，这是一副打开的哲学图景，它提醒我们不断思考这个问题：我们做哲学，能做什么？

那么我们怎么做？这就是我第二部分要讲的内容，从这部分开始往后，都

第七节 旅游与哲学

会是展开性的一些东西。我讲自己最熟悉的一个例子：非常著名的华裔地理学家——段义孚，他实际上是从地貌学开始起步，他早期关注到地貌学的写作风格，1957 年所发表的学术生涯第二篇论文中，就在写地理学中对明喻和暗喻的使用。他觉得，"比喻"才反映人们的环境经验，这之中才有最真实的东西，而这是数字所不能给你的。比如说看到一座山很高，你告诉我这个山跟周围的平地有 150 米的落差，这个数字并不是人的感受，不是真实的环境经验；反倒是，这个山比"我"家屋子旁边的那个山都高好多，这才是真实的经验。所以，那个时候作为自然地理学家的他就有了这种类似现象学的认识，后来就更是一发不可收拾，成了我们人文主义地理学派最重要的旗手。去年我写了一篇关于段义孚的环境经验研究的文章，总结了他的早期文章中的一些观点和方法。很多地理学思想史的书都明确指出，他是受到现象学或存在主义影响的。所以我就去挖掘，现象学和存在主义在他的著作中究竟构成了什么样的影响。我自己现在要用哲学来做旅游研究，那么我就想看看这个用了哲学来做地理研究的学者到底是怎么做的。我总结出来几个特点。一是他推崇直接描述式的地理学写作。二是他推崇人们的直接环境经验，人们以前认为林奇（Kevin Lynch）的心智地图已经很清楚了，很多东西已经解决了，但还是有很多人在挑战它，段义孚也来挑战，他说心智地图这个东西还是太实在了，它并不是在人们心目当中对于环境的真实认知，他说可能叫"基模"会更好一点，基模可能不是地图，可能是其他形态或是和某个人、某件事相关，但能够帮人们记住这个地方、这个位置。三是他还提出，用"环境"这个词来联系我们的经验可能不合适，因为环境是在我们的人文"世界"之中才成为环境的。所以，他好像是分别在方法论、认识论、本体论三个角度讲一种经验，但实际上我认为所有这一切都围绕着有关"经验"的本体论。例如，经验本身不能用数字描述，而要用文字、用你的感受去描述它在我们的心智当中应该是什么形态，它本身应该有一种更宏大存在的视野，而不只是自然环境本身。他从不同角度来讲本体论，让我明白了，他实际上在不断触及被研究的核心现象，这样才能理解他的问题到底是什么、他的思想到底是什么，而不单单停留在他的方法上、他的认识上。以前我们讲哲学，很多时候把哲学纯粹理解为一种方法，但是我们看到，在这里段义孚实际上把哲学化用到了他的研究之中，他的每一步骤、论著的每一个地方都在展现他的思想。所以，我在自己文章中的最后总结就是：说他看上去用了一种哲学的方法，不如说他的论著体现了一种哲学的态度，一种现象学的态度。他学到了现象学之后，就不再需要非得用胡塞尔的词、海德格尔的词，而是把这些东西融到他自己的研究视野当中，因此他的每一个研究都能专注于展示自己的思想。更重要的是，在他最经典的著作 Topophilia（《恋地》）中有这么一句话："那些需要引入结果的方法往往比结果本身更加引人注目。"这句话与我昨天在发言时已经提出的看法是呼应的，那就是：我发现我们第一位发言人左冰老师讲完之后，很多老师一直盯着、揪着她的方法，方法到底该怎么改进之类，我个人觉得很遗憾，因为我们没有管左冰老师最后的结论、她的思想是什么，我们只是一直在追问方法。其实这有一点捡了芝麻、丢了西瓜的意思，我个人的体会是这样。

接下来想谈一谈，当我们做旅游哲学研究的时候，我们希望做出些什么。这是对未来的憧憬。我其实原本希望从现象学去说明一个东西，那就是哲学带给我们的是一种想象力，是一种思想上、理论上的想象力。但是时间比较紧，不允许我展开太多，那么我就用现在很流行的"移轴图"来解释现象学的发现。我们在观察这个世界的时候，总是关注客体本身，而忽略了它们所在的是一个非常复杂的环境，而人恰恰有这样的能力：我可以这样专门地看事物，也可以错开一定距离来实现移轴式的观看。通常我们为了把眼前的事物看得清清楚楚，就把它们孤立出来专门研究，但这原本是一个完整的世界，如果只是这样做的话，实际上你丢掉了整个世界。而移轴的实现让"我"始终能提醒自己要知道还能切换观看的焦点，不要忽视完整世界的背景般的存在。从我个人的角度，因为我受现象学影响比较深，今后想做的研究也就是把旅游这个世界放回到完整的日常世界当中。马凌老师之前有篇文章也谈到过这个问题。当然，这也还只是一个哲学的态度，可能之后去做具体研究的时候、去写文章的时候还是需要有可操作的方法，那这方面我还没有准备得特别好。最近刚刚想到一个方法，就是尝试引入皮尔士的符号学，把它适当地操作化，前提是它与我所坚持的现象学哲学态度相符。

最后我再说一点：哲学并不只是一个拿来就用的方法，更是一种对作为知识的知识、作为存在的存在的思考。为什么会关心作为存在的存在呢？叶圣涛老师很厉害，他在华南理工大学开了一堂讲亚里士多德的"形而上学"的课，我非常佩服他。这个"作为存在的存在"就是亚里士多德形而上学的核心理念，是他真正的思考重心。亚里士多德的看法也许可以总结为：知识是一个整体，分为理论知识、实践知识、创制知识三个圈层；在理论知识这个圈层中，

第七节　旅游与哲学

形而上学是核心，包括数学和自然哲学；同时还有实践知识圈层，那就是伦理学、家政学，后者后来发展成为我们的经济学；同时还有外围的创制知识圈层，如医学、音乐、技术，是要创造、制作一些东西。他自己当然最关心理论知识这一层，尽管他并没有忽略从实践本身去展开研究。因为最核心一层的圆圈特别小，能够探讨的范畴或者我们的思想能够伸展的空间也就特别小，我们多数人都习惯了处于外围。但，是不是说我们在外围就没有了哲学的旨归？我们看，所有知识实际上都能形成一个闭环，例如我们即便在做技术，也有技术哲学、技术思维，总是会回到我们最终追求或追问的知识本身。只不过，比起形而上学来说，技术距离知识特别远，要回去就特别难，很难"超越"。然而，也有不一样的看法，例如海德格尔认为：我们一开始并不是具有抽象思维的人，都只是在和日常事物"打交道"，在打交道当中才不断地去领悟，所以更重要的恰恰是外面这一层，这一层才恰恰是我们能够去产生新的知识、去创造新知识的地方，因为它们受现有知识的限制和压迫特别少。现象学家还特别重视艺术，在胡塞尔的书里提到过，艺术家更有想象力，因为他们不会被限制性的东西所束缚，所以他们往往最有创造力。我们很多的现当代艺术，我们看不懂，它恰恰是超越了我们现在思考问题的边界，最后也可以带来新知识。海德格尔的看法，把亚里士多德的看法颠倒了，也对我们有很大启发，那就是哲学其实是无处不在的。这就是我的补充。

旅游与哲学：翻译与分享

叶圣涛

（华南理工大学公共管理学院）

我们的题目是给定的，就是这本书的翻译和分享。书里面的内容我不打算讲，因为大家要想了解里面的内容最好的办法还是亲自去读这本书，我就想讲讲翻译这本书给我最大的两个感受：一是只有心灵纯净才能够做好翻译。这本书发给我们的时候是 2014 年 10 月份，然后去年（2014 年）的时候，恰好微信又特别的火爆，我感觉微信搞得大家都不能够安心地进行研究了。尤其是在春节的时候抢红包，达到了一个非常流行的状态。我记得有一天把第八章打开，第八章是特别难翻译的一章，打开放在那里，一边看微信一边翻译，结果一句话都没有翻译出来。于是，我决定把微信给删了。删完了之后，我开始翻译第八章，也是花了差不多 10 天的时间才翻译完；然后第十二章，这是相对来说比较好翻译的，2 天时间就翻译完了。然后，还有第十四章也是我翻译的，那一章也比较难翻译，花了大概 5 天的时间翻译完的。所以我觉得，一个人要是能够静下心来的话，效率会大大提高的。由此我也觉得翻译是能让人心静的工作，我从来没有那么的静过。以前读过同济大学孙周兴老师的一篇文章，他说让他感觉最幸福的事儿就是在电脑前摆弄自己翻译的文字，此言非虚也。第二个，我觉得翻译是一次在语言世界中的旅游行为。如果我们想在语言的世界里进行一场旅游，我想最好的一个办法就是去翻译一本书，然后这样我们才能够体验语言的美。翻译是一件辛苦但是又幸福的事儿。它的辛苦在于什么呢？就是我们很难进入语言的世界。它的幸福又在于什么呢？一旦我们进入了语言的世界，我们就能够体验到其中的美妙。比较一下，比如说书中有句话的翻译是特别打动我的，就是那个 Steve 写道的 "Men speak more often to mountains than mountains to men"，我一开始的翻译是"大山在倾听人，而不是人倾听人山"，后来我记得是卢凯翔校对，将其改为"人向群山述说，而群山无动于衷"。可见，翻译对语言美的追求真的没有止境。

第七节 旅游与哲学

关于分享，我还是想把我现在做的事情拿来跟大家简单地分享一下。一开始的时候，我对哲学的兴趣起始于我的困惑：在我们的学术中，为什么有那么多的"主义"啊？我们进入学术最大的困惑和挑战就在于有各种各样的"主义"，然后各种各样的"主义"究竟是什么意思呢？搞不懂之后你就会很烦躁。我记得很多年以前，大概是2004年的时候，读到一篇文章，我印象中是河南大学苗长虹写的关于区域的研究，然后里面是各种各样的"主义"，这篇文章根本看不懂啊！然后呢，就为了解惑，后来就是为了兴趣，因为在解惑的过程中我忽然来了兴趣。再后来，我就觉得是不是可以把这个当成一种志向呢？其实在这之前我听过一句话，就是美国的一个哲学家怀特海曾经说过，一个人在年轻的时候就考虑自己的信仰问题是一件愚蠢的事情。我看到之后就冒汗，因为我在20多岁的时候就对哲学非常有兴趣了，难道我是一个愚蠢的人吗？后来我又想，没准他是个愚蠢的人呢？所以，我认为一件事情是没有绝对的。因为如果这样的话，那是不是所有哲学家都是非常愚蠢的人呢？所以，我认为他的这个观点也可能只是他个人的观点，我没有必要为了他个人的观点而改变自己。既然说我们把哲学当成我们的一种志向，一种研究的志向，那我们该怎样去做呢？所以，下面就是我的一个计划。

我觉得现在的学者可能在进行自己的研究时都会自问："谁会读我的书呢？"后来我想来想去，如果你的书连你本民族的人都不读的话，我估计这个世界没人读你的书。所以，我觉得有句话是对的，"民族的才是世界的"。为什么这样说呢？其实有两件事情，是真实发生的。一件是在上大学的时候，一个同学跟我说："哎呀，其实人长得都一样帅的话，该有多好，就不会有烦恼了，对不对？"但是，如果人长得都一样帅，万一我们哪天审美疲劳了怎么办？那这个世界不是太无聊了吗？其次还有一件事，那天跟我们班的同学一起上课，课上讲的是国家跟国家之间的冲突往往都是由于争夺土地而产生的，所以他就设想如果只有一个民族、只有一个国家的话该多好，就不会有那么多的国际战争了。这种观点乍一看是好的，但仔细想又不对。其实上帝让这个地球上有这么多个民族、有这么多个国家，原因可能是，如果我们其中的一个民族、一个国家出了问题，还有另外一个民族、另外一个国家可能没有出问题，这样才是一个最安全的方法，这样才不至于全军覆没。所以说，"民族的才是世界的"。我们既然是一个说着中国话的学者，也许我们的哲学研究应该放在一个中国思想传统里面去进行，对我们的民族来说才是有价值的。

我始终有个观点：当中国可以向西方或者向世界输出一种思想的时候，我们才可以称之为一个强大的国家，否则的话我们是不可能成为一个强大的国家的。事实上，我们的先人早就有这样的认识，就是"中体西用"，我们试图站在中国的一个思想传统里面去看待西方或者诠释西方思想。这是早就提出来的。但是在一百年前，我们提出这样的想法的时候，是不成熟的。为什么呢？因为我们都不知道西方人写了什么。我们可以看看，一百年前也许人们对康德究竟说了什么话、黑格尔说了什么话、胡塞尔说的什么话都不知道。所以那时候，在那个意义上来提出"中体西用"是有限制的。但是在现在这个时期，我们是可以做这样的思考的，因为我们基本已经将西方整个的经典著作都翻译出来了。并且，我认为，对于每个西方的著名哲学大家，我们都可以找到对应他们思想的比较精确的或比较到位的诠释和易于理解的著作。这是上一代中国哲学家的集体努力的结果，他们是功不可没的。

当我们"80后"这一代开始走上哲学研究的道路，我们已经有了一个非常好的、由前人打下的基础，因此，我觉得我们这一代人的任务是在前人基础上向上地奋力超越。超越什么呢？我的一个总的想法就是，能否通过在西方思维下对中国思想的重新诠释来超越中西的对立。大家知道，《易经》这本书在中国的整个思想传统里面应该可以称之为一个源头，所以我的想法是对我们中国的这样一个"太极说"进行一个全新的诠释。在中国思想史上，春秋时期的孔子、三国时期的王弼、宋代的周敦颐、明代的来知德对《易经》的诠释都有新的贡献，但这基本上属于中国思想内部的发展。现在，在西方思想的冲击下，我们则可以立足于一个更广泛的视角来对《易经》加以诠释，这就是我给自己所规定的思想任务。我现在还不确定自己能否成功地完成这个任务，但是，我坚信方向是正确的。不管怎样，在做这件事情的过程之中，我能够让我的心灵安静下来。

衡量一种思想是否具有思想史意义，我觉得有两个标准：第一，就是对西方哲学的困境本身进行回应，如果这是一种新的思想的话，它是有能力对西方哲学进行回应的。比如，要能回应尼采的价值虚无主义；要能回应福柯对理性秩序的批判，因为在西方理性秩序下，福柯对理性秩序的批判是比较有力的，它认为理性秩序是一种压制。第二，就是对真理的认知有所启示，我们能够在这个框架之下，对我们人本身增进理解，对我们的旅游研究，对我们关于"大地"的研究带来启示。

第七节 旅游与哲学

什么是旅游：定义、理论阶段和原则

李咪咪

（香港理工大学酒店及旅游业管理学院）

大家好！我参与翻译了此书的第二章"对旅游者的定义"，以及第三章"对旅游的定义"。今天跟大家分享一下"对旅游的定义"这一章。

这一章主要分成三大部分。第一部分讲为什么要对旅游的定义进行研究，包括从理论上到实践上对旅游是个什么东西进行内容上的界定，它的意义何在，这是第一部分。第二部分基于学术范式的理论，提出了一个旅游模型，作者对他所回顾的这些文献所展现出来的这个旅游定义研究的一个范式上的变化进行了分类，最后他提出了自己对"什么是旅游"的一个认识。我们先看一下作者的介绍，为什么要看作者介绍呢？因为一会儿看完作者介绍，再看他回顾的文献，就会了解到，因为这个作者是一个巴西人，所以他的母语是西班牙语。他的学术背景是历史学的硕士和传播科学的博士，他现在在巴西圣保罗大学任教。他刚一开始列出了一些学者对旅游的定义，包括世界旅游组织这种具有可操作性的定义。根据库恩的说法，现代对旅游的定义也可以分为三个阶段，包括前范式阶段、系统论阶段以及新方式阶段。在系统论阶段和新方式阶段之间存在一个转化阶段。作者指出，虽然旅游研究发展了这么多年，最早的对旅游的定义是在1911年提出来的，但是在这100年的过程中我们还没有产生一个能够为从各方面研究旅游的学者所广泛接受的一个定义。在这些所有存在的定义当中，系统论的这个定义方式的接受率是最高的，也就是被最多的人所承认或是使用的一种范式。在前范式阶段，也就是没有范式的一个阶段，他介绍了两位学者。第一个就是福斯特，他是一个西班牙人，建筑学博士，第一个学位是中世纪历史的学士学位。福斯特认为旅游不是独立的一个学科，不能作为一个独立的研究对象。我们在进行旅游研究时，要根据一个独立的问题来决定用什么样的方法来研究。比如说，如果你研究的是一个旅游者，那么你要采取心理学的方法来进行研究。所以，旅游研究更强调跨学科的一种关系，我们不能仅仅局限于单纯的一个人或者政治或者目的地来研究，福斯特更强调不同学科之间的一个关系。第二个是赖老师刚刚给我们看的一张图的作者 Jafar Jafari 和 Brent Ritchie 提出的对旅游的定义，他们两个认为我们需要这种以超学科的方式对旅游进行研究，但是超学科的方式太难了，所以我们用跨学科或者多学科的方法进行研究。所以，他们提出了这样一个框架，框架就是说旅游学是一个核心。旅游学中包括很多现象和内容，比如我们研究旅游地理学，就由地理学院提供支持，那旅游消费者行为就可能由商学院或者心理学系对它提供支持。它强调的是跨学科的一种研究方式，这是第一个阶段，就是前范式阶段。

第二个阶段是系统论阶段，这个是由凯尔弗（Cuervo, 1967）提出的，他认为旅游学是一个大类的系统学科，它包含了很多内容，比如说航空、住宿等这些一个人在旅游过程当中所有可能涉及的部门都包含在里面。系统论阶段还有一位学者瓦哈卜（Wahab），他认为人的旅游是一个社会系统中非常重要的一个组成部分，他提出了旅游是关于人类移动的现象。现在像"旅游是人类在空间上的位移"这个概念已经广泛地被接受了，当时其实是一种很新的概念。他认为，旅游是社会里面的一个系统，旅游本身的各个组成部分是一个相互依赖和互动的关系，所以我们在研究旅游的时候要研究旅游这个系统的静态性和动态性，就是这个东西是什么，还有它在时间和空间上的变化是什么，这是两个维度。这就是一个系统论阶段。

在系统论阶段到新方式阶段的转换中产生了一个过渡阶段，这个过渡阶段还是基于系统论的一个范式，但是在其中加入了一些新的东西。比如说莫利纳（Molina）提出旅游的三个进化阶段，包括前旅游时期即我们都知道的最早的 Grand Tour（大旅游），就是英国的贵族到欧洲各国游学，还有就是工业化初期到"二战"的旅游形态，最后就是在后现代旅游时期我们才真正产生了旅游这个学科的研究，这是一个过渡阶段的研究。另外一个就是阿斯卡尼（Ascanio）所提出的旅游是跨学科但多系统的，是一个系统的跨学科，它包括旅游者、旅游的接待者、旅游者和旅游接待者之间的关系在空间和不同情境上的体现，他强调了旅游者和目的地居民之间的互动关系，这就在系统中加入了新东西。但是，也有学者认为，这种研究可能从社会学或是接待业方面来解释会更好。

第七节　旅游与哲学

　　第三个阶段是新方式阶段，包括拿彻（Nechar）、特里戈（Trigo），这两个人都是采用批判性认识论的方法在后现代主义的框架下对旅游进行一种反思性和诠释性的构建，要产生"批判性的内容"而不是"内容的批判"。拿彻认为，我们研究者本人是处在研究的危机当中或者说是科学哲学的危机当中，我们在进行研究的时候可能被"旅游"作为一个词在语言上所代表的东西蒙蔽了它的内涵，也就是说我们对"旅游"的理解可能只是语言上的理解，这种理解过于片面、肤浅，使得我们没有办法了解它真正是什么。另外他们也提到，我们进行旅游研究的时候，可能过多地受限于所谓的 logical moves，就是所谓的逻辑的步骤，即过多地强调逻辑的步骤的合理性，而忽略了知识构建当中的内容。即要多考虑：我们为什么包含这些内容，这个内容它的内涵是什么，还有就是对内容的衡量和诠释。这个诠释并不是我们所说的解释现象或者说跟以前的对话是什么样的结果，更多的是一种单纯的理论上的思考。他认为，我们应该从解释学、现象学和方言学的这几个角度对旅游进行研究。而特里戈从后现代性的角度提出了对旅游的定义。在这些基础上，作者提出了他的一个想法（我觉得其实这也不是一个完整的定义），他提出的主要是一种原则：我们要定义旅游，首先要明确什么属于旅游，什么不属于旅游，也就是说旅游的范围是什么。他提出了一个基础性原则和一个理想性原则，基础性原则就是你必须包括什么东西，理想性原则则是可持续性、平等、公共与私人权力等这些理想化的原则。这些就是这一章的内容，总的来说就是为什么要研究旅游定义，然后就是从三个范式阶段作者提出了他自己的一个想法。

　　我刚才为什么要专门说到作者的背景呢，因为他是一个巴西人，所以引文当中除了 Jafari 和 Ritchie 的论文是英文的外，其他绝大部分都是西班牙语的文献。我们前段时间收集了几个语种对旅游的定义发现中文有 156 个，英文有 228 个，而西班牙语只找到 38 个。虽然这个数据不完全，但是也从某种程度上反映了体量的大小。而本章的作者大部分是基于对西班牙语的定义，所以可能存在一定的局限性。

　　以上就是我翻译的内容。而翻译的感受就像刚才叶老师讲的，是一个要静下心来做的事，这不是一件很容易的事。但我也非常感谢能有机会参与到这样一个很有意义的工作当中。谢谢大家！

流动范式与旅游

马 凌

(华南师范大学文化地理与文化产业研究中心)

我非常感谢能有这样的机会跟大家分享。刚刚听了骁鸣跟圣涛的演讲,我觉得很有感触。中午跟徐红罡老师聊天的时候,徐老师问我翻译的感受是什么。因为我本科学的是这个(英语文学),所以我没有遇到他们那么大的语言问题。但是在翻译的时候,我的确可以感觉到,哲学对于西方学者来说,似乎非常容易就可以进入,不像我们,我们好像需要特别准备才可以进入它。所以我认为,哲学有时候不是一个知识层面的问题,而是一个意识层面的问题。就是它已经在西方学者的意识里面,他们一直在用这个东西。跟咪咪一样,今天我就讲一下我翻译的内容。我翻译的是第六章和第十章。第六章的题目是"旅游的结束?——流动论与游牧论的范式",第十章是"旅游和人工环境的审美"。因为时间的关系,我就只讲第六章。

在第六章中,作者开篇就提出了一个特别尖锐的问题,讲"旅游"是否已经结束了。作者抛出这个问题作为标题,其实他并不是在讲"旅游"真的结束了,读完第一段,我们了解到,作者所要讲的是,我们需要把"旅游"这个我们常常认为是理所当然的一个概念,放在一个更为根本的本体论视阈下的一个特殊过程——流动和各种流动视阈下的活动——中来考虑。那么什么是本体?在这里他想表达他认为的世界本体是怎样的,世界的本体具有一个稳定的结构,是有秩序和完整的,还是流动的和不稳定的。看到这里我就在猜想,作者其实是在用一个批判的视角。

就从第六章的第一部分开始讲。我们要讲流动视阈下的旅游,那么什么是流动?我翻译了这一章之后才发现有好多人在写流动,我就想去看他们在写什么。在这里作者说,在西方,流动是在学术研究和论文中普遍出现的词,但是它被讲得太多,它让人兴奋,但概念又含糊不清。所以他讲,尽管流动有很多

第七节 旅游与哲学

种定义,但是它本身作为一种发展过程、一种自由、一种机遇,含义还没有被清晰地阐明。Tim Creswell 在他的《在移动中》一书中对"流动"有一个定义,他说"流动是与所有的固定相对的一种空白的空间"。这个"空间"是很有意思的。我们以前讲的地方、场所是一种可视的空间,而他认为流动也是一种空间,是与地方、场所这种基础概念相对的一个概念。最简单地来讲,从现象上说,流动就是一种置换和移动。当然,他讲流动和移动其实是有本质区别的,本质的区别在于,移动是一个中性的词。在这里,他用了一个比喻,就像地方和场所一样,场所是一个中性的词,可地方并不是,所以流动和移动的区别恰恰在于,流动是人类对世界空间的地理以及核心的一种体验。

  作者讲到了流动的三个层次。他说,流动首先是一种可以被观察和测量的事实,也就是在我们的很多理论例如移民理论里面,它代表的是一种纯粹的动作和流动的现象;第二个流动的含义,它是一个表征,这种表征体现在各种电影、文学、哲学的主题里面,它代表着一种高度思想化的意义,强调自由、反抗、创意以及和生命本身相接近的同义词;第三个层次是将它具体化的一个实践过程,对于个人而言,本质上来说流动是一种个体的深刻的象征性体验。

  作者也提到了流动的历史。今天我们为什么会讲流动,大家会非常愿意把这个问题再提出来,或者说非常热门,因为其实在人类社会早期的时候,流动是非常困难的。他提到了欧洲的历史,在奴隶社会和封建社会时期,流动是一件很奢侈的事,人们主要是在土地间进行劳作,流动只限于战争或者宗教的一些朝拜。直到近代,随着资本主义的兴起、商业贸易相关的这种流动开始,到现在随着跨国资本主义的扩张,商品和劳动力才在全球范围内流动,也就是我们所说的全球化。在这种全球化的背景下,他理解的这种流动就成了一种权利,在这里,他把旅游理解为一种现代的人群迁移,流动成为一种可依照意愿在民主国家之间自由移动的一种权利。同时流动也被理解为一个隐喻,这个隐喻是人类学家 James Clifford 提出来的,他讲现代社会的特征反映出,现代社会就是一个新的、有各种联系的、体验速度的、带着希望去旅行的一个流动的世界。

  第六章的第二部分是讲游牧论与流动的范式。作者用了一个比喻,什么样的人群可以代表这样的流动呢?他认为最典型的人群除了旅游者之外,就是流浪者。流浪者的形象,被他看作一个连续空间的主体,也作为社会去疆域化的一个象征。我不知道我对 deterritorialisation 一词的翻译对不对,它是说,一般而言每个人都是有一个边界（即固定生活路线）的，但是这些流浪者恰恰过着一种去边界化的生活，他们没有中心、没有路线、没有秩序，他们去疆域化之后没有像移民那样再疆域化，就是稳定下来。Creswell 对此有进一步的解释，他说流浪者跟移民是不一样的，移民带着到某处定居下来的想法，从一个地方到另一个地方；而流浪者只是用具体的地点、具体的场所来确定其行走路线，他们到最后也不会回到一个有秩序的空间、一个稳定的空间安定下来。这里顺便提一本书，就是这本《游牧思想》，是德勒兹和瓜塔里这两个后现代、后结构主义哲学家写的。另一个著名旅游学者约翰·厄里（John Urry，他是我们很熟悉的《游客凝视》一书的作者），他将游牧主义理解为这样一种概念和思想，就是把它泛化到我们的生活，包括我们的研究中。厄里指出，学术或者政治的写作也可以被视为一段旅程，为了寻求理论，人们离开家去旅行，就像旅行家一样，从来没有一个从此地出发又回到此地的家或者固定的点，理论家看上去永远带着希望旅行，既不在家也没有离开。游牧论作者采用这样一种范式和理论，它们其实是对于传统秩序观的一种挑战，因为传统的西方哲学强调的是对于世界秩序的寻找，而在这里作者讲到在西方哲学里同时存在着另外一种思潮，即不寻求对生活秩序的一种理解，而是去探求生活中一种根本的失序和复杂。就像昨天左冰老师讲到的，现在的量子力学发现，其实微观世界中，事件是无概率和随机的，我们找不到这样一种所谓稳定的结构。

　　游牧论哲学思想的代表人物从尼采开始，到法国两个后结构主义者那里达到了高潮，其中一个就是德勒兹，其代表作是《资本主义与精神分裂》；而另一个是福柯，福柯是我们特别熟悉的，许多研究者都受到他的后结构主义思想的影响和启发。他们采用的都是一种批判主义的视角，比如从游牧论这样一个视角对传统的知识生产进行批判。他们认为，我们其实没有办法去找到客观的真理和秩序，所有的知识都是和权力相关的，没有一种权力不与某一种知识或者某一种知识的领域相关，或者没有一种知识不以权力为预设并构成权力知识的一部分。同时，他们也对现代性和现代社会进行批评，认为从游牧论的视角看，现代社会的出现并不是通往自由的进程，而是一种新的权力—知识规训制度的设置。所以游牧论的哲学思想代表的是一种批判思维的风格，这种批判试图指出以往科学、国家和文明中的稳定逻辑，也同时指责了以往对于文明的传统二元划分，这种划分认为固定的居民优于流浪者，后者往往被看成是一种威胁、一个社会的扭曲或一个社会的问题。传统思想的背后实际是一个假设，就

第七节 旅游与哲学

是我们一般认为稳定是优先于流动的,扎根是优先于流浪的,这都取决于主体性的传统模式,就是把自我限定在一个严格的排斥性的边界之内。

接下来作者试图将流动和旅游联系在一起来讨论。John Urry 提出了一个"全球流动体"的概念,他认为世界不是一个稳定的结构而是高度流动性的一种构成,是不均衡的、偶然的、不可预测的。我们只有将现代世界的流动、不流动或者流动与不流动之间过渡的这些地方连接起来分析,才能对人类社会有一个恰当的本体论的论述。这就是他如何从流动和游牧论去看待旅游,他强调了这个流动范式下的旅游。以往的旅游是区别于日常生活的,是穿插于社会生活之间的一种短暂性体验,但是在流动范式之下,他认为旅游就是日常生活的一种组成部分,旅游越来越被看成是一种过程,是社会生活中的一种过程,所有的事情看起来都在全球范围内永久不断地流动,大部分人都在以各种方式旅游,不管是跨地方的,还是本地的,本质上都可以看成是在流动。他认为,当今社会不同的政治、技术、金融或者运输的改变都围绕着如何降低人和物的移动障碍在发展,所以大家应该把界限打破,把流动的相互依存性结合起来,而不是分开来分析。

所以,当流动作为分析旅游的框架的时候,我们就看到一些新的可能有意思的话题。作者讲到了旅游中的移动和非移动这样一些话题,我们传统的观点常认为,旅游者就是一个在目的地不断地移动的这样一个主体。但事实上,我们会发现有很多旅游者经常会选择在一个地方停留下来,处在一个相对非流动的、慢节奏的状态,所以大家认为移民或反向移民、跨国主义、旅游等之间的关系是需要进一步研究的。另外,他进一步讲到了旅游中的流动空间,他说流动往往需要可区分的社会空间,这些空间围绕社会生活的节点可以组织出社会生活的新的形式。我们以前讲的旅游通常是在相对优越的社会空间实现的,像酒店、景点、机场,还有一些公园、购物场所等,但是在流动的视角下我们也需要关注到一些不那么优越的空间,比如说街角、地铁站、公共汽车、公共广场或者后巷,我们关注这些空间其实是因为人们在新的流动视角之下看到,我们在移动的时候旅游就已经发生了,所以我们应该关注一些偶然随意的活动。在这个范式之下,我觉得他颠覆了我们以往的空间性和尺度的一些观念,也打破了我们对旅游空间和时间的一些暂时性和一些线性的假设。同时他也讲到,在这种范式之下我们要重新理解地方和人的关系,地方不再是一个固定的、稳定的物质场所,而是通过人的活动和展演从而具有复杂的特征。所以认识流动性的关键在于,将人的肉体和物质的设置作为一种情感工具,通过这个身体我们在感知地方和移动的同时建构情感的地理理解。在这种地理理解下,可以建立一个更好的流动语境下的旅游地图。

最后,作者提到了流动的方法论,比如他提到了流动的民族志,民族志是现在人类学家、社会学家用得很多的方法。他讲这个流动的民族志,就是希望我们能够捕捉到以往忽略的一些旅游空间和流动空间的一些思绪,即并不是那么秩序化条件下的一些行为,类似我们刚刚讲的一些去疆域化的行为,所以数据的收集需要更灵活、非正式、关注语境和更关注移动的主体。

下面是我翻译完这章的一点小的思考和总结。今天,我们看到流动是使用得非常多的一个词,那么把流动提出来作为一个新的范式的时候,我们需要思考,就像这个作者提到的一句话,"我们有没有把流动过于浪漫化?"现在网络上有句话很流行,就是"世界那么大,我想去看看"。如果我们不断把这样一种行为浪漫化,那它本身与传统的观念有没有冲突,冲突在哪?从研究来看,这种范式本身可能也代表着一种新的挑战和对话。第二个我思考的是,如何在流动的视角下重新去看待旅游、研究旅游。像作者在第一段中所讲的,新的时代和社会背景下,旅游是已经消失了,还是被拓宽了?第三个就是在这样一个新的范式之下,我们可能会有哪些新的研究方法?这就是我的一点小思考,谢谢!

第七节　旅游与哲学

旅游研究的知识论视角的反思

李　军

（中山大学旅游学院）

我的时间肯定也是不够的，而且我这里边写的内容和我的《旅游哲学议题》的翻译可能没有特别大的关系。我先说一下：原本是写一个下周五（指2015年6月19日）在我们学院做的讲座形式的东西，当然没写好，所以我的PPT最后没写"谢谢"两个字。我先花两三分钟讲讲跟翻译有点关系的。我这次翻译的是第四章、第七章和第十三章。第四章讲的是知识论与本体论和旅游，这个是属于求真的话题吧；第七章讲的是旅游对人的一种修复，精神、心灵上的一种修复；第十三章讲的就是旅游的伦理。

我今天要讲的内容虽然主要是涉及第四章，但是后来想想，我翻译的这三章恰好也可以从内容上通融起来。第四章是讲知识论与本体论的方向；而第七章的内容则是一个实证主义的方法。实证主义就是设定有一个像科学那样真实的世界，真实的命题就是有一个真理的东西存在，然后寻找经验证据去证实或证伪这个命题。这也是现在最流行的，因为我们看到的最多的就是这一类的研究了。第七章的具体内容主要包括三个部分：第一部分是讲旅游的修复理论；第二部分是讲修复性的环境，与前面有一个对应关系，就是环境是否有修复人的心灵和精神的作用；第三部分就是把发表在期刊上的文献做了个总结，主要是有关动机、旅游动机等方面的文章，很多这样的文章。第十三章主要是一种建构主义范式的，其内容比较复杂，我感觉压力也最大，是关于旅游伦理的。由于受限于我自身的阅读量，说来惭愧，翻译得很吃力。它也主要是三个部分。第一部分讲功利主义，更多地涉及经济学、商业这些学科，它们都属于功利主义价值范式的。第二部分讲的是康德主义，从康德主义对人的尊重这样一个视角去阐述的。该章的作者用了大量的德语，直接照搬，由于我不懂德语，所以那里边有很多德语的东西让我觉得很吃力。后来辗转用了很多的方法，找了很多材料，甚至有些猜或者半猜的性质去理解它们，所以我不敢轻易定稿，花了很长时间去反复求证，大约有一个月。大概没有老师像我这么笨的，搞了一个多月，赖坤说他5天可以搞完，所以我就不敢再跟他说话了。这一部分花了太多时间，因康德这一部分实在非常难懂。虽然我读过他的作品，但是是跟伦理没有多大关系的《纯粹理性批判》的一部分内容，而且全书没有读完。这第十三章的第三部分相对好懂一点，只是相对来说。在这一章的最后，作者分别用了三大本体论来概括这三个伦理流派，我觉得还是挺有意思的。

我今天主要想讲的，是直接与第四章有关的，是关于知识论的东西。上面提到的第十三章中的三大本体论中，我们现在听到最多的就是两大对立范式：一个是实证主义，一个是建构主义。虽然另外还有伦理、价值的一派，但很多时候实际上就是在反映这两大对立范式。我想用知识论，将这哲学上争论了几百年的两大对立范式，放入到旅游研究的视角下，去做一个分析哲学式的呈现和阐述。今天肯定是讲不完这些东西的，因为每一个部分内容都非常庞大。

知识论方面我参考的内容，可以说主要是现代哲学中的，而不是现代之前的，虽然也可能会涉及一些哲学史。由于我现在对现代哲学是按照专题在读，因此那些为了一个概念讲几百遍、很痛苦的那种争论，或者一个题目都可以讲很多、涉及很多细节的这种争论，我是想跳跃过去的，而直接来看关于知识定义——JTB（justified，truth，belief，证成、真实、信念）的东西。关于这个JTB问题，我曾经和赖坤有过一些讨论，但他当时似乎对这个概念没有兴趣，说这些都没有意义，而我却觉得相反。打个比方说，在经济学里，如果让我来讲这个经济学理论，我就会讲三个概念结构：一是均衡，二是比较均衡，三是动态均衡。均衡有没有意义呢？在我看来就像知识论中问"知识本身有没有意义"是一样的。关于均衡，从来没有经济学家对均衡的意义大谈特谈，因为他们默认这是个公理，而大家都知道公理很重要，没有公理就没有论证。

因此，我会先讲知识论中的JTB的东西，然后介绍关于JTB的争议，最后跳跃到提出一个挑战性问题，希望大家也会感点儿兴趣。经典地来说，JTB就是justified、truth、belief三个词的首字母缩写。在现代哲学中一般倒过来讲，就是truth、justified、belief，这是一个表述能够成为知识的三个条件或步骤，在哲学史经典中是从柏拉图著作《泰阿泰德篇》中总结而来的。JTB中的justified这个词语让我颇费心思，不知道怎么翻译成中文。可能有时候我对于中文过于苛刻了，觉得总是拿不定主意，不过后来我发现有人用"证成的"这个词,也许可以,而有人用"证实的",不太准确。我认为,它有的时候可以作为一种实体,跟 fact(事实)是同义的,这个我在这里不做太多解释。

那么,什么叫知识?知识就是满足 JTB 三个条件的那些表述。首先要有 p,p 是指一个 proposition,也就是一个命题,假设有一个命题成立,即 truth;第二个就是认识主体 subject,相信或者认为——也就是跟 belief 对应——它成立;第三个就是,它成立的依据就是它能够被 justified。这就是三步。这三步当然也有很多争议、讨论,比如非常有名的是 Gettier 在 1963 年发表了一篇文章,他根据罗素的提议,对几个重要的反例做了一些梳理。Gettier 提出了一个观点,认为 JTB 不是充分条件。它的主要问题是什么呢?JTB 面临一些很荒谬的反例,而这些反例如果只按 JTB 标准也被认为是一种知识。这次先不介绍具体的反例了。我特别想讲,现代哲学不会把这个 JTB 的讨论专门归结在知识论里面,而是被放到 truth 研究中,因为知识的概念本身还是要从其 truth 的属性来定义。而在旅游研究里面,这种对于 truth 的追问往往是最缺乏的,所以我希望这个能够讲得更具体、更深入一点。

关于知识的 truth 理论的争论,有几种主要流派的观点:第一个是真理的实在论;第二个是真理的相容论,相容论比较难懂;最后一个是"粘着论"。我想强调最后这个"粘着论"。"粘着"这个词也是比较难的,翻译成"连贯"、"联系"都是不对的,翻译"粘着"可能才是合适的。这个流派认为:没有一个,或者没有任何思想或者是观念、想法,是可以以单个的定理独立存在的;所有命题与另外的几个命题都是互相粘着的;如果有人说有一个命题单独构成了一个思想,那它肯定是错误的。这是非常抽象的一个理论。

关于知识的分类学方面我不想介绍太多,这里跳过一些,只提一下 Scruton 在 1994 年提出来的一个看法。Scruton 认为知识论是 20 世纪后半叶最热的一个哲学论题。所以,这里(PPT 内容略)提出的几个方面我认为都是值得去反思旅游研究方面的问题(由于时间关系此处无法展开阐述)。例如刚才赖坤老师给出的这个发散图中的问题,大部分我认为可以归结到知识的类别研究里面去。再比如很有名的康德,他在莱布尼茨和休谟的基础上提出的两个二分类,即分析命题和综合命题、经验命题与先验命题之间的关系。他所谓的纯粹理性就是找一个交错,就是说一个综合命题如何能够是先验的,整本书就是介绍这么一个问题。

最后我想提出一个问题,就我现在阅读的情况来看,我提出这么一个关键问题：当今知识论里面没有人提过 justified truth。由于文献量太庞大了，因而我经常概叹自己没有能力，我不敢说自己穷尽到多少份上，但是我可以在我比较集中的阅读基础上来提出这个问题。这个 truth 很多人认为是客观存在的，但是在大部分情况下它却不是客观存在的。我举个特别简单的例子，就是关于满意度的研究。这个大家都熟悉，特别是做营销研究的学者，无论他是做关于消费者还是员工满意度的研究。这个满意度概念已经用滥了，我看到学生写 satisfaction（满意度）我就头晕，不让他写，我说你们没有能力涉及，我是这样想的。我为什么会用这个案例来提呢？前面讲的关于知识定义的三个词语之间的关系，如果单独而言，在目前的文献中可以看到 justified 单独讲一章、truth 单独讲一章、belief 也单独讲一章；如果三个词语进行两两组合的话：belief truth 也有，justified belief 也有，唯独缺乏 justified truth。所以我特别想提出这么一个问题，为什么？为什么会缺乏 justified truth 的一个解释？目前没有阐释，不知道哲学家们是不是觉得没有意义，或者就是把这个割裂了，把 truth 放到另一块领域上而不是在知识论里面。我觉得这个问题在旅游研究里面特别有意思。比如说，"消费者的满意度导致了他对这个品牌或产品的忠诚感"这么一个命题。请问：什么叫满意度？你得首先肯定它存在吧！什么叫做忠诚感？这个概念是否是 truth 本身就无法知道，它是一个 construct（建构之物）、latent（潜在之物），根本看不到摸不着，是吧？你如何判断它的存在？首先它得存在，是 reality（实在之物），它得存在于这个世上。因为如果你是做实证主义的，你应该追求的首先就是存在这个事物，然后你再去看你收集到的数据是否能够验证你提出的这么一个命题。再比如这个命题也是类似的："大型事件改善或者影响了城市形象"。"形象"，问一百人可能有一百个说法，我相信是这样子的，也是没有办法确切知道其含义。但这个命题比前边那个命题好一点，为什么？因为它的动词是"改善"，如果假设我们能够精确测量"形象"，因而测量误差，那么它只是一个判断"形象"测量值是否有变化的问题，我就不用管原因。前边那个忠诚感和满意度都是虚无缥缈的，而城市形象至少或者可以理解为是外在的东西。这个忠诚感它不是行为，例如重购行为，它只是一个心理概念，你把握不到。所以，这种没有存在的 reality 该如何去判断关于它的知识的严谨性呢？

我这里讲的就是这么多。我想最后再强调一句话，我所讲的这个知识绝对不只是实证主义的或者科学主义的东西。哲学家们不会专门针对某一个范式去

第七节　旅游与哲学

讲知识定义和理论的，它包含人类所有的东西。特别是我讲的那些知识类型，比如说"我知道谁得了诺贝尔奖"，这可能是个知识，再比如说我知道"如何从广州火车站到中山大学南校区"，这也可能是个知识。但是，这些是不是 justified，就是一个值得思考的问题。可能我们需要再做进一步的阐述，我也很希望跟你们讨论。好，没有"谢谢"！

旅游中的哲学研究议题

赖 坤

(中山大学旅游学院)

  我们的翻译经验分享部分,的确超出了我们这个环节的时间预算,已经过了35分钟了。我的那部分还没讲,要不然我们直接跳到讨论环节如何?或者我简单提一下。可能我和译者沟通的时候没写清楚,本来想让大家分享这个翻译的内容,当然大家讲自己的感受也是可以的。关于我翻译的这三章,我简要地说一下就可以了。第一章是对整本书的一个介绍,比如指出全书有十六章、解释为什么会写这本书,等等。

  第五章谈的是旅游后学科概念,实际上讲的就是我们可能连学科都不需要了,可能比较激进一点。它还不是跨学科的概念。在跨学科的提法中,学科是存在的。但本章提出"后学科"或者"超学科"的概念,认为没有必要再用学科的语言来阻止我们的旅游研究。"超学科"和"跨学科"不是一个概念,跨学科是说多学科融合去做研究。我们有单一学科,你从你的母学科来研究就是单一学科。跨学科或者多学科是和别人一起研究,大家来自不同学科背景,你们平行地做研究。但是"超学科"这种观点是我不要学科了。学科是19世纪的语言设置,那个时候的观点和现在的情景有一些错位。这就是第五章的大致意思。

  第十五章是"反对伦理"。叶圣涛老师是不是负责了布彻写的那章?布彻是个英国学者,是一个很激进的学者。他在很多公开的场合里批评那些带有伦理倾向的旅游学者,有点儿偏右。比如,现在我们很多人说生态旅游是好的,可他说不是。他尖锐地指出生态旅游更多的是商业性口号,打口号的人实际上做的是其他的事情。第十五章的作者米克·史密斯却专门来反驳布彻的观点。也就是说,同一本书里面一个人说了一种观点,另一个人对他进行驳斥。这就是我翻译的三章的大致内容。

第七节 旅游与哲学

我想强调几个体会。首先,这本书写就的动力是旅游研究者的自我反省。补充一段特莱布在该书引言里面写的东西,因为是他组织了这本书的写作,他自己也写了很多有关旅游哲学议题的文章。他想找一帮志同道合的人来合写这本书。他为什么写这本书?我们来看看他怎么说的。他说,他做研究越多,越是被吸引到哲学中经久不衰的三个议题上面,这就是真、美和善。在他过去的研究中间,他初步涉及了这些领域——我刚才已经略为提到了他的著作——但是旅游现象已经呈现几何增长的态势,还有很多研究领域没有得到发展,那么对旅游哲学的讨论就代表着要去填补这个空白。这就是他组织写作这本书的意图。

其次,我还发现一个有点奇怪的地方。特莱布在第一章介绍了本书的写作意图之后,紧接着写道:"……解读该定义进一步暗示了本书的兴趣,因为本书只是提出了更多的问题。何为智慧?知道某物意味着什么?实在的本质是什么?为什么有些事物被认为是美好且令人向往的?什么是伦理、什么是好的和坏的?理想的目标是什么?本书三个主要部分位于真、美和善的标题之下,它们正是要对这些问题进行充分的解答。"我们看这些问题,并不是旅游问题,而是纯粹的哲学问题。这就有些奇怪,他在"旅游哲学"中谈论的并不是旅游问题,而是哲学问题,它们被组织在真、善、美的标题之下。

最后,我认为在这本书里面充斥着自由,没有什么是不可以去争论的。在一本书里我们可以相互批评。就在同一本书里面,布彻就明显在指责这本书里面的其他作者。他就说,其余的人们根本就不懂伦理旅游!他大概是这个意思。但是在中文学术语境中,我们有这样的自由吗?我们很谨慎,从来不敢直面去批评对方。而这本书里面所呈现的是完全不留情面的批评,但完全是对事不对人的。西方的这种直率给我一个很大的感触。我认为你不对,而且我不是简单地说你不对,我还能拿出我的论点来,一、二、三、四、五地去分析,然后你也可以挑战我。这个批判精神是值得我们去学习的。还有思辨性,整本书都充满着思辨性。另外就是这本书激发我们去思考问题。刚才我们的叶老师、张老师其实都或多或少受到这个翻译过程的激发,对吧?叶老师做了最诗意的说明:"翻译就是一场旅行。"这种语言很有美感。总之,这本书会激发我们去思考一些问题。

接下来就是我们的讨论环节了。讨论完以后,保继刚教授会给我们做一个点评。

开 放 讨 论

钱丽芸：大家好！我是来自澳门科技大学的钱丽芸。我刚才听了6位老师的发言，因为这一节是讲"旅游与哲学"，对于哲学这个阳春白雪的东西我可能不是很了解，但是我就想问这本书什么时候出来，出来之后我要第一时间去买一本，并且我也会推荐我的学生去买、去阅读这本书。这个环节讲的是旅游哲学，如果一定要我去思考旅游哲学层面的东西，我最感兴趣的可能就是快与慢的哲学。国内有个学者叫白凯，是陕西师范大学的教授，他现在也是在香港中文大学做访问学者。他之前在广州有个分享，说他们现在在讨论的就是"慢"，也就是快与慢的辩证的哲学。他是从实证开始的，研究丽江的那些"江漂"，也就是在丽江进行"慢旅游"的旅游者。同时我们也可以思考现在在西藏的旅游，例如我们可以花2个月的时间就在那儿或者在哈萨克斯坦喂马、劈柴，周游世界。另一方面就是"快的旅游"，我举个极端一点的例子就是我们前不久才出现的旅游交通事故。为什么呢？整个行程安排得非常满，我觉得这也是一个问题。所以我觉得快和慢，这个是我在研究以及在和学生上课过程中有的一个思考。不过我觉得几位翻译老师的观点我也挺认同，比如翻译是需要一颗真正纯净的心去做的事情。

彭　青：我觉得我回到了读本科的时候，因为那时候我就在学西方哲学。我的感想跟叶圣涛一样，我们每天抱着黑格尔或者康德的书，但是读了一个晚上可能一页书都读不懂。每个字都认识，但是一页书都读不懂。第二个我就想回应一下李军老师说的，关于哲学的"真"的问题，到底知识是怎么回事。我记得原来在学哲学的时候，在读很多原著的时候，我有一个感觉就是我们的哲学是不可能得到完全的真理的，我们只是一步一步在接近真理，所以我想说这样去提问本身是有问题的。我想说的第三个问题是，我学哲学到今天，都有一个结论就是结论并不重要，而重要的是过程。特别是原来我的两个研究方向，一个是自然辩证法，一个是西方哲学史，后来我把自然辩证法放掉，因为

第七节 旅游与哲学

我老师说你不是学数学的也不是学物理的,不要搞自然辩证法。我想说过程很重要,在这个学习哲学的过程中,每一个哲学家在讨论一个问题,然后这个问题会让你去思辨更多的问题。我想引回到马凌老师和昨天左冰老师说的量子力学和爱因斯坦相对论。我特别喜欢量子力学,但是得更正一条,量子力学不是比爱因斯坦相对论更晚提出来,而是更早提出来的。量子力学是1900年提出来的,狭义相对论是1905年提出的,然后广义相对论是1915年提出来的。我非常喜欢量子力学,在于它给了我们思考问题的一个角度,因为量子力学在研究微观世界,一个量子的世界。所有的科学家包括薛定谔、波尔这些大的物理学家,最后从物理走向了哲学,走向哲学的结果是这个世界是不可知的。因为当你要去认识一个量子的时候,你要用另一个量子去打击它,然后你才能去认识它,你不把它打开来你是认识不了的。那么这里面就有一个问题,毛主席当年说你要认识一个梨子你就去吃一个梨子。但是当你吃梨子的时候,梨子已经和你的唾液发生化学变化;当你去认识一个量子的时候,原来量子的黑箱已经被你打开了。黑箱被打开了,你最后知道的是里面的东西,而这个东西被破坏了。量子物理学家几乎90%是持哲学不可知论观点的。我想用这个案例来说明,当你去思考一个哲学问题,特别是用哲学发展史去思考的时候,很关键的问题是他们在思考什么,为什么会从这个哲学家的思想发展到那个哲学家的思想,为什么会产生这个理论,这个思辨的过程是怎样的,我觉得真正有魅力的是在这个地方。

庄晓平: 我是华南师范大学的庄晓平。我本科是在政治学院读的,但是有一大部分时间是上哲学课。我来说说这个旅游哲学研究是什么。我的教育背景是中山大学的伦理学,我硕士读的是马克思主义哲学,我一直都在读哲学。其实我很绝望,我觉得在旅游管理系做不了研究。在四五年前,听了保教授的一个讲座,他对目前的旅游研究做了一个划分,我印象很深。我觉得现在做旅游哲学研究是有可为的,这是很有意思的,这是其一。其二,国外的刊物里面没有专门来讲旅游哲学,但是他们的套路是西方哲学的思维,我们看起来很熟悉。保教授做了一个有趣的举动。我们的"马哲"也不是西方意义上的哲学。我觉得讲这个是启蒙,也是一种意义,这样能更好地与国际接轨。其实,"哲学就是爱智慧",哲学在我来理解就是一种理论和实践的区分。西方的知识体系把理论和实践分得很清,从亚里士多德到笛卡尔到黑格尔,他们都把理论和实践分开,因为他们认为理论所从事的那部分研究要有批判性。哲学之父笛卡尔就说："我没有怀疑一切，理性是最后的裁判。"所以，实践是要我们顺应世界，实践和理论分开是为了做到纯粹理论。所以，我们在读哲学时是从事一种批判性很强的阅读，要有审视态度。所以，当时我过来想做旅游哲学研究的时候很有信心，我觉得是可以做的。我觉得，要在哲学界里面找到旅游的地位很难。我在中山大学读博士的时候，跟我的老师说想要做旅游伦理，后来我的老师把我介绍给一个在哥伦比亚大学做生命伦理研究的教授，但我跟他讲旅游伦理学，他说听不懂。后来我才去思考为什么旅游伦理学在哲学的体系里面找不到位置，因为在哲学里面，每个流派都有一个很强大的理论。我觉得应该把旅游哲学作为一种思辨性的思考，今天各位老师的翻译和思考是做到了。但如果要问我们是用哪一个哲学流派的理论，比如现象学和伦理学来解析的话，可能很难。比方今天李军老师说翻译伦理学很痛苦，这很正常。我在读伦理学的时候，在看文献的过程中我觉得每一句话看起来都懂，但它背后有很多知识，这不是稍微接触几年就能理解得到的，有时候我们要看过很多文献才能理解。金克木也说过，比如以维特格斯坦的哲学为例，他的哲学论里面讲过一句话：世界是事实的总和，而不是物的总和。就这句话大家看起来都懂，但是金克木说，如果你要理解这句话，你需要很多助跑，你要学很多很多哲学你才知道他在讲什么，他的意义是什么，你才能跟他有对话的空间。我觉得从这个意义上来讲，我们很难做旅游哲学的研究。我就说旅游伦理学吧，因为哲学很多流派我不大懂，我懂的就是伦理学。旅游伦理学在我看来，要在西方伦理学的位置上升到像生命伦理学一样的高度比较难。做旅游伦理学的研究就是一种纯粹理论上的研究，比如研究旅游是什么，旅游的本质是什么。谢谢！

刘赵平：我有其他问题，是建议性的。因为你翻译一本书，你是希望更多的人把它读懂，通过读这本书能够加深一些理解。那么，每一个章节翻译完能不能加上一部分，就是译者本人对这一章的理解和解读。我知道在翻译过程中其实已经加入进去了，但能不能加一个像导读一样的东西，这样一下子就能把你的读者范围扩大很多。我觉得这是很有意思的事情，不知道你们谈翻译事宜的时候有没有谈到允不允许做这样的事情。

张骁鸣：我讲一下，对"旅游哲学是什么"，可能我没有专门回应，但我觉得这个问题现在抛出来其实没有答案。我们看哲学的分科一般是观念哲学与工具哲学，工具哲学就是逻辑学、现象学，它是一些方法、一些工具。还包括分析哲学、语言哲学，等等。语言当然有一点跨界，因为还涉及观念问题。观念哲学就是"真、善、美"。关于"真"我们刚刚讲了知识论，伦理学讨论"善"的问题，当然还有讨论美学、讨论艺术的问题。但是，旅游是什么东西？它既不是观念，也不是工具，所以它没可能成为一个独立的哲学学科。这个问题现在提到这儿，换一个问法，问"是什么"不如变成问"旅游哲学可以做什么"。所以，前面我那个题目就是变成"做旅游哲学研究？"。当旅游哲学变成一种观念，或者变成可以理解世界的一种工具之后，那个时候我们再来提这个旅游哲学也许就差不多了，现在还早得很。

庄晓平：我觉得旅游中的哲学问题是值得去研究的。比如说，我最近在做开平碉楼的开发性问题的公民性研究，属于政治哲学的范畴。其实在我们的旅游研究中，在思考为什么会有很多现象带出旅游问题时，其实就是回到为什么会有这些现象的问题，就属于本质问题、世界本质的问题。

孙九霞：我认为不用等着哲学学科对旅游的关注。你们这几个翻译者应该都被我打过电话。在保老师的带领下，中山大学一直在关注多学科、跨学科的碰撞。去年我们组织跨学科讲座的时候，骁鸣就给我建议，他说他想听现象学的讲座，后来我就请了倪梁康老师来做现象学的讲座。倪老师就特别困惑，他说你请我干嘛呢，我都没有在你们这种社会科学的讲台上讲过现象学，我跟你好像就没有一个对话的基础。我说没关系。后来他说国内开过一个建筑现象学的会，这样看来旅游也可以跟现象学有点关系。如果他自己都认可了，我觉得对我们来说是一个鼓励。他作为一个现象学研究领域的顶尖人物，他能够接纳，那这是对我们的一种包容。第二个，我个人特别希望推动对于我们旅游的本质的一些思考，就是我们要解决更深层次的一些问题。我自己根本就不懂哲学，但是我先生是学哲学的，思维模式都是不一样的，我其实是外行。今年年初我去《旅游学刊》开一个会，结合我们跨学科的状况，我就跟《旅游学刊》的吴巧红说，你们应该鼓励这种跨学科的对话。在去年旅游科学的学术会议上，谢彦君老师强烈表达了一种孤独感，好像全世界就他一个人关注本质的问题。我说不是，我们这有好多人在关注呢。因此我也跟吴巧红说，你们推一组文章，我们这里有谁可以提供稿件，还有谢彦君老师也会参与。事后我跟这些翻译者说你们每人来写一篇，写的过程中他们跟我说保老师也在找他们，很多人分头在做的事情都搭在一块了。我想跟大家说，我是想引发整个学科不仅仅是做具体的研究，对于深层次的问题，关于现象的本质也要有更多的讨论。我的出发点是这样的。

叶圣涛：其实说旅游哲学是否值得研究，我们中国有句古话叫作"玄生万物，九九归一"，其实哲学在起源意义上就是对"一"的研究。我们为什么要追究这个"一"呢？因为我们所看到的现象实在是太庞杂了。所以，人就希望在这种破碎的现象里面去寻找一种共同的东西。尤其是放到社会上来说，因为我们的社会是很复杂的，各种不同年龄的、各种不同民族的，如果我们没有那个"一"的话，人和人之间就很难进行沟通。特别在知识爆炸的这样一个时代里，不同专业的人之间是没有办法沟通的。所以，我觉得旅游哲学是可以让旅游和其他学科之间进行沟通的一个桥梁，这是我的观点。我觉得哲学可以构成交往的桥梁，知识与知识之间交往的桥梁。但是，在后现代的语境里面，"万物玄同"也是有缺陷的，缺陷就在于是一种独裁。当我们都认同一个道理的时候，就构成某种意义上的独裁。比如康德把"真、善、美"都纳入到理性的统一尺度之下，那么理性就构成我们认识世界的唯一法则，或者我们实践的唯一法则，那么它就构成一种独裁机制，所以它也是有缺陷的。所以，哲学就具有这样的两面性，我们需要这样的独裁者，但是我们又反抗这样的独裁者，哲学家就是在两者之间一直徘徊。

赵　莹：我觉得这个是否的问题肯定是会回答"是的"，那到底它给我们带来的好处是什么？因为我之前参与过地理学方法的一个研究，就是蔡运龙老师主持的，那是《地理学报》在 2008 年还是 2009 年在北京举办的一场盛会，保老师也参加了。之所以要做哲学的方法论层次的讨论，在地理学里面的目标是做理论的创新。因为多年来在中国研究，就是对外国理论进行"拿来主义"，或者对过去理论的一个验证，大家都是功利地想做高产的研究，而我们真正要做理论的创新就应该回到哲学本源上，在哲学思潮的引领下才有我们一个个理论的诞生，我认为这是为什么它值得去做的一个原因。第二个是，对我们这次会议的讨论来说，哲学本身是一个漫谈的主题，我们来讨论是为了更多的人能够理解，所以我想这个讨论是不是应该有一个全景式的 mapping（地图呈现）。骁鸣在前面说了很多对于哲学的理解，但是没有和旅游学科的连接，是纯的哲学思潮。而我觉得在地理学的相应研究里头，无论是哪一本书，都会在前面对整个哲学思潮有一个梳理，在梳理的时候有对应的领域，为什么在这个哲学思潮里有这个理论产生，那大家就对自己的领域和发展有理解。我觉得这个不是形而上的那么雅，是可以对话的一种方式。

张骁鸣：我觉得李军老师和叶圣涛老师有点儿走火入魔。你们在做纯粹的

第七节 旅游与哲学

哲学问题研究，可以跟旅游一点关系都没有，那是你们个人的兴趣。但是今天我们在旅游的学科安身立命，养家糊口都靠这个，我们还是要做点对这个学科本身有贡献的事情。这么说，只是为了挑起这个话题而已。我自己做这个问题的研究，前面也走了不少弯路，后来就坚持做现象学了。因为我还是想把它跟我们旅游当中的问题做些结合，现在我带学生就是让他们做一些符号学的东西。因为符号学有现象学的基础，但是他们不用去学现象学，因为符号学本身继承了现象学的一些观念。旅游这个现象很复杂，我们现在很多问题都不敢下定论，所以在现在这个阶段，我们的实证研究也好，非实证研究也好，都做了很多研究。如果能够在哲学方面有一些引领，有一些总结、批判、归纳、反思，那对这个学科的发展是有益的，对于锻炼我们自己作为学者的思维也是有益的。旅游现象如此复杂，我们不去弄谁来弄？旅游经济学，经济学"大牛"都不弄，不弄我们就自己弄呗！像刚刚孙老师说请倪老师来做讲座，其实听完之后我相当失望，我觉得倪老师那样一讲，本来对现象学感兴趣的人可能一点兴趣都没有了。去年我去北京学了一年哲学，我发现我很敬佩这些老师，但是确实这些人在哲学里面有自己庞大的体系，也有他们安身立命的事情，所以他们不会关心你们旅游在做什么研究。这是他们自己的选择，但是我们自己在做的时候，我自己会做出一个选择，一方面我觉得哲学的研究或者训练哲学思维对于我们的旅游研究会有帮助；但是，至于哪一天我们真的敢说我们有旅游哲学，可以跟艺术哲学，可以跟技术哲学相提并论，这个不着急，慢慢来。现在要说怎么研究的话，我觉得现在先扩大队伍吧，感兴趣的同行或者学生可以跟我联系。

李　军：这个旅游哲学，其实刚刚赖坤已经讨论很多了，他自己也是信心满满，我的阅读量是远远不如他。他对于哲学的把握是比较全面的，但是我一直很怀疑，是否要加上"旅游"两个字。大家都觉得哲学是非常庞大的一个东西。如果有个纯经济学的学者，他想来研究旅游经济问题的话，那他的研究结果是绝对不可能发在经济学刊物上的，连国内的都不可能。他是想研究经济学，只不过把旅游作为背景、作为案例在做，那么无论是国内还是国际好一点的杂志，都是绝对不可能发的。更何况哲学，所以，我觉得大家不要抱有希望，想要以旅游研究进入哲学，我认为不可能。赖坤做的是纯哲学的东西，科学哲学的东西，跟旅游根本没有什么太大的关系。他只是找了一个媒介而已，那个媒介可有可无，可以换成别的。其实他研究的没有旅游内在的东西，是哲学的东西。所以，我认为要做的话就要把哲学作为基础，更为严谨一点，作为思辨的基础。所以，我认为"旅游哲学"中"旅游"这个定语是没有意义的。如果用唯识论、唯名论来讲，去年在论坛上我提过"白马黑马"这种东西，"白马黑马"这种东西其实就是康德所说的分析意识，"更高个子的人是人"，这种研究我都认为没有意义。在旅游作为实体来说，这种论题是没有意义的。

余晓娟：其实我有一个问题是旅游哲学的交流问题，因为三年了，我听赖坤老师、李军老师、张骁鸣老师的演讲好多次了。但是我都听不懂，每次都是大而全的感觉，有很多新的概念出现，也没有给我一个彻底的解释，然后就过去了。我觉得我们后面还有几十年呢。这本书能不能像刚刚前面老师说的那样加一个导读，而且我觉得里面还有很多新名词，能不能多加一些注解在里面，然后我们读这本书的时候就在这里边把它理解透，这是我作为一名读者特别期待的。

马　凌：我觉得刚刚李军讲得很对，我们不需要那么早地、很快地用一个"旅游哲学"去框定它。因为一旦框定，我觉得很多人可能已经在期待了。但是，我觉得哲学是无处不在的，至少对于每个人都或多或少会归结为哲学的思维。我觉得，对于个人来讲，哲学就是一种思想苦行僧的个人修炼。无论你从事什么工作，何况我们还从事的是学术工作，我觉得这种个人修炼都会走向这样一个过程，会从物质走向精神，也许一部分人会走向灵魂。我觉得从研究的角度来讲，科学哲学有很多分类，但是对我们来说有意义的是如何将哲学的一些思想或者一些方法手段运用于旅游，我觉得这是可能的。我刚刚在汇报中讲到，福柯其实就是一个非常好的例子，天才式地将学生引入社会科学研究的人。他其实是用一些哲学思维去分析现代社会中的一些问题，包括他之前讲的知识，最后回到主体。我觉得这样的一些思维是值得我们去借鉴的。我举个例子，例如社会建构论，我们怎么把哲学的东西用到我们的研究中去。昨天也讲到质性研究方法和定量研究方法的区别，我们经常认为质性研究方法就是做访谈，做完访谈就没有了。其实质性研究在哲学领域已经做了很多，比如在解释学里边你可以看到我们的质性研究方法是那么丰富，而且在每一种方法上都能阐述得那么清楚。从施莱尔马赫开始，他讲自然现象在本质上区别于社会现象，社会生活的本质在于意义，而且社会现象是不可以被重复的。他是第一个把解释学方法应用到历史现象、社会人文现象分析中的人。在他之后，比如狄尔泰、伽达默尔，再到艾柯，其实他们已经把这种方法完全操作化了。就像定量研究方法一样，当一个模型出现不好用的情况时，你总是会去找另一种方法去调和它。那在定性研究方法中，其实也是一样，当我们的定性研究方法不科学、太主观、太唯心的时候，其实这些哲学家已经在找一些方法去回应它。比如伽达默尔在《真理与方法》中讲到，我们理解中的偏见就是客观存在的，不需要去回避它，这种成见就会开始与原来的文本形成一种视域融合。比如我今天讲的话，我讲完之后就不再属于我了，它就成为一句客观的话，它能不能客观，它能不能成为一种知识已经跟我没有关系。如果它能成为一种知识，这个过程值得研究；如果不能成为知识，只有保老师的话成为知识，这个过程也很值得研究。我觉得，哲学其实融入我们很多的研究中间，包括旅游研究中间。

特邀评论

保继刚

（中山大学旅游学院）

这一节，我觉得还可以再把时间稍微延长一点。前面的主持人"执政能力"稍微差那么一点，所以没有把时间留出来。我觉得后面的讨论可能更有意思。如果把所有的问题全部放出来，而不是一个问题接一个问题地讨论，可能会更加热烈。你们现在是专门讨论旅游哲学如何研究、旅游哲学是什么，这样子一个问题、一个问题来推进的方式，让大家有些束缚。如果把四五个问题放在一块儿，可能效果会更好一点。

我也不是来做点评，只是有一些感想而已。例如谈一谈为什么会推荐商务印书馆来出这本书，以及由这本书引发的一些话题。

首先对我们今天的这个会议说几点感想。第一，是一群严肃的学者在讨论严肃的哲学问题；第二，是"一群吃饱了饭没事干"的人在谈一些"不着边际"的事情；第三，"一群疯子"在谈些什么不能用来指导现实的问题，例如根本解决不了旅游业今年面临的"沉船问题"、今天面临的"导游不诚信问题"、今天面临的什么什么其他问题。例如，杜江在微信上发出来的朋友圈说，今天又是这里出事、那里出事。我就回应他说，这是对以前的补偿，可能还要出，以后还要出得更多——只要媒体不会被封锁的话，还要"出"更多事。所以，对今天这场讨论可能有上述三种解读，而我当然更希望是第一种：一群严肃的学者们在谈一些严肃的事情。起码在这个房间里有这种谈论，就很好了。我们今天是在这个教室，明天能扩大到一个D128（中山大学地环大楼讲学厅）的阶梯教室，后天能扩大到好几个教室，就足够了。你说有几个人在研究这个问题？全球从事旅游研究的人，如果有这么一屋子人在研究这个问题，就已经不得了了。即使这个屋子里面也只有百分之几在研究这个问题，也就够了。这是一点对今天会议的感想。

第七节　旅游与哲学

那为什么有这么些感想呢？大家可能知道，我前几年写过一篇文章，在《地理学报》发表后还挺有影响，叫《理想主义、现实主义和理想主义的理性回归》。我把1980年到1989年之前或者从1978年开始恢复高考到1989年这个阶段，叫"理想主义阶段"，也就是高校的理想主义阶段。这个时候，大家谈的都是理想。尽管这个理想可能不着边际，但不管怎么样，就是不带有功利和现实的一种理想。1989年之后，再确切一点，因为1989年到1992年之间是一个比较沉闷的时期，我们就从1992年开始算起，到1998年"985工程"的提出，我把它叫作纯粹的"现实主义阶段"。实际上，这个现实主义阶段起码可以延长到2012年，所以我们差不多有一个20年的现实主义或者说功利主义的阶段。我还曾经把1998年之后叫作"理想主义的理性回归阶段"，是指的20世纪80年代进大学读书的这批人，有那么一小批开始返回来思考知识、思考研究，并且确实做出了一些贡献。但是，这一次的回归，实际上并不彻底，它并不是一个制度性的回归，而只是一种个人内省的反映，所以是非常脆弱的。从今天来看，功利主义不仅仅存在于中国大陆，在香港特别行政区、在国外，实际上今天整个的学术界，几乎全世界都是功利主义的。"Publish or perish"（发表或者灭亡）这样的说法，就是功利主义的体现。所以，在今天这种功利主义的情况下，李咪咪讲了一个实际情况，在香港平时确实不思考旅游哲学问题。要不是因为逼着自己做翻译，逼着自己去看了一点哲学，就不会去思考这个问题。因为要翻译就被逼着去看，如果没有这个任务，就不会去看。为什么？她所在的香港理工大学也很现实、很功利，要不publish，要不perish，走人。

由此来看，以英国的John Tribe（《旅游研究纪事》主编）为代表的那么一些人，联系了一些人来做这么一本书，作者群中有不少非英语国家的人，这在国际上都很难得。从这个角度来看今天这个讨论：在中国，在大家认为文化并不发达的广州，还能有这么一群人谈论着这样的话题，那就是一个"事件"。这一定是个事件，是中国旅游研究史上的一个事件，将来大家都会记住。可能将来需要出个专门报道的时候，就可以来追根溯源地说，曾经有这么一个事件在这里发生。所以，我想倒过来，首先感谢一下我们所有的翻译者，尽管是我提议做这个事，是我来联系出版社，我去找了John Tribe，但实际上很坦白地告诉大家，这本书我只看过前言，只看过大纲。看了前言之后，我觉得这是一个有意思的东西，而我没有能力翻译，我就找赖坤，我说你把这班人集中起来，因为一个人来翻译太难了，多几个人来翻译。我算了一下，大概一个人最多翻译三章。我希望能在半年之内把它翻译出初稿来，再打磨几个月，想办法让商务印书馆加快一下速度。商务印书馆是中国出版界里面以出版速度慢出名的，但是这个出版社有一个好处，愿意出版一些明知会赔钱的书。比如，这本书它就没有跟我要赞助费，还给大家翻译的稿费。所以，我说特别要感谢，所有的译者里面，赖坤的工作量是最大的。刚才刘赵平老师也建议得很好，每一章大家都写一页导读，或者可以集中起来作为译者前言。北京大学的蔡运龙老师主编过一本地理学名著导读性质的书，他是去美国找了一位做地理思想史的大家，两人一起来选书，选了以后分给很多人，各自写一篇导读，所以那本书非常非常棒。我已经很久不研究地理思想史的东西了，但是那本书我还是不断在读。所以，这样可以提高这本书使用的效果，这事我后面再说。

那么，关于哲学本身，我所思考的是两个层面，第一个层面是哲学思想对旅游研究的影响，第二个层面才是旅游的哲学问题。

在第一个层面，哲学思想对旅游研究的影响。本人是纯粹自然科学出身，有一个体会是：在中国受到过比较好的自然科学训练的学生，逻辑实证主义的哲学思想是不用教的；它不需要教，是因为它慢慢地、潜移默化地植入到你的骨髓里面去。就像你们刚才说到的，欧洲人在研究社会科学的时候，他们的哲学思想是自然而然产生的。起码我在中山大学所受过的自然地理的训练，就是一个纯自然科学的训练，我们最简单的逻辑就是胡适说过的，做什么事，"拿证据来"。这个是中国自然科学训练学生的传统。而作为社会科学学者，特别是我们20世纪80年代以后毕业的这些人，可能在我的同龄人里面有些经济学背景的，或者来自其他学科后来又转向做区域地理的、区域经济地理的研究，或者做旅游经济的研究，等等——我们都知道有这么一批人，我总觉得他们对自然科学的信奉是胡适都比不上的，或者说胡适的年代都比不了的。最近我对胡适感兴趣，找了点胡适的东西看。原来他的老师是杜威，他的"拿证据来"的方法是从杜威那儿继承过来的。所以，胡适做的人文研究与社会研究，有实证主义的影子在里面。但是，我所接触的同龄人在大学时候多数不是学自然科学的，而是学社会科学的，做旅游研究的人也几乎是没有哲学思想指导的。他们既没有实证主义的思想做指导，也没有社会科学的哲学思想做指导。因为现象学也好，建构论也好，或者其他的一些东西也好，可能在20世纪80年代还没有被当作社会科学研究的一种哲学思想来灌输给这些人。因为我们没有这样

第七节 旅游与哲学

的老师,而有什么样的老师才会教出什么样的徒弟。所以说,现在有一些博士生来这里培训,他们说,"哎呀,我做得不好"。我说,不是你做得不好,是你的老师做得不好;你的老师做得不好,是你老师的老师做得不好。因为存在这样的状况,所以从自然科学出身的我,在读研究生的时候我的老师就叫我读库恩、读拉卡托斯,似懂非懂。但最重要的收获是什么呢?当时读完库恩就知道,怎么样才会有库恩所说的常规科学,而也就是因为库恩的常规科学的理念,我始终对旅游研究的范式问题十分关心。

为什么我在很多场合中,对 T-generation 这一代人,也就是所谓的旅游专业出身的这代人,会给予鼓励,而不是像 Jafar Jafari(《旅游研究纪事》创刊主编)去年在北京的《旅游学刊》年会上说的,他始终坚持旅游只是一个集合式研究的东西,它不会成为一个独立的一个学科。他的看法体现出我们这批人在很长时间以来的一种认识。等会儿我还会讲到我们所认为的代际转向,可能会出现新的情况。那么,为什么这批人都这样说?我先把答案说了:因为这些人都是从自己的母学科跑到旅游来转一转、看一看,有料我就玩,没料我就回去了,基本是这样的。我是地理学出身,在地理学中大家也曾经这样做,那为什么后来有相当数量的人还坚持住了呢?这是因为旅游中的空间现象,我们所说的流动性、空间、地方等,跟地理学是紧密相关的。因此,在第一代的地理学者这里,他们并没有离开自己的母学科。你们去看看旅游人类学,也同样如此,例如 Nelson(即 Nelson Graburn)快 80 岁了,他还是加州大学伯克利分校的人类学系教授,Jafar 一直也类似,他们一直没有离开自己的母学科。所以,他们在感情上也不会承认旅游是一个学科,何况这个学科还处于弱势阶段。如果引用库恩的思想来说的话,我觉得在中国这块土地上,旅游从去年开始已经成为常规科学。我把 2014 年看作一个重要年份,后面我还会具体解释。不管是不是似懂非懂,对于自然科学出身的人,科学哲学的东西已经潜移默化地在你的骨子里面了,那你应用它也好,不应用它也好,它都是水到渠成的。但是对社会科学的哲学这部分来讲,在我的同龄人里面,学社会科学的人没有接触过,我们学自然科学的人更是没有接触过,这就使得我们现在带博士生的时候感觉很尴尬。我不懂,那怎么办?悄悄地学点儿。为什么要悄悄地学?现在到了博导这个层面,你还跑到哲学系,去跑到教室去听课,好像也挺难为情的,是吧?年轻人当然不一样,骁鸣还可以直接跑到北京大学去进修。所以,我找到一本比较速成的书——黄光国的《社会科学的理路》。这书比较速成,因为他已经把西方社会科学的东西认真消化过了,再完完全全用中国话把它写出来,用我们看得懂的中国话写出了6个哲学流派。尽管我自己不怎么具体用到这些流派,但我有一个意识说,在旅游研究中一定要吸纳社会科学哲学。哲学思想对社会科学研究的影响这部分,我们要把它吸收过来。跟我读书的博士生、硕士生,起码有3届学生都读过这本书了。我的第一堂课就让他们读这本书。此外,还要让他们读一本《在美国研究历史》,就是中国学者在美国读完书以后在美国做历史学研究而写下的各种回忆文章,特别是关于他们的研究心路历程的文章。通读这两本书时,后一本可以像看小说一样,但前一本是要看3遍——我觉得不看3遍是看不明白的,慢慢读,读通之后再用社会科学的哲学思想来引导我们。这是一个层面。

第二个层面,我们应该有旅游的哲学的问题。针对旅游的哲学的问题,我的一个基本出发点就是,没有哲学指导的学科,其研究难以取得更高的成就。一个学科不去思考"元问题"的话,也很难再往下走。这几年在国内的旅游研究中,大家已经先解决了一些吹糠见米的事情。尽管今年的旅游科学大会上,杜江副局长还在说,旅游研究跟实践还存在脱节问题,但是,我觉得研究转向应该允许研究者按照领域做一个分类,或者按照研究任务做一些分类。不是说我们整个学科这么多的人都要做一样的事。比如说,我们本科院校中招收旅游管理本科生的有400多所大学,还有一个更全面的统计说是有700多所本科院校都有相关专业,我们可能不需要所有的人都来做应用性研究。那么,怎样来思考更加深刻、更加基本的元问题,例如,旅游是什么?有种说法是,旅游是"体验",那么我们进入到旅游学科的出发点到底在哪里?"旅游学科"范畴太大,我还不敢谈,就说说旅游地理学吧。我给本科生上第一堂课就讲为什么会有旅游地理。就像刚才你们讨论时提到的,如果我们跑去哲学系说什么旅游哲学,人家根本不会理你。在我20世纪80年代中期念地理学研究生的时候,1985年我选定了要做旅游研究,北京大学的老师——除了我的导师陈传康教授——都说:旅游是什么?太小了吧!他们还说,你应该选一个大一点的领域,比如城市,比如经济地理,你不应该选旅游,旅游还不是一个研究领域,这么小的东西,不会让你得到认可的。30多年过去了,我们的中国地理学会旅游地理专业委员会,应该说做出了一点成就。虽然我们的人数还比不上经济地理,比不上城市地理,但是已经是可以跟这两个分支一起,差不多构成国内人文地理学的三驾马车,比其他的分支要大得多。所以,在20世纪80年

第七节 旅游与哲学

代的时候你会问"旅游地理是什么",因为旅游地理还不是"东西";然而30年之后,研究旅游地理的人已经可以听到说"You are something"(你很重要),而当年是"You are nothing"(你无关紧要)。那么,"旅游哲学"也是同样的道理。如果放到哲学中去,哲学家会说不是"东西",但我想,只要这样做下去,在我们这个圈子里面,有望处理的是我们对旅游的本质性理解问题,它能得到更多的支持。比如说,就地理学研究而言,凭什么旅游在地理学里面可以是个独特的东西?我说有两点是其他地理学领域不具备的。第一,旅游产品不可移动,或者旅游吸引物不可移动,吸引物变成了产品就不能移动,这就跟所有可以移动的东西不一样,其他的规律可能都不好解释。第二,人可以选择,还有,人一定要离开居住地,到另一个地区——"非惯常环境"——去看一个或者使用一个不可移动的东西。这样的一个空间过程,就可以构成我们做研究的一个出发点、一个前提。这个前提是其他的流动所不具备的。比如,做交通运输研究的人,他可能不会考虑暂时地停留在某个地方活动。那么,这里就会引出我们要回答的一些很基本的问题,这就是第二个层面。

至于旅游的哲学研究,特别是赖坤说的那几个问题,我也回答不了。但是,希望我们这本书,能引发更多人对这些问题感兴趣,并展开研究。哲学家能不能看得起旅游哲学,没关系,因为今天的旅游的圈子已经大到可以"自娱自乐",已经有足够大的群体。所以我说旅游已经成为常规科学,就是说我们已经有了一些基本概念。尽管大家还在为概念而不断争论,例如"旅游者"是什么?《中华人民共和国旅游法》里的旅游者跟世界旅游组织对旅游者的具体定义不一样,还有一些基本的概念、定义也不一样,但这都没关系,因为我们已经有一些基本概念了,它们至少已经被大家公认为是很关键的东西。同时,争论本身也为一批后来的研究者留下了大量的问题,而且不同的观点后面还有一批坚定的跟随者。我们是不是真的坚定?反正你要吃这碗饭的,对不对?一部分是为了兴趣,一部分为了饭碗,都没关系,总之都有一批人在这里努力。所以我要说,旅游成为了常规科学。还有,它也有了自己的学术共同体。去年在中国旅游协会旅游教育分会年会的闭幕式上,我第一次提出,2014年是中国旅游研究的学术共同体形成的一年,因为我们这些人,会为了我们所共有的这样一个领域,愿意聚在一起。现在旅游领域一年所开的会,多得不得了,就是因为这么多人会聚在一起。此外,最近我还听到个说法,说其他学科的人偶尔串门串到旅游研究的会议上,感觉旅游学科的人很团结。学术共同体刚形成的时候很团结,是因为我们弱,必须抱团取暖,因此团结是大家共同的选择。

接下来的问题涉及旅游研究的转向,这让今天来谈论旅游哲学这件事情显得很有意义。转向其实是有很多可谈的,我只谈我想到的一些。比如说,一个是代际的转向,我昨天也提到过。我上个月底在希腊参加了一个国际旅游研究院(International Academy for the Study of Tourism)的会,这个会上七八十岁的人很多,甚至 90 岁的人也有一个。在这个会上,全球第一代旅游研究做得最好的人还健在,而我就算是非常年轻的面孔了。但是,实际上在全球旅游研究队伍中,青年已经是主力。所以说,年龄上的代际转向已经出现。另一个是知识结构的代际转向,或者说专业背景的代际转向也在开始,就是所谓的 T-generation 要登台,要慢慢地成为这个圈子里的主力了。我们下一代的人,可能你的学位是地理学或者其他,都没关系,但是你受的教育实际上已经——起码从硕士阶段开始——转向旅游了。类似在我们那个时代中完全是地理学背景的人跑来看一看、觉得不错就待在里面的情况,会越来越少,并且这种人进来的可能性会越来越小,因为已经有了门槛,要跨过门槛走进来必须先经过训练。所以说,代际转向里面,年龄的转向已经又引起了知识结构方面的转向。再有一个转向是学科的转向,就是研究的、学科的、人的转向,已经跟代际转向相匹配了。跨学科的人还会有,但是会比以前少。我想说,跨学科,"跨"进来一步,只想简单看一看就能出篇好文章,再不可能了!那时,你就只能退回去,而再进不来。可能在将来,跨学科学者除非是天才,要不然就不会出现。1997 年,在北京香山饭店有一个北京旅游战略的讨论会,我代表广东去介绍了广东旅游发展战略的研究工作。同时,北京大学某个特别知名的经济学教授做过一场报告,当时听到北京大学的这个教授讲,"我"认为旅游有三个功能,第一可以促进经济发展,第二可以解决就业,第三可以干什么什么……下面的人说:"哇,这个大教授在讲 ABC 啊!在讲我们 80 年代刚刚搞旅游时候的那些 ABC,在普及 ABC 知识。"我想说,这种学科转向就是,跨学科的人,你不花功夫就想进来,说旅游没东西我就想来,都不可能了。昨天谁说拿着刀子来"偷菜",可能偷不到了。

最后一个是方法方面的转向。前一代人以经验为主导就可以做研究,说凭我的行业经验,凭我的其他什么经验,就可以写出一些东西来。但今天,我们会把这些东西当成是调查报告或者是咨询报告、战略研究一类的东西。专业分工加强之后,评判的标准改变之后,这种靠经验吃饭的人,在这个圈子里面会减少,人员的专业化分工会加强。"专业化分工"就是说,我这代人是从做研究到做政府的咨询顾问、做企业咨询都得学会,是要出"全能选手"的,但是在下一代人中不太会出现,因为专业分工之后不太会再出现全能型的人才,一定是避不开专业分工的。这种专业分工,也反映了我们整个学科知识创造的推动力在发生变化,以及我们对大学的诉求也在发生变化。所以,今天来看,起码在旅游界、旅游圈子里面,专业的咨询公司拥有甲级资质的有100多家。100多家甲级资质里面,纯粹在高校里面的没有几家,大部分属于专业公司。这就是诉求和推动力所发生的变化。这种来自一线部门实践的推动,它大量的咨询项目都会集中到咨询公司去,而对大学的要求可能是要回归到知识创造的驱动上面来。知识创造的驱动会成为评估大学的下一个主要标准,尽管目前还处在一个混合阶段,还"在路上",两边都要兼顾。这个阶段可能会持续一段时间,但还不知道会持续多久。假如持续到那么一天,政策法规规定,教师完全不能去兼职,什么都不能兼,那就可以截断了。没有出现这样的规定,那就可能还会持续,这个转向也就只能慢慢地推进。但不管怎么样,这样的一个转向已经发生,这个变化已经能够被看见。

这就是我今天对我们这个会议、对旅游哲学、对翻译这本书的想法。谢谢!

沙龙结束语

孙九霞

(中山大学旅游学院)

本届"粤港澳青年学者沙龙",我认为可以总结出如下几个特点:

第一,研究视野的多元化。今年的沙龙出现了很多非常有意思的话题,例如红色旅游、民族旅游、饮食、幼儿的度假行为、新技术在旅游行业中的应用、旅游市场行为和现代性,等等。这些都是一些视角新颖而多元的话题,即使对于民族旅游等传统话题,研究的切入点也发生了变化。

第二,研究方法的延展性。研究方法虽创新不大,却采用了一些跨学科的研究工具。大家用了诸如内容分析、网络分析、日志、留言板等方法,并且还出现了用照片、图片、画图诱导的访谈,以及像赵莹老师采用的时空棱柱的时间地理学方法。因此,我们不再局限于原先的问卷、访谈等传统方法,而将别的学科运用起来比较熟练的工具,拿来"切"我们旅游学科的"菜",运用到旅游研究中去。同时,今年呈现的基于文献的研究也是比较多的。

第三,研究问题的新视角。既有以往基于现实的视角,也有基于理论的视角,还有我认为比较有趣的个人视角。例如,林清清老师在游历人生过程中不断体悟,并表达出自己对旅游的热爱,对探险游记的关注;李咪咪老师身为母亲陪伴孩子,带孩子游玩,晒孩子照片,把孩子旅游过程中所画图画也用到研究中来。她们实际是用一种个人的视角来切入研究。值得关注的是会议最后一个环节的哲学议题,可以称作哲学视角。虽然哲学并非谁都可以驾驭,也不是谁都愿意踏足的领域,但是从哲学的视角探讨旅游无疑是极具吸引力的。另外,还有政治社会化、社会建构等理论视角的加深,以及今天王丹老师给大家呈现的社会物质性等新理论视角。

第四,全面深入的对话性。我觉得这是本届沙龙最重要的特点。刚才保继刚老师很自信地说,他对学科的自信心超过我们,那是因为他是领跑者。2014

年的学科转向很鼓舞人心,虽然我平时比较乐观,但是在看待学科发展方面却有些不乐观。因为,从去年到现在当我频繁地出席一些会议时,非常强烈的感受是我们一直以为旅游学科正在走向规范化,研究的深度、高度以及和国际对话也正在加强。但是在我们这个群体中,保老师提及的"自娱自乐"、"抱团取暖"的问题也是存在的。我们只是群体壮大了,还不能说学科的规范性和学术性很强。学术活动中值得关注的是年轻群体的研究水平并不均衡,有不少青年学生的研究基础不尽如人意。会议评奖具有学术推动性,但是太多的评奖也会产生误导,得奖后就有可能认为自己的研究已经不错,却未真正意识到还有很大提升空间。旅游学术研究群体规模逐渐扩大,会议的规模也越来越大,导致对话的深度在降低。因此,本沙龙的宗旨在于深入讨论,这是一个小规模的会议。为什么要它"小"?为什么发言人也不要太多?其实就是希望可以预留更多对话的时间,以实现学者与学者之间、学科与学科之间的全面对话。例如,刚才张骁鸣老师说,他听了一个老师展示之后非常失望,我反而从他的失望里看到了希望和他的努力,我觉得这是值得庆幸的事情,唯有如此才能回归到学术本身。成果与成果之间的直接分享,也体现了思想与思想的碰撞。学者之间的对话是完全对等的,坐到这里的每一个人和有没有名气、是不是权威没有关系,这是一个平等对话的学术共同体。

一方面,我们这个沙龙称作"青年沙龙",但却得到了前辈们的支持。我们要感谢保继刚老师、彭青老师和徐红罡老师,他们在会场的时间比有些年轻人还多。他们之所以一直待在这里是出于他们的责任和使命感,他们希望给这个学科一些贡献和支撑。另一方面,特别值得高兴的是年轻新生力量的参与,这是学术传承的前提。下一届的沙龙,我希望在座的每一个新生代同学都要发言或提问,一定要发出你的声音。希望所有的人参与进来,将学术研究和自己的内心进行对话,正如马凌老师发言时所倡导的从物质上升到精神再进入到灵魂深处的思想。另外,我想借用刘赵平老师昨天提到的"装"和"点"的观点来重申本届沙龙的旨归。我们既要"装",也要"点"。把我们的知识和研究丰富起来,装很多很多的东西;然后,还要点,要点燃,既要点燃别人,也要被别人点燃;点燃我们的兴趣和活力,点燃我们的情怀,以期塑造真正的学术共同体。

在此需要说明的是,我们今年动用了大量在读研究生做工作人员,比我们举行一个大会,甚至比为期10天的博士训练营的工作人员还多。为什么呢?

因为他们还有任务,要整理我们这两天说过的每一句话。录音整理完之后,会议组委会将把发言稿发给每位发言人,然后由大家校对、修订,最后出版。我本来打算今年开会时让大家拿到去年沙龙正式出版的对话录,但口头语言要转变成书面语言太困难,来年定会奉上。为此张骁鸣老师等付出甚多,但我们会坚持做这件事。

  最后,还要说两个字就是"感谢"。感谢前辈,感谢港澳尤其是香港的参会者,他们非常给力,谢谢!感谢各位主讲人、提问者、旁听者,以及组织者张骁鸣和赖坤老师,办公室的万忠娟等老师和在场的研究生工作人员,他们做了大量的工作,谢谢大家!意犹未尽处,明年再相会,再见!